中国の情報化戦争

情報戦、政治戦から宇宙戦まで

Dean Cheng

CYBER DRAGON

ディーン・チェン

五味睦佳［監訳］
鬼塚隆志・木村初夫［訳］

原書房

中国の情報化戦争

情報戦、政治戦から宇宙戦まで

目次

日本語版への序文 009

監訳者序文 012

謝辞 018

第1章 舞台設定——情報に対する中国の進化しつつある考え方 020

増強しつつある情報化 022

情報統制の維持——中国ニュースの例 030

外国報道機関を統制する中国の活動 036

人民解放軍の将来戦の考えについての理解 038
要約 041
翻訳に際しての所見 044

第2章 中国の軍隊——父親時代の人民解放軍ではない 046
中国人民解放軍の歴史 047
統合作戦の実施と促進 058

第3章 情報化紛争——情報革命の中での党の統制の維持 074
紛争の情報化 074
情報化戦争としての政治戦 079

中国の戦略的情報防衛 097
政治戦対策——情報統制 100

第4章
情報戦——次期戦争において情報戦役を遂行すること 137

統合作戦の重要性の増大 138
情報優勢および主導権の獲得 150
情報優勢および戦役指導理論 153
情報優勢の確立 158
情報戦の新生形態？ 指揮統制戦および諜報戦 175
中国の情報戦の見方の評価 189

第5章 情報作戦――理論を実践へ 191
情報支援作戦 192
情報優勢の確立 198
情報抑止 247
第6章 宇宙と情報戦――情報優勢に対するきわめて重要な戦場 254
軍事的宇宙空間に関する中国の思考の進化 255
中国の宇宙に関する能力――簡潔な概観 259
中国軍の宇宙作戦に関する構想 262
宇宙優勢および情報優勢 267

宇宙作戦に関係する任務領域 269
宇宙優勢および情報優勢に関する中国の見方 284

第7章 情報優勢を確保するための組織化 288

全般的な人民解放軍の組織的な構成 289
情報優勢を確実にする責任を有する人民解放軍の組織 293
作戦レベルにおける指揮統制 310
2016年の改革 313

第8章 将来戦に関する中国の見方と米国にとっての意味合い 323

中国は情報と将来戦をどのようにみているのか 323

中国の結論はどのように中国の行動を形成するか　328
米国の政策立案者に対する暗示　333
米国のための政策選択肢――してはならないこと　340
米国ための政策選択肢――すべきこと　348

著者訳者略歴　356

原注　375

日本語版への序文

ここ数年、中国のサイバー活動は世界的なニュースとなっている。これらニュースのほとんどのものは、中国機関が実施した概括的で内容のない個々の事象の報告である。

同時に、中国人民解放軍は着実に近代化している。この近代化努力の成果は、中国軍艦が宮古海峡を通過し、また、中国空軍機が日本本土周辺を飛行するので、日本にとっては特に明白に感じられるものとなって表れている。

しかしながら、重要なことは中国の軍事近代化と世界的なインターネット上の活動の2つの要素が根本的に結びついていることを認識することである。中国は、「情報」を根幹とする将来における総合的な国家能力、すなわち「包括的国力」、および戦争を成功裏に遂行する能力に関心を持っている。戦略、作戦、および戦術レベルのいずれにおいても、中国は競争相手や敵対者よりも迅速かつ正確に情報を収集し、分析し、伝達し、また活用する「情報優勢」を達成するよう努めている。

本書は、中国が情報の役割と将来戦をどのように構想しているかを明確にするために軍事教科書や教材を含む人民解放軍の文書に重点を置いて、さまざまな中国の文献を調査している。特に、中国の安全保障において増大しつつある情報（サイバーだけではなく）の役割の下での中国軍と指導層の理解の仕方を読者に提示するものである。

また、本書は中国が情報を単に純粋に軍事用語ではなく役割を担うものとして、あるいは情報が伝統的な戦争に関連するだけではなく、国際競争にも関連するものとしてみていることを明確にしようとするものである。このように、戦略レベルで、中国が世論戦、心理戦、および法律戦の「三戦」を含む「政治戦」を実行することは、将来の紛争において情報の役割を強化する側面がある。「政治戦」には射撃はなく、爆撃もないが、軍事作戦が生起させる認知的および知覚的な枠組みを変える可能性がある。

この目的のために、本書は、人民解放軍がどのように進化したかについての記述から始めている。これはもはや質よりも量に焦点を当てた軍ではなくなった。その代わりに、人民解放軍は情報に対する現在のアプローチに導いた他の国々の戦争に関して注意深く研究する学徒である。重要なのは、人民解放軍が、日本の自衛隊を含む西側の軍隊とは依然として異なって組織化されている軍隊であるということである。次に、中国が国家安全保障と軍事面の安全保障の文脈における情報の役割についてどのように議論しているかをレビューしている。また、情報が中国共産党高官、戦区司令官、およびサイバー運用者のためにそれぞれ異なる役割を果たしていることを詳述している。重要なこととして、これらの作戦の多くは広範な計画に従って実施されるので、さまざまなレベルでさまざまな活動を指揮する指揮統制組織についての議論がある。これらは、独断的な個別行動ではなく、協同活動であることを認識することが不可欠である。

重要事項であるため、宇宙と情報の相互作用に関する中国の見解を独立した章として述べている。宇宙環境は「情報優勢」を確保するための取り組みの中核である。人民解放軍は、敵の情報優勢を拒否するだけではなく自軍がそれを達成するためにも、宇宙における作戦を含む将来戦を想定し完全な備えをしている。

本書は、結論として、情報と将来戦に関する中国の進化する見解についていくつかの考えを示している。米国に対する政策の影響についてその焦点を当てているが、これらの検討事項の多くは日本にも当てはまる。中国は、日本を米国の同盟国としてだけではなく、さらにそれ自体で東アジア沿岸地域に対する影響力と支配力の主要な競争相手とみなしている。実際、中国の国家と軍の指導者が彼らの「核心的利益」を確保しようとしており、日本が中国と接近した位置にあることは中国との対立はほとんど避けられないことを意味している。

日本にとっては、米国と同様に、あらゆるレベルで情報を活用する能力は、伝統的な軍事的な安全保障だけではなく、経済安全保障と将来の包括的国力の発展にも影響を及ぼす可能性がある。中国は、この点で日米両国（および多くの国々）との競争に自信を持っている。中国のアプローチと見解を理解することは、日米両国政府だけではなく企業や社会にとって有効な対応策を策定するために不可欠である。

2018年5月
ディーン・チェン

監訳者序文

孫子が「彼を知り己を知れば百戦殆からず。彼を知らずして己を知れば、一勝一敗す。彼を知らず己を知らざれば、戦う毎に必ず殆し」と看破しているように、中国には情報を重視してきた長い歴史がある。1970年代初頭、マイクロエレクトロニクス、コンピューターおよび電気通信システムを含むITは、情報を収集し、管理し、伝達、また活用する能力を加速度的に高め、国家インフラの重要な構成要素となっている。中国はこれを「情報化」と呼称している。

政治、経済および社会が情報化に進む一方、安全保障に対する脅威も情報化してきている。このような情勢に対処するため、中国は情報化を推進し、それなりの成果をあげつつあった。しかしながら、1990年に生起した第一次湾岸戦争における広範な航空攻撃および引き続いての約100時間に及ぶ地上作戦ならびに電子戦、宣伝戦、心理戦、世論戦等による情報戦はそれまでの中国の情報化および軍事的進歩を完全に時代遅れのものにしてしまった。湾岸戦争から中国は軍事、経済、政治、外交、科学技術および文化を含む現代の「総合的国力」は情報が基本であり、情報優位が雌雄を決定する中心的要素であり、将来の戦いは情報活用の戦いになることおよび統合作戦の重要性、必然性を学んだ。その後のコソボ紛争、第二次湾岸戦争、およびアフガニスタンでの戦争はこの傾向に拍車をかけた。また1991年にインターネットが中国に導入され、情報環境は劇的に変化した。これを受けて、中国共産党は先頭に立って情報戦の政策立案と実施の調整をする副首相を組長とする国務院領導小組を1996年に設置した。2001年には当時の朱鎔基首相を長とする「改編国家情報化領導小組」が設立され、さらに2014年設立の習近平自身が指導する「中央インターネットセキュリティ・情報化領導小組」により総合的な対策も含めた情報化に取り組んでいる。中国は情報戦と政治戦も含む国家戦略レベルの情報化戦争(informationized warfare)、主として戦役レベル(作戦レベル)の情報戦(information warfare)、および部隊レベル(戦術レベル)の情報作戦(information operations)に分類し、人民解放軍は言うに及ばず、国家をあげて情報化に取り組んでいる。

本書は580件に及ぶ参考文献を渉猟し、中国とりわけ人民解放軍の情報と将来の安全保障の相関関係について詳細に紹介している。第1章は舞台設定として中国共産党の取り組みの真摯さおよび情報統制を含めた情報に対する考え方を述べ、第2章においては近代化なかんずく情報化および統合化を推進する人民解放軍の変貌について述べ、第3章では党の統制の維持および心理戦、法律戦および世論戦の「三戦」を含む政治戦の強調とインターネット統制の厳格さを紹介し、第4章では戦役レベルでの情報優勢獲得と統合作戦は将来の「情報条件下の局地戦」における勝利の核心であるとし、これをするためには電子戦、ネットワーク戦(サイバー戦)および心理戦に加えて指揮統制戦および諜報戦を含む情報戦による情報優勢の確立が戦争勝利の鍵と結論付けている。第5章では情報戦の理論の実践として作戦レベルでの情報活動すなわち情報作戦について、電磁波スペクトラム、ネットワークおよび心理領域における情報偵察作戦、攻勢情報作戦、防勢情報作戦、情報防護作戦および情報抑止作戦の5つに分類してそれらの詳細を

中国の情報化戦争、情報戦、および情報作戦の関係

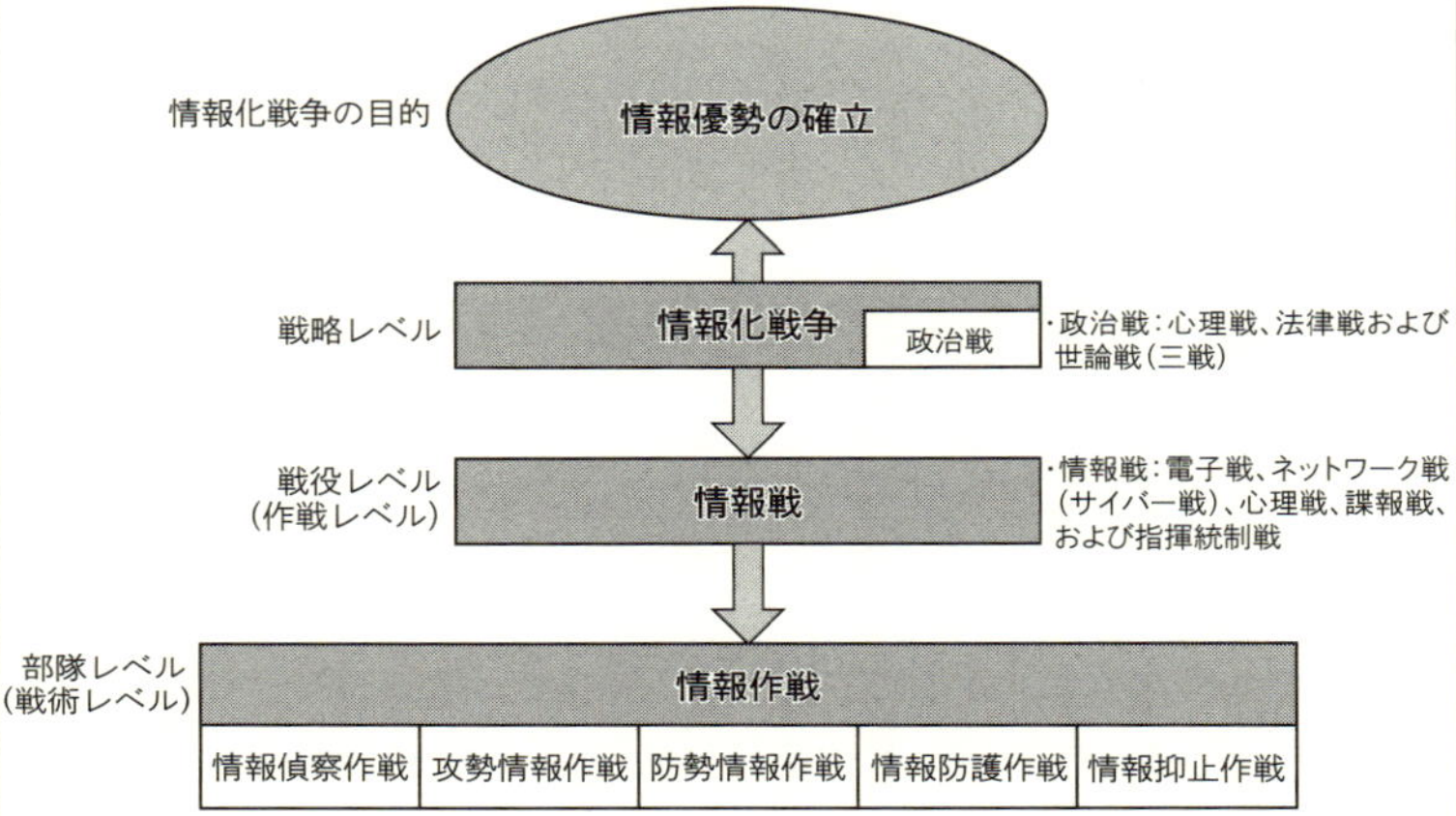

注．米軍の『JP 3-13 情報作戦』では、情報作戦の任務を 1998 年版および 2014 年版ではそれぞれ次に示すとおり定義している。
・1998 年版：攻勢情報作戦、防勢情報作戦
・2014 年版：サイバー空間作戦、情報保証、宇宙作戦、軍事情報支援作戦、諜報、軍事欺瞞、作戦保全、特殊技術作戦、電磁波スペクトラム作戦等

陳述し、第6章では宇宙ベースの情報の重要な役割のために宇宙戦が将来の情報戦に不可欠の要素と位置付け、中国の宇宙戦の現状および将来について述べている。第7章では情報優勢を確保するための組織化について、２０１５年および16年の改編前と改編後の組織等について述べている。第8章では情報戦に関する米中の意味合い、中国の情報と将来戦への考え方、情報大国中国への米国の対応策等について提言している。

　これらを通読して感じることは、中国はすでに世界の最先端を行く情報化大国であることである。情報化の分野は以前の工業化時代と異なり、携帯電話の爆発的普及からも明らかなようにそれを支えるインフラ整備がほとんど不要であり、絶対的な情報先進国も存在しない。また中国は歴史的に情報を重視してきたとい

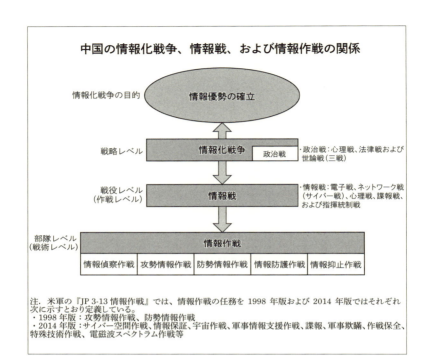

う土壌もあり、情報戦は中国人の得意とする分野である。その現れが、情報を国家戦略の重要部門と位置付け、情報化を推進する国家司令塔である「改編国家領導小組」および「中央インターネットセキュリティ・情報化領導小組」であり、２０１５年の改編により設立された電磁波スペクトラム領域、ネットワーク空間、および宇宙空間における情報優勢の確立を目指す「戦略支援部隊」であろう。さらに注目すべきことは、その根幹にあるものが、１９３６年に「毛沢東」が「受動防御は偽物であり、まやかしである。攻勢防御を取りつつ、攻勢に転じる積極防御こそが真の防御である」と論じた積極防御論である。したがって、防諜、検閲等の防勢情報作戦も重視するが、諜報戦、心理戦を含む攻勢情報作戦について積極的に論じている。

ひるがえって、我が国の情報化戦争、情報戦および情報作戦の現状は相変わらず、専守防衛論により手枷、足枷をはめられ、特定秘密取扱者を対象とする「特定秘密保護法」が平成25年12月に制定されたものの、いわゆる「スパイ防止法」にはほど遠く、相変わらず、スパイ天国と称される。国家安全保障関連の重要事項が、特定政党および報道機関に多々頻繁に漏洩している。このような状況では同盟国米国も日本に機微にわたる情報を供与しないであろうし、緊密な日米同盟も限界がある。サイバー戦についてはようやくにして、「宇宙・サイバー自衛隊」の創設が議論され、サイバー反撃能力の保有も話題になってきた。しかしながら、この反撃もサイバー攻撃だけではなく、通常兵器による物理的攻撃も受けた場合に限定され、その反撃方法も相手の脆弱性をねらったマルウェアによるサイバー兵器ではなくＤＤｏＳ（分散型サービス妨害）攻撃能力という初歩的なものに限定すると報道されている。ここでも憲法９条による専守防衛の軛が大きくのしかかっている。

本書の著者が中国は「情報戦で敗北することは、戦いに負けることになる」と考えていると随所で述べ

軍改革前の人民解放軍組織図

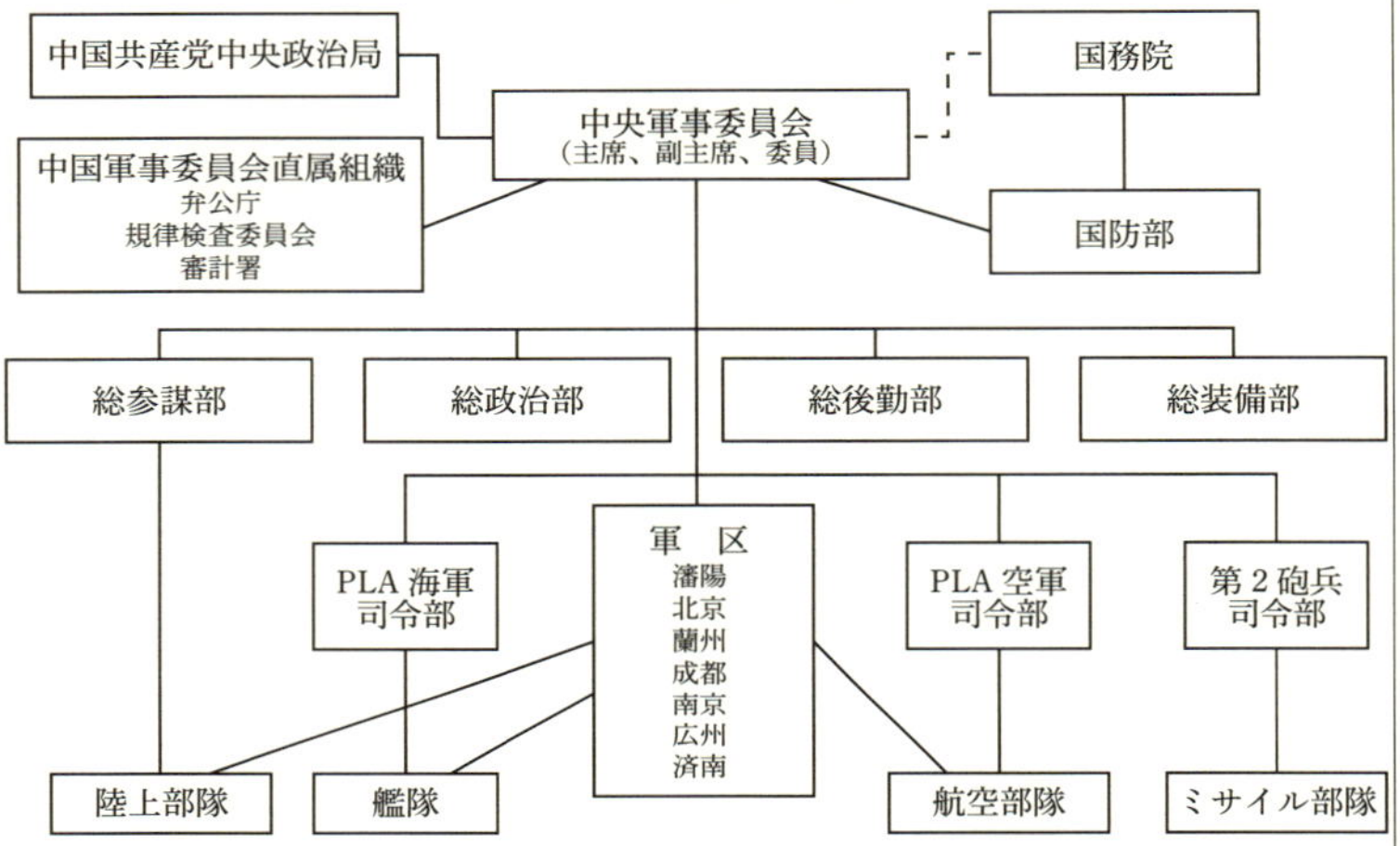

軍改革後の人民解放軍組織図

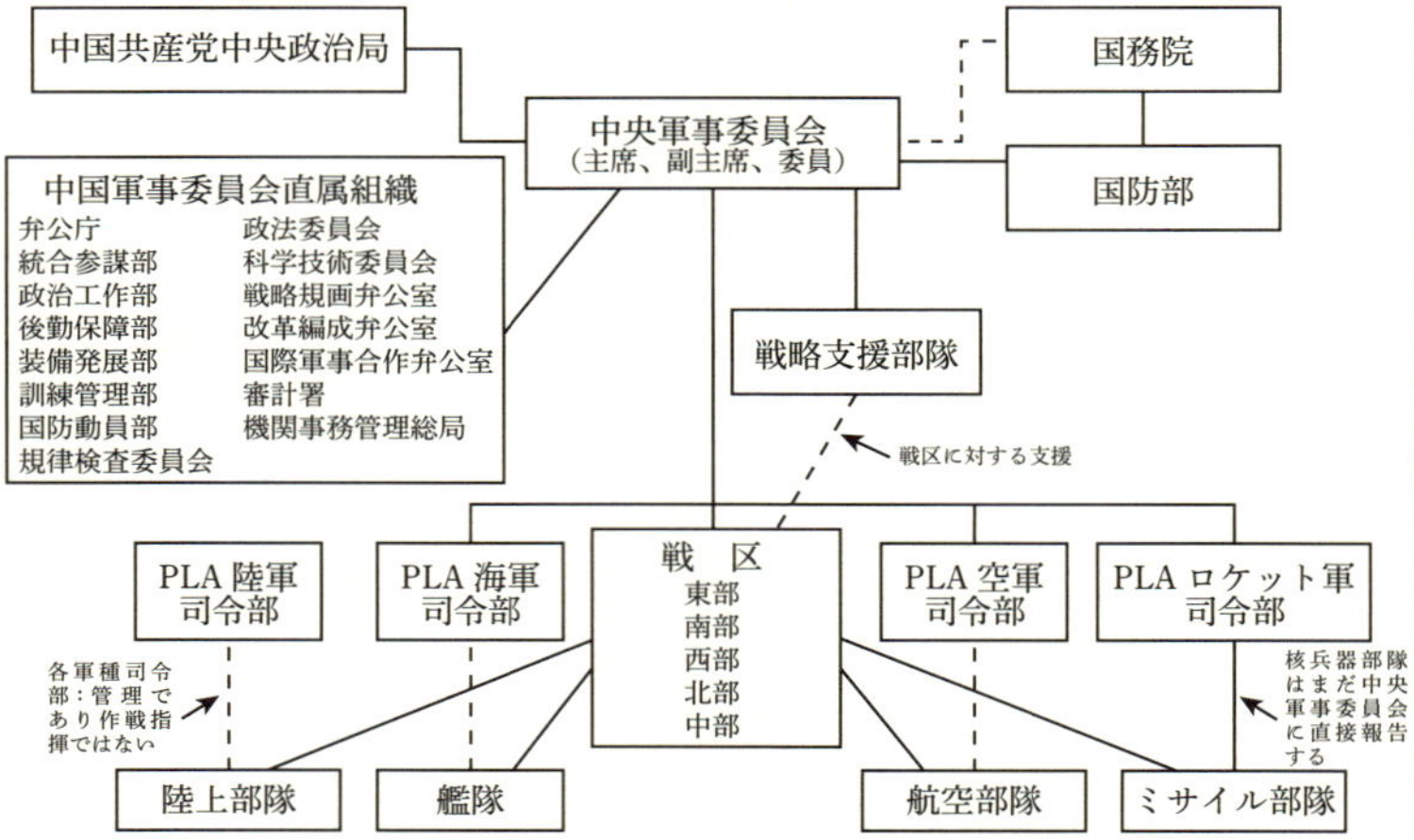

出典：Phillip C. Saunders and Joel Wuthnow, China's Goldwater-Nichols? Assessing PLA Organizational Reforms, INSS NDU, Strategic Forum, April2016

ているように、情報戦の強化は国防上喫緊の最重要事項である。そのためにはまず、自衛隊レベルでは発足を検討中といわれる「宇宙・サイバー隊」をさらに発展させ、電磁波スペクトラム、サイバー空間、および宇宙空間における情報優勢の獲得行動をする陸、海、空自衛隊と同格の「情報任務隊（仮称）」を創設する。同時に常設統合司令部の設置を急ぎ、その情報幕僚組織を思いきって大々的に強化し情報戦を効果的に行使する態勢を整える必要がある。さらに国家レベルでは憲法9条を抜本的に改正し、戦略レベルでは守勢を保ち、戦役、作戦レベルでは防御のために積極的攻勢行動も必要に応じとるという日本版積極防御戦略の下、日本が情報大国となるよう国家および政府が先頭に立ち、関係省庁も縦割り制度を廃して、さらに官民が一体となって努力することが喫緊の最重要事項であると考える。

終わりに、本翻訳書を刊行するに当たり、株式会社原書房編集部長の石毛力哉氏のご尽力に対して翻訳者一同を代表し深甚の謝意を表したい。

2018年5月吉日
元海上自衛隊自衛艦隊司令官
五味　睦佳

謝辞

本書を執筆することは、「私の友人からの少しの助けでも得たものがどれだけ大きいか」を思い出させてくれる。

はじめに、私はジェームズ・キャラファノ（James Carafano）博士とシャロン・チェン（Sharon Cheng）に感謝する。私がこの取り組みを開始したのはキャラファノ博士の励ましであった。彼の励ましがなければ、私はこの旅を始めることはできなかったであろうと言っても過言ではない。

シャロンは私をとぎれなく集中させてくれた。彼女は、私が期限を過ぎ、必然的に苛立ちや暴走の辛さに耐えられるように注意を払ってくれた。私のオフィスからどれだけの紙が溢れていたとしても、めったに言葉を発しなかった。彼女の堅実さがなければ、私はこの旅を終えられなかったであろう。

私はウォルター・ローマン（Walter Lohman）に心から感謝している。また、彼の忍耐と柔軟性が私に集中できる環境での研究と執筆に必要な時間を与えてくれた。もし、本書が読者であるあなたにとって役に立つのであれば、そのようにする時間を私に与えてくれたことで、ウォルターの寛大さに大いに感謝しなければならない。また、私はニック・ザーン（Nick Zahn）の助言が本書の立ち上げの中心であったことに深く感謝している。

最も貴重な贈り物に対して、私はキャシー・グッヘル（Kathy Gudgel）、プリシラ・ガスリー（Priscilla Guthrie）、またリチャード・ララク（Richard Larach）に感謝したいと思っている。忙しい専門家は、それでも私のさまざまな草案に関するコメントに対する私の要求に親切に対応してくれた。プレジャー（Praeger）社の編集者、スティーヴ・カタラーノ（Steve Catalano）に同じく感謝している。この新人著者に対する彼の助言と支援は、提案と承認のプロセスを進めるのに役立った。最後に、本書の知的な名付け親に対して心から感謝している。本書に存在する方法論的厳密さは、大部分が常に優れた指導者であり友人であったデヴィッド・フィンケルステイン（David Finkelstein）博士によるものである。

本書に使われているさまざまな情報源を活用するための中国語の理解がまったく十分でない私の能力は、純粋に私の母によるものであり、彼女が教育訓練教師として費やした時間である。また、ヘリテージ財団に感謝している。焦点があまりにも頻繁に資金調達と知的な議論に移行した世界では、ヘリテージ財団は、長期的な研究と分析に従事する機会があり、より深く掘り下げてより広く考えることができるオアシスである。

数千年にわたって、学習と教育を崇拝してきた社会として、中国は情報を大事にする長い歴史を持っている。中国は過去１００年間、後進国で発展途上国であったので、中国の指導者は、帝国主義者、共和主義者、共産主義者であれ、中国の立場および能力を高めるために技術および軍事情報に接する機会を増やすことが重要であると認識している。過去数十年間に及ぶマルクス・レーニン独裁主義者として、中国共産党指導部は権力維持のための情報統制はきわめて重要なものであると理解している。世界経済がグローバル化し、情報と発展が一体化するにつれて情報と権力は相互関係にあるとする考え方への進化はこの半世紀の間にはっきりとしてきた。１９７０年代初頭、マイクロエレクトロニクス、コンピューター、電気通信システム技術の拡散は情報を収集し、蓄積し、管理し、伝達する能力を加速度的に高めた。コンピューターおよび電気通信システムを含むＩＴは社会および経済のあらゆる分野に浸透して、国家インフラの重要な構成要素となっている。[1] 中国のアナリストはこの過程を情報化と呼称している。

中国の認識は、次のとおりである。

情報化とはシステムの総合的システム化である。すなわちＩＴの広範な利用を案内役とし、情報源を中心として、情報ネットワークが基盤となり、情報産業がこれを支援し、情報的才能を必要不可欠要素とし、法律、政策および規則基準がこれを防護する。[2]

経済、政治および社会が情報化に向けて拡大する一方で、中国のアナリストは国益および安全保障に対する脅威も情報化されていると結論付けている。ＩＴの拡散は潜在敵が一般大衆や国家首脳に接近するだけではなく、国家経済にも想定外の接近をしてくることを意味する。敵国の地上軍や海軍戦力を最初に撃破しなくても爆撃機や長距離ミサイルによって直接攻撃することができるのと同じように、ＩＴもまた伝統的な軍事力を傍流の位置に押しやってしまっている。社会および経済界にＩＴが拡散したことで新たな圧力や脅威に対する脆弱性も多方面にわたって増大している。

これらの脅威は情報ネットワーク（たとえばＤｏＳ攻撃に対する脆弱性）やコンピューター構成要素（たとえばウイルスおよびマルウェア）程度にとどまらずそれをはるかに超えて拡大している。さらに、たとえば、もしその内容が中枢にある意思決定者のやる気、紛争に対する大衆の支持および軍の戦闘意欲を貶めるならば、情報そのものが脅威である。したがって、中国関係の数多くの情報の衝撃力が拡大していくにつれて、国益についての中国の解釈も拡大している。

ＩＴの重要性の増大は明らかに戦闘の本質を変えた。情報化社会や経済はつまるところ情報化された軍が成功裏に戦えるよう「情報化戦争」へと先導することである。

このことは軍と成長した経済と社会の間の相互作用の反映を意味している。機械化された軍は工業化経済と社会の双方を含む工業化時代を反映している。それに対応して、情報化社会は情報化された軍を作る、他方情報化された軍は情報化された社会および経済だけによって創軍される。人民解放軍および安全保障関連の各種機関は「情報化戦争」（信息化戦争）に備えていなければならないと中国は考えている。

２００４年12月、胡錦濤は中央軍事委員会主席として、「新歴史的使命」と称される、「新世紀の新段階のための歴史的任務」を付与するという大演説を行った。この演説は国際戦略環境変化と国家の発展を念頭に置き、人民解放軍が何に備えなければならないかについての目標を明確にした。新歴史的使命の１つとして「国益を維持するために強力な戦略的支援を提供する」ことが挙げられた。これらの国益は依然として領土の統一と国家の主権が中心的課題とされるものの、今や宇宙空間や電磁波スペクトラムおよび情報領域内にまでその範囲を拡大している。[3]

増強しつつある情報化

１９８０年代に入ると、中国はＩＴに注目し始めた。これは８６３計画における7つの重視分野の１つであった。この計画は１９８６年に制定された中国の国家ハイテク開発計画であり、主要技術分野における中国の能力を高め、それを加速することを目的とするものであった。[4]この領域における当初の取り組みには大規模並列分散コンピューティングと対称型マルチプロセッシングだけではなく、中国情報スーパーハイウェイの創出を容易にするために光ファイバー技術の推進も含まれていた。[5]また、中国は「Legend（聯想）」ブランドでのパソコンを普及させた。

１９９０年代にＩＴが急速に発達するにつれて、中国の指導者はその影響力の大きさを認識し、中国がこの分野で後塵を拝することがないようにする確実な対策を検討した。１９９１年、高エネルギー物理学研究所が米国から専用国際回線を借り受けた時に、中国は初めてインターネットに加入した。[6]

1993年に、中国は国家経済情報化統合会議を設立した。中国が中央統制経済から離脱してから10年が経過しつつあったが、伝統的な国家計画は依然として重視されていた。この新しい会議は国家発展計画を支援するためのより多量のよりよい経済データを集めるためにＩＴの発展を推進した。しかし、すぐにＩＴの急速な世界的進歩は経済データや国家計画のような狭い分野を超えて影響を及ぼすことが明確になってきた。この進歩はＩＴそのものを重要なものとし、さらに、コンピューターや光ファイバーにとどまらずそれを超えて、情報ネットワークおよびそれを作り上げ管理するための必要な人材についても考慮することを必要とした。

同様に、鄧小平は孤立しての近代化はあり得ないことをすでに明確にしており、外国貿易と外国投資に門戸を開放した。彼の後継者である江沢民はこの考えをさらに拡大し、インターネット、すなわち、その時点では依然として米国に限られていた状況の中で、中国が幅広い存在を確立するのを後押しした。インターネットが中国の近代化活動を支えるものであるならば、中国が地球規模の情報ネットワークに加入することは必要不可欠であるというのが江沢民の考えであった。

領導小組

中国では、権力と権威は中国共産党と中国政府に二分されている。200人の中央委員会の中の24人からなる中国共産党政治局、その中で7人から9人で構成される政治局常務委員会が共産党の指導部である。政策は政治局または政治局常務委員会によって決定される。

政策は各省および委員会を通じ、中国政府機関により実行される。大臣および上級幹部指導者は共産党員であるが、必ずしも政治局において高いランクにいるものではない。このことは外交政策において一貫性を欠くことが生じる。１９９０年代後半から２０１６年現在に至るまで、どのような中国外相も常務委員会は言うに及ばず、政治局のメンバーでもない。要するに、外相は外交政策策定システムに含まれていない。このシステムは国家レベルから地方および都市レベルに至る共産党政治機構においても同様に実施されている。

政策立案と政策実施の間における適切な調整を確実にするため、「領導小組」という制度が存在する。ここにおいて、関連する党の上級指導者、閣僚および各統治機構におけるその他の政府官僚機構の長が一堂に会する。

国家レベルの領導小組には次の３つがある。

◉戦略的重要性の当面の問題に焦点を当てた常設の領導小組
◉オリンピックや核開発のような、単一のプログラムに焦点を当てた期間限定の領導小組
◉地震における危機対処のような短期間任務に対し招集される任務指向領導小組[7]

領導小組が各レベルにおける党の主要なメンバーにより主催されるのが通例であるとは言え、各種の領導小組の組織を構成する定型的なものはない。それらの事務局は組毎に固有のものであり、現在知り得る限りにおいて、標準的運用規則は存在しない。

領導小組は背景にある情報および政策立案やその問題の政策実施状況を参加者（派遣元官僚組織）に知らせるための各部関係者の集会場である。領導小組の場において貴重な意見を収集し、関係者の考えを調整することが可能である。

領導小組はまた政策実行を確実なものにする。領導小組における会合は通常、党と国家の枢要メンバーの更新を含んでいる。また新たな情報や最近の進展に対応し、中間的修正の機会も提供する。

領導小組の重要な部門は領導小組の集会を支援するスタッフを持つ、その中央および総合指揮所である。総合指揮所のメンバーは背景となる情報を提供し、メンバーの要求事項に対応し、外部への証言を行い、その首席メンバーは会議の議題の設定を支援する。[8]

インターネットセキュリティと情報化の中央グループは習近平によって創設され、彼がその筆頭者である。それ故、党指導部および国務院の枢要な部門を融合させながら、これらの問題に関する政策実施を調整させている。習近平およびその他のメンバーにこれらの政策の実施状況に関する最新の状況を報告するため年に数回中央グループ会合が催されるのが通例となっている。総司令部（中国国家インターネット情報弁公室）の筆頭者である魯煒が習近平および領導小組のメンバーに報告する。彼は国家インターネット情報局の筆頭でもあり、それは中国国家インターネット情報弁公室との政府レベルのカウンターパートである。

中国の国内向けおよび国外向けの情報ネットワークは１９９０年代に着実に成長した。１９９６年に国務院情報化領導小組が設置された。その組長は鄒家華副首相であり、中国政府の情報と情報技術の全分野にわたる利用を広範に推し進めた。ITおよび情報化は中国の電気通信インフラの建設を強調している第九次5か年計画に組み込まれている。これは国内デジタル移動通信装置およびプログラム制御交換機（スイッチボード）を含んでいた。中国のネットワークは中国製のハードウェアによって構成しようとしている。

同時に中国は中国の情報利用を推進するため政府主導の電子政府プロジェクト（Golden Project）の一部である一連の情報プログラムを導入した。

これらには次に示すものが含まれる。

◉ゴールデンブリッジ……経済情報の動きを容易にするための情報インフラ
◉ゴールデンカード……従来現金決済されていたものからクレジットカードやデビットカードの使用を推進する国内支払システム
◉ゴールデンタックス……納税を容易にしつつ、脱税を減少させるための国家的コンピューター化[9]

この時期、ゴールデンシールド（金盾）プロジェクトが開始された。中国が世界的電気通信ネットワークに興味を示す一方、アクセスされるものを統制しようとした。中国はその接続の初期段階から、中国共産党および検閲官の確固たる統制および監督下に入ることを確かなものとする方針のもとに研究を実施した。一般に中国の強大なファイアウォールとして知られている「金盾プロジェクト」は内部および外部からの非公認情報の拡散から中国を防護するために立ち上げられた。

しかしながら、情報化とは単に技術上の問題だけではない。情報がますます重視されるにしたがって、新たな官僚制度が出現し、また産業が再編された。中国の情報化の取り組みは「完璧な計画、国家指導、統一規格、統合建設、相互連携、資源共有」というスローガンの下で実施されている。互換性を高めるとともに重複を避けるため、このことは中国情報技術の標準化と統一化の行動に反映された。１９９８年、中国情報産業の発展を指導監督する「情報技術部」が設立された。このことは国務院情報化局領導小組の影響力を低減させるようにみえる。

この統合化は明らかに不十分なものであった。１９９９年12月、国家情報化局領導小組が設立された。その筆頭者は江沢民の政治局常務委員会のメンバーである呉邦国であった。この領導小組は情報化をさらに推進した。しかしながら、権限と組織力において制約されており、情報技術部の支援およびスタッフに依存していた。[10]

しかし、新たな組織再編が2年を経ずして実施された。２００１年8月に中国経済全般にわたる改編の計画および支援のキーメンバーである朱鎔基首相（当時の中国の権力階層のナンバー2）を長とする「改編国家情報化領導小組」が設立された。[11] この一連の再編は情報化の推進の必要性だけではなく、より多くの上級指導者がこの領導小組に参画するようになったので、彼らに増大するその重要性を認識させるためでもあった。ある中国ウォッチャーがコメントしているように、「１９９９年の国家情報局領導小組と比較すると、新編の領導小組のメンバーは国務院院長、２名の政治局常務委員会員、２名の政治局員を含んでおり、より高レベルの陣容」であった。[12] このことは情報化経済から情報化社会への中国の情報化活動に焦点を当てた江沢民および党の高級指導者の多大な努力を反映していたようにみえる。

２００２年の第十六回党大会において、情報化は「中国の総合的国力」を高めるために枢要なものとして公式に認識された。江沢民総書記は工業化と経済の近代化のための道は情報分野に依存していることを強調した。江沢民はもし中国が工業化を推進しようとするならば、ＩＴの選択は「論理的な選択」である、なぜならば、情報化は科学および技術認識の全般的底上げをし、資源消費を減少させ、中国の人的資源を発展させる等の利点も活性化させるからである。したがって、「我々は情報産業の発展に優先順位を与え、経済および社会発展の全分野にＩＴを利用しなければならない」と述べた。[13]

第十次5か年計画（２００１―２００５）において、国家情報化は16の優先項目の1つに選定された。これを達成するため、政府は次に示すことを実施する。

◉情報技術部門を振興する
◉利用しやすさ、コンピューター利用およびコンピューターネットワークを増加させる
◉デジタル技術やネットワーク技術の利用を拡大する
◉広帯域電気通信ネットワークを含む国家情報インフラをさらに拡大する[14]

胡錦濤が国家主席であった２００２年と２００４年に、中国の指導部は経済政策に関する方針を大幅に変更した。胡錦濤および温家宝首相は、その前任の江沢民および朱鎔基よりも経済改革に関してはるかに関心がなかった。しかしながら、彼らは中国におけるＩＴの拡大の重要性については認識していた。

２００５年に、中国政府は「情報化発展のための国家戦略２００６―２０２０年」を公表した。これはＩＴを拡大し、深化させる上での中国の努力の道筋を明確に示すものであった。国家経済および社会において、情報化のレベルを高めること、情報および通信インフラを拡大すること、（たとえば、広帯域をより広範に利用可能とする）、健康治療や教育および行政においてＩＴの利用を促進することさらに高性能

なコンピュータープログラムや応用技術を含む情報関連技術における中国の競争力を高めることが主たる優先事項とされた。中国の情報保全システムは漸次強化され、公安部の情報化も促進された。

2007年、第17回党大会後、国家情報化領導小組は政治局員5名（24名の政治局員中）を組み入れた。これは最高レベルの意向を反映しているという意味での中国権力の実質的一面を示すだけではなく、軍事および内部保全に対する関心が漸次支配的になってきたことを意味する。[15] このことは翌年、すなわち中国が多くのITおよび宇宙部門を新たな超大型機関で軍事産業複合体を監視する国家国防科学技術局を通して工業情報化部に取り込んだ時にさらに強められた。

これらのすべての方策はつまるところ総合的国力を拡充することに対する中国指導部の関心の高さを反映しているものであり、この国力拡充はITが多くの社会に組み込まれ、一体化されることよってなし得ることである。これが中国側からみた情報化の本質である。

これらの取り組みはインターネットやコンピューター化レベルにおける中国の存在感が着実に拡大するにつれて実を結びつつある。国際電気通信連合（ITU）によれば、2000年における中国のインターネット利用者は12・8億人の人口の2パーセント以下に過ぎなかったが、2002年には人口総数の4・6パーセントの5900万人で、2000年の倍以上となった。[16] 2013年までに、中国インターネットネットワーク情報センター（CNNIC）は総人口の45・8パーセントである6億1800万人がインターネットを利用すると報告した。また、CNNICは中国企業の93パーセントがコンピューターを利用し、また83・2パーセントがインターネットを利用しており、しかも中国の大部分がその携帯電話（中国のインターネット接続の大部分を占めるものである）を介してインターネットにつながっていると報告している。[17] 多くの中国人は買物のためにインターネットを利用し（2013年には3億200万人）、モバイルオンラインゲーム（2億1500万人）やインスタントメッセージ（5億3200万人）を利用している。CNNICが述べているように、モバイルインスタントメッセージは著しく広がっている。なぜならば「情報共有、通信、支払および金融のようなアプリケーションは、ユーザーの嗜好を大幅に高める社会的接触要因に基づき（モバイル通信に）追加された」。すなわち、これは特定のサイトに進んでとどまろうとする利用者の意思であるからである。[18] 中国は明らかに情報化社会に向けた道を歩んでいる。

情報統制の維持——中国ニュースの例

情報が経済および社会生活においてより重要な役割を占めるようになるにつれて、それはまた国家安全保障上の考慮事項の中心的部分となってきた。それは軍事力の増強だけではなく、安全保障上の脅威を構成する広範囲にわたる革命も含んでいる。中国の指導部にとって、国力を増強しまた社会に影響を与える中心的手段の急激な変化は、戦時および平時の安全保障計画に情報管理を組み込むことを要求することとなった。このことは中国共産党が情報化時代においてどのようにニュースを統制しようと努力しているかを象徴的に示すものである。

ある意味において、新たなメディアのさまざまな形態を統制するこの取り組みは安全保障に対する中国指導部の伝統的アプローチを更新したものである。中国共産党は常にどのような情報が大衆に伝わるかを統制しようとしている。報道発信源が拡散するに伴い、今日の中国の報道環境は毛沢東時代に比べてかなりオープンになってはいるが、中国政府はきわめて厳しい統制を依然として実施している。実際、国境なき記者団は２０１５年の世界報道自由ランキングにおいて、報道の自由に関して中国を１８０ヶ国中１７６位の最低の部類に位置付けている。[19]

中国の報道環境はより複雑になってきた。なぜならば現在、非政府系報道機関が、国営の報道機関である新華社および中国中央テレビ（ＣＣＴＶ）、『人民日報』のような報道組織ならびに各地方省レベルの報道機関に並列して存在するからである。これらの新たな機関の実体は国営でもなく、また完全に私的で自由な報道機関でもないことを認識することは重要なことである。多くの商業指向の新聞がさらなる利益を上げるために国営報道組織によって次々と現れている。たとえば、『南方週報』は広東省の公式新聞『南方日報』の姉妹版である。[20]

これら新しい報道組織の多くはきわめて好評である。２０１１年には中国の12の商業新聞の発行部数は１００万部を超えた。[21] これらの非公式報道機関はより広範な読者を持ち、より高度の信頼性を持つため実質的読者数を持っている。「公式な報道の情報源は国家的立場の専門家と考えられ、大衆意見の操作を目論んでいる。それとは対照的に、非政府系報道機関は偏向のかかっていない大衆の考えに立って報道しているものと考えられる[22]」

しかしながら、実際には非政府系報道機関といえども、相対する公式機関よりほんのわずかな自由度のもとで活動しているに過ぎない。実際、「もし報道商業主義がより大きな独立性をもたらすかどうかを問われたならば、中国には完全に商業化されたどのような私的な報道機関もないと、ジャーナリストや編集者が答えるのが通例である[23]」

中国共産党中央宣伝部は全中国のメディアに対し徹底的な監視を実施する（報道だけではなく文化面においても）。中央宣伝部は国務院情報局、新聞出版管理局および国家新聞出版広電総局さらにそれぞれの隷下にある地方レベルの党宣伝部、機関およびオフィスと連係し、恒常的に中国の全メディアの内容を監視している。これにはニュースだけではなくテレビやラジオ番組、映画等も含まれている。[24] 中央宣伝部は通常、何の話題を隠蔽すべきか、隠蔽扱いにしなくても重要扱いとするかの指令を発する。これらの指令は特別な見方が許容されるか、強調されるか、または禁止されるかについて指導する。[25] 話題によっては、これらの指示はしばしば政府統括の報道機関だけではなく非公式報道機関についても同様に適用される。

2011年7月23日、2つの高速列車が浙江省温州市郊外で大規模な衝突事件を起こした。この衝突により、40人が死亡し、数百人の死傷者が出た。この事故の当初の報道は冷静なものであったが、すぐに当局に対する批判に変わった。中国のジャーナリストは鉄道省が破壊された車両を注意深く調査せず、地中に埋めてしまい、それにより救助作業が過早に中断されてしまったと報道した。中国中央テレビや新聞のコメンテーターは急激な開発を重視することが安全に対する配慮よりも優先したのではないかと疑問を投げかけた。[26]

中国の報道検閲がすぐさま始まった。中央宣伝部は中国のジャーナリストに「質問をするな、詳細に調べるな」と述べて、公式見解に疑問を呈することのないよう指示した。[27] 当初、この指示は必ずしも遵守されなかった。しかしながら、次の週までに、より厳格な統制が実施された。中央宣伝部は中国の高速鉄道開発の推進行為に関してどのような結論も導くなとする警告指令を出した。ニュース報道は「たとえば、人々は献血をし、タクシードライバーは料金を受け取らないような、極端に人を感動させる物語」を書くようにとの指示を受けた。[28] 多くの報道機関はより上向きな面に焦点を当てた記事を紹介し、古くなった、批判的な記事を削除した。[29]

ある場合においては、検閲はなお一層独断的であり、やり方において隠蔽的である。2013年に非公式新聞である『南方週報』は中国憲法をより一層遵守することを求める社説を第一面に掲載した。広東州宣伝部長（『南方週報』の活動はその権限下にある）はそれを中国共産党礼賛記事に差し替えさせた。数時間以内に、引き続き次の週において、国家レベルの中央宣伝部は新聞の第一面を書き換えることに関するいくつかの指示を発令している。当初、それについてのどのような議論も禁止した。その後、他のニュース報道機関を使用してどのように述べることが可能かを正確に指令した。最終的に中国の他の新聞は『環球時報』（『人民日報』グループの商業誌）に記載されている当初の論評を批判する論評を掲載するように指令された。興味深いことに、中央宣伝部の指令が「外部の敵対勢力がこの状況の動きに関与している」と述べていることである。

『南方週報』に関する中央宣伝部からの指令

2013年1月の『南方週報』の記事の取り扱い方に関する中央宣伝部の指示は中央宣伝部がどのようにして大衆の認識を形成するかについての有用な見識を与えるものである。中央宣伝部は当初どのような議論も阻止しようとしたが、「中国デジタルタイム」による指令にみられるように、影響力を及ぼすように方針を変更した。この変更と全般的に迅速な対応は短期間に方針を調整し得る柔軟性のある組織であることを示している。

中央宣伝部「緊急通知」 この通報を受領したならば、全地域の主管部門は直ちに全記者および編集者にどのような刊行物等においても『南方週報』の新年の祝賀については議論しないことを通知しなければならない。[30]

中央宣伝部　どのような報道機関および公式微博《ウェイボー》アカウントまたは個人用アカウントも『南方週報』事件について再掲載し、コメントしてはならない。新年祝賀についての『環球時報』の記事や扇動的な東方衛視の番組の一部を引用してはならない。すなわち報道済みの記事（2013年1月4日）を再掲載してはならない。[31]

中央宣伝部　『南方週報』の新年祝賀記事発行事案に関する緊急通知：各級主管党委員会および報道機関はこの点に関し次の3点を明確にしなければならない。（1）報道機関に対する党の統制は揺らぐことのない基本原則である。（2）『南方週報』におけるこの事案は広東省宣伝部長庹震とは無関係である。（3）外部からの敵対勢力がこの状況の動きに関与している。各主管工作部はその部の編集者、記者およびスタッフに対し、『南方週報』に関連した支援表明を断ち切るべきであると要求しなければならない。明日、全地域のメディアおよびウェブサイトは環球時報の「『南方週報』の読者向け記事は思索の糧である」（2013年1月7日）という記事をはっきりとした形で再発行しなければならない。[32]

中国宣伝部の介入はそれに従わない場合は罰則を伴うものである。中国宣伝部発行の大綱の違反は罰金、解雇、拘留、または活動停止となる。2006年、出版業界を統制する中国指導部は公式報道の発信地である『北京青年報』と関係のある『氷点週刊』を閉鎖に追い込んだ。中国当局は歴史の大々的な公式的歪曲について言及している教科書を正当とする中学生向け教科書の広範囲にわたる研究の発行を『氷点週刊』は差し止められたと述べている。[33]

中央宣伝部の指針の発行または議論が潜在的に罰せられるべきものであるとするならば、どのような指導も「国家機密」とみなされる。[34]２０１４年7月に、国家新聞出版広電総局は「ジャーナリストは規則違反をしてはならず、国内および国外報道機関およびウェブサイトに対し、その職業上の行為に関するどのような情報も提供してはならない」と宣言した。

「職業上の行為」とは「記者、編集者、放送関係者、ニュースキャスターおよび国家機密を含めて彼らを支援する報道室のスタッフから得られたり作られたりする、あらゆる種類の情報、情報源および報道」と定義される。[35]

個人ジャーナリストだけではなく、彼らと関連する関係者を対象とする処罰の潜在力はその両方に対して自己検閲の文化を教え込んでいこうとする。中国のような大国にとって、自己管理は外部からの管理よりもはるかに効率的である。そうすることにより、調査活動および接近監視は定常的なトラブルメーカーや潜在的脅威に集中することができる。

これらの締め付けは中国の報道統制におけるもう1つの潜在的な脆弱性である外国報道機関との職業上の意見交換を禁じている。この同じ指示は中国のジャーナリストが外国の報道組織に寄稿家、コラムニスト、特派員または記者として参画することを固く禁じていると述べている。外国報道機関のアシスタントとして働く一般市民は通常罰せられるか逮捕される。[36]要するに中国政府は中国の報道組織に熟知している人物が彼らのカウンターパートを教えかつ教育することを制限しているのである。

外国報道機関を統制する中国の活動

中国当局は外国報道機関に対しても同様の影響力を行使しようとする。中国はJ—1ビザを持つ外国人ジャーナリストの数をきわめて限定している。これによりジャーナリストとして、中国で公式に活動できる人数を制限している。その少ない人達も複雑で分かりにくいプロセスを経なければ活動を認められない。[37]ブルームバーグと『ニューヨーク・タイムズ』の記者は中国の指導部階層内の汚職についての詳細記事を報道した後、新しいビザを受け取ることができなかった。『ニューヨーク・タイムズ』の記者がオバマ大統領と習近平主席との共同記者会見でこの問題を取り上げた時、習はその誤りが西側報道機関にあることを明確にした。

ニュース発信者の信任上の問題点はその組織自身の誤りにあったことを示唆する隠喩を述べる前に、「報道発信者は中国の法律および規則に従う必要があります」と習は述べた。「道路上で自動車が故障したとすれば、我々はどこが故障したかをみるために降車する……中国の諺に、問題を作った側がそれを解決させなければならない[38]」

特別な問題の報道のために中国に入国しようとするジャーナリストはよい思いをすることはほとんどない。報道者用の臨時J-2ビザを取得するためには中国を本拠とする組織からの信頼できる公式の招待状が必要とされる。このことは外国人ジャーナリストの行動（質問および報道内容を含む）に対する責任を効果的にそのホストに負わせることになる。当然のことではあるが、このことは外国人記者に対してオープンにすることを著しく躊躇させる。それは外国人ジャーナリストが中国の滞在中におけるどのような問題の取材活動も制限する。不可能でないとしても、インタビューは困難であるし、もしそのジャーナリストが彼の公式に認められた目的から逸脱すれば、その行動は監視される。

外国人ジャーナリストが中国に入国できたとしても、彼らの取材は限定される。中国外交部だけは、1999年以来週2回であった報道ブリーフィングを2011年に週5回に増やした。2014年になって初めて、2011年に開始した中国国防部の月例記者会見に外国人ジャーナリストも参加できるようになった。さらに、どの話題が許可されまたは許可されないか、どのようにして質問が表記されるのか、どのような基準で質問が棚上げされるのかについての検討を実施した上で、多くの記者ブリーフィングの台本が書き上げられる。[39] その目的とするところは情報を提供することではなく、配布することが許された情報がどのようにして説明され、受け入れられるかを形作ることにある。

技術が向上するにつれて、情報の配布および解釈を統制する中国の行動は近代化された。特にもしそれが中国指導部を困惑させるか、それとも機微にわたる問題に触れる場合には、中国を担当する外国報道組織はしばしば彼らのコンピューターネットワークに対する攻撃を経験している。2012年に重慶地区の党書記であった薄熙来は巨大なスキャンダル事件に巻き込まれた。彼の妻は英国人殺害で告発された（後に有罪となる）。重慶警察長官は近くの成都にある米国総領事館に逃げ込み亡命を図った。最終的には薄熙来は中国共産党から追放され、のちに汚職の告発を受け逮捕された。このことは胡錦濤から習近平への政権移行中の中国指導部にとってきわめて反逆的であり、困惑させるものであった。このスキャンダルを大々的に報じた米国ウェブサイト Boxun.Com は間断のない連続的な攻撃を仕掛けられ、ついにホスト会社の変更に追い込まれた。

その後2012年には、中国の汚職問題を報じたブルームバーグ、『ニューヨーク・タイムズ』および『ウォール・ストリート・ジャーナル』は、強力かつ集中的なコンピューターハッカー攻撃を受けた。[40]これらの攻撃は各記者のパスワードの盗用や記者の記事と調査内容の明らかな盗み見は無論のこと記者が連絡をとる会社の電子メールシステムに対する侵入も含んでいた。

人民解放軍の将来戦の考えについての理解

もし情報が中国共産党支配を維持するための核心的なものであるならば、人民解放軍はそれがまた将来戦を戦いまた勝利するために枢要なものであると結論付けている。中国軍はここ25年以上にわたり情報化時代の戦争の本質を理解し、それに備えることに多大な精力をつぎ込んできた。これにより、その戦略的指導思想および基本的作戦原則を含む人民解放軍全体の見直しが求められ、人民解放軍の管理本部および戦闘司令部の完全な構造改革だけではなく、2015年および2016年におけるいくつかの新軍種の創設につながった。

この作業はいまだ完了してはいない。他の人民戦争や広範にわたる国際情勢を注意深く分析しかつ人民解放軍の能力を綿密に見積もる作業を実施中であることは人民解放軍の文書および声明から明らかである。

人民解放軍を近代化しこれらの変化に対応するためには、人民解放軍は情報化戦争に関しての考え方を将校および部隊に熟知させておく必要がある。２００万人強の軍隊にこれを実施するために、軍の専門文書だけではなく、各種の参考資料、教科書、教育資料が作成されている。どのように人民解放軍が情報および戦闘を検討しているかを理解するために、本書は一連の文書を幅広く検証した。

これらの中国の文献は次の５つの幅広いカテゴリーに分類される。

◉人民解放軍参考図書　公式の軍事百科事典や軍事辞書のような刊行物からなる。これは人民解放軍によって一定の定義や重要概念の説明および人民解放軍の共通認識を反映するために使用される。

◉人民解放軍教科書　これらは軍事専門教育機関において最近発行されたもので、人民解放軍将校の必読書である。

◉人民解放軍教育資料　人民解放軍教科書や参考図書に加えて、人民解放軍は一連の補完的指導図書を発行している。これらは軍事専門教育カリキュラムの一環として人民解放軍教科書や参考図書を補完する。これは、しばしばさらに深化した分析、重要概念の探索、指導概念の細目および作戦基本原則を提示して、教科書に記載される概念を最新のものにしている。重要概念および用語をさらに明確化するため、典型的な研究支援質問集を各章の終わりに記載している。

◉軍事専門雑誌　人民解放軍のような大きな組織は将来の構想、各種見方の検討および新たな開発の全体像を知らせることを容易にするために専門誌を持とうとする。人民解放軍も御多分に漏れず、人民解放軍全体（例、人民解放軍日報、中国軍事科学）だけではなく、より専門的な読者（例、装備学院学報）向けの新聞や雑誌を発行している。

◉専門的読書資料　人民解放軍はより特定の話題に関しての書物を発行している。これらは教育資料でも教科書でもなく、スタディガイドであり「頻繁に問われる質問集」でもある。これらは基本的な作戦上の問題の中国の考え方に重要な見識を提供する。

本書はこの一連の資料から得られる、人民解放軍が情報と将来の安全保障の相互関係についての見解を、読者に示そうとするものである。それは人民解放軍の紹介から始まる。引き続いての3つの章で人民解放軍が使用している「情報化戦争」、「情報戦」および「情報作戦」の枢要な相関的概念について説明することとする。

中国は将来の宇宙空間作戦は情報環境を支配しようとしている者にとって死活的に重要なものと考えているので、第6章において宇宙関連活動に関する最近の中国の論文を見直すこととする。

人民解放軍は西側の軍事路線に沿って組織化されたことはまったくないので、第7章において情報戦実施を担当する中国の枢要な軍事組織を概観することとする。それは2016年の人民解放軍再編について初期的考察とどのようにそれが中国の情報条件下の戦闘行動に影響を及ぼすかを提示することになる。

本書が「情報化条件下の局地戦」を人民解放軍がどのように適切に戦い得るかを分析するものではないことに留意することは重要なことである。人民解放軍は1980年代にベトナムとの戦闘を終結して以来戦闘経験がない、それ故、一世代またはそれ以上後の将来戦でどの程度能力を発揮できるかを正確に知ることは不可能である。

むしろ、中国の文献は人民解放軍の熱望に向けての考察をしている（それは必然的に現状よりも向上しようと望むところにある）。これらの熱望と当面の目標はつまるところ現在および将来の中国の行動と活動を分析する枠組みを提供している。しかしながら、今日の人民解放軍が1990年代に作成された野心的なドクトリンを墨守していることは刮目に値する。

要約

中国の指導者は今や我々は情報化時代に生きていると信じている。過去25年以上、中国の指導者は徐々に中国を情報化時代に移行させることに力点を置いている。中国共産党指導部の考えによれば、このことは政権の生き残りと同じように国家的な問題でもある。現代の「総合的国力」——軍事、経済、政治、外交、科学技術および文化的構成物を含む国家および社会力の測定は情報に関連して評価されるものである。

情報は現在および将来の戦いの実施において決定的な重要事項となっている。人民解放軍の見解では、情報化時代の到来は将来戦が情報活用能力の戦いになることを意味するとしている。そのような情報化戦争は工業化時代の機械化戦のように情報化時代の到来を証明することとなろう。戦争において情報を作成し、収集し、伝達し、また活用することに長けている方が勝利する。このことは量よりも質に重点を置いた統合作戦実施能力を向上させることを人民解放軍に要求することになる。

人民解放軍は基本的レベルにおいて、情報化戦争、情報戦、および情報作戦のより適切な実施に向けて再構築中である。人民解放軍は西側方式に沿って編制されたことはない。常に軍種を強調したことはなく、異なる機能を重視する（特に、政治的分野において）。情報化戦争を戦うために人民解放軍そのものを修正するにつれて、この西側との相違は大きくなっていくであろう。生起しつつある徹底した改革は装備だけではなくドクトリン（いかにしてその装備が最も有効に使用されるかについての）、訓練さらには平時の管理および戦時の指揮に関する組織編制までも含む人民解放軍の全分野に及んでいる。

情報化戦争は戦時および平時の軍事的なものと民間的なものとの線引きをあいまいにしている。この大改革の一部は必然的なものである、なぜならば情報化時代において、平和と戦争、軍と民間の区別は徐々に不可能になりつつある。これらのものすなわち情報を収集し、心理的見地に影響を及ぼし、対衛星システムを開発し、コンピューターソフトウェアを設計したりするようなことは戦争が勃発するまで待つことはできない。情報インフラの連鎖はこれら要素のすべては互いに融合していることを意味している。したがって、情報化条件下の準備および実施は戦時における敵軍事システムに対する作戦と同様に平時における民間および商業目的の活動も含んでいる。

情報化戦争はサイバー戦以上のものである。サイバー戦は全体の一部に過ぎない。中国の考えでは、情報化戦争はサイバー戦を超えるものであり、「情報優勢」を確立することである。このことは情報を収集し、分析し、評価し、敵よりもより迅速にかつより正確にそれを利用できることを必要とする。それは敵および第三者の見方および評価を友好的にしてしまう政治戦の実施を含んでいる。将来戦に勝利するか否かは情報優勢に勝利し、敵にそうさせないことにかかっている。

情報優勢を確立するためには情報戦を戦うことが必要である。これにには電磁波領域の戦い、ネットワーク関連の戦い、および心的・認知戦、すなわち電子戦、ネットワーク戦および心理戦を含む軍事作戦が含まれる。紛争の戦略、作戦、および戦術レベルの敵の指揮統制システム、情報組織やインフラを標的とすることが特に重視される。なぜならば、これらは最も重要なネットワーク、システムおよび指揮所であるからである。また、情報戦は宇宙優勢を確立することが必要不可欠である。なぜならば、各国は相当程度情報を収集しそれを発信するために宇宙をベースとするシステムに依存しているからである。すべての場合において、ハードウェアやソフトウェアよりも本質的に重要なことは情報である。情報はそれ自体資源であるだけではなく武器でもある。

情報戦はきわめて広範にわたる一連の情報作戦から構成される。これらは電磁波、ネットワークおよび心理領域における偵察作戦、攻勢と防勢作戦、および抑止作戦を含むものである。また、それは衛星群から陸上通信回線および指揮所に至るまでの枢要な情報インフラ目標を物理的に破壊することも含んでいる。あたかも情報戦がコンピューターネットワーク以上のものであるように、情報作戦は情報システムの妨害以上のものを含んでいる。

情報戦は組織を含む人民解放軍を基盤的に形成している。2015年および2016年に発表された主要な改革のいくつかは人民解放軍の情報優勢の確保能力を高めることをそのねらいとしていた。このことは新しい軍種、すなわち戦略支援部隊の創設を含んでいる。この部隊は宇宙部隊、ネットワーク（サイバー）戦部隊および電子戦部隊等の情報戦を戦い抜く上で中心となると思われるすべての枢要な戦闘要素を単一の指揮下に置いている。

米国の意思決定および分析にとって、中国の情報活動の内容を理解することは計画されている特別行動を決断・実施するのと同じように重要である。中国の情報作戦に影響を与えることはそれらが起こす内容を理解することが求められる。情報化戦争の実施を抑止することは中国の指揮官が大切にしていることの危険性をしっかりと把握することが求められる。中国の指導部の考えを理解することによってだけ、米国は効果的に中国に対抗し得る。それでもなお、もし進歩する中国の総合的国力、将来の情報化戦争を戦い、勝利するための人民解放軍の果敢な準備に目を奪われ、それに高い優先度を与えるとしたら、成功は確かなものではない。

翻訳に際しての所見

包括的に「translator（翻訳者）、traitor（反逆者）」を意味するイタリア語に「Traduttore, Traditore」がある。このことは翻訳というものは最良のものであっても不完全なものであるという考えに至る。まず第一に、与えられた文章を翻訳し、文章の翻訳だけではなくそのニュアンスをつかむために、常にいろいろな方法がある。Ronghe（融合）は「melded」と訳される（本書において私がしたように）し、「fused」または「integrated」とも訳される。これらの意味はすべて同義である。しかしながら、このことはより一層複雑である。なぜならばある場合において、同じ語句がその内容によって、かなり異なった意味を持つことがあるからである。中国語の zuozhan（作戦）はある時は「operation（作戦）」の意味であり、他の場合は「combat（戦い）」である。

同様に、中国語の weishe（威嚇）は「deterrence（抑止）」と訳されるし、「coercion（強制・威圧）」とも訳される。

他の場合においても、異なった語句は英語において同じ語句に訳されても、英語の語句にはいろいろ異なった意味がある。zhengti（整体）と yiti（一体）はしばしば「integrated」と訳されるが、そのニュアンスと強さにおいてそれは同一のものではない。

最後に、翻訳は翻訳者の選択と心理的集合体に基づく訳者特有の表現法である。

つまるところ、ある種の混同と不一致がある中国の特質を含めるように試みた。このようにすることによって、読者は特殊な中国専門用語を認識することが可能となる。

第2章

中国の軍隊――父親時代の人民解放軍ではない

中国人民解放軍は世界最大の軍隊である。２００万人の兵力を有する。地上兵力として20個師団と70旅団を展開し、人民解放軍海軍は70隻以上の大型水上艦艇と65隻の潜水艦を保有しており、人民解放軍空軍は２０００機以上の作戦機を保有している。[1] 人民解放軍の第二砲兵部隊（２０１５年12月31日付けでロケット軍となる）は米露に到達する核兵器の貯蔵を管理している。さらに数千の準中距離および中距離の弾道ミサイルも保有している。

一般的には質よりも量を重視する印象を持つが、人民解放軍は着実にその量的優越性を補填する質的発展に焦点を当ててそれを進化させている。空軍のパイロットは米国の最新のF-15およびユーロファイター・タイフーンに匹敵するスホーイ27／30／33（さらにこれらの国産機）を運用している。海軍はステルス機能や防空能力に優れた駆逐艦やフリゲート艦に乗り組み洋上に出ている、他方一部の海軍パイロットは中国国旗を掲げた最初の空母「遼寧」から作戦行動を実施している。

重要なことは中国が電磁波スペクトラム、サイバー空間および宇宙空間を含む情報空間領域での作戦能力を着実に拡大しつつあることである。中国は高度に強化された情報戦において他国以上に経験が不足しているとは言えず、この面で劣勢に立ってはいない。中国は1979年のベトナムとの紛争以来戦争を経験してはいないが、他のどの国もそれ以来対宇宙作戦または電子戦とコンピューターネットワーク戦が相互に密接に一体化した戦いを経験していない。

同時に、中国はその宇宙と情報兵器の内容の拡充に関連して、新たな通常兵力のためのドクトリンを着実に研究・発展させている。人民解放軍の地上軍が依然として一際目立つが、中国軍はそのドクトリンを統合作戦重視の方向に移行している。このことは過去30年間米国と対決したその他の敵性国家とは区別すべき重要な要素である、すなわち、中国の軍隊は将来戦に関する研究とそれをどのように遂行するかについて実質的な知的資源を投入していることである。人民解放軍は単に新規の装備の取得に興味を持っているわけではない。その代わりに適切なドクトリンとドクトリンを実行する付随的戦術、技術および諸手続きを開発することによって、古かろうと新しかろうと、すべての現有装備能力を最大限に発揮する方策を見つけ出そうとしている。

中国人民解放軍の歴史

今日、その能力を高めつつある近代的な人民解放軍は中国の大いなる進歩の象徴である。1949年の建国時、中国は世界で最も貧しい国であった。ほとんどの人は無学であったし、その産業基盤は脆弱であった。中国は航空機、戦車また自動車すら生産できなかった。さらに悪いことには、4年間の内戦だけではなく8年間の日本との戦争（中国では「抵抗戦争」と称される）を耐え抜いたところであった。このことは刈り取った後の畑のように累々と荒廃さが連なる国家を見るようであった。限定的な産業基盤を持っていた中国の枢要な都市の中心部も同じように荒廃していた。中国が潤沢なものの1つは人民であった。建国時の中国指導者であった毛沢東はその資源を国民党と蒋介石との戦いに活用した。中国が１９５０年の米国を中心とする国連軍との朝鮮戦争に介入した時、毛および中国の指導者はこの数的優越性を行使した。鴨緑江に近接するマッカサー将軍隷下の国連軍を驚愕させ、中国の歩兵師団は38度線と並行し現在の朝鮮内での軍事境界線を構築している地点までそれを押し戻した。

さほど訓練されてなく粗悪な装備の超多数の兵力に依存することは毛沢東時代を通して人民解放軍の思考の基盤であった。毛は質よりも量を重視する「人民戦争」の概念とドクトリンを作り上げた。彼は日本軍、ソ連軍、または米軍であれ、質的に優越した敵に対して中国の数で対抗した。毛隷下の中国軍は中国に侵攻する敵に対して長期にわたるゲリラ戦を展開する「引き伸ばし戦争」においてこの優位性を利用した。毛はまた人民に対し理論的に正しい動機付けがなされるならば、数の優位は装備が劣勢であっても戦争に勝てると強く主張した。このことにより軍事専門的技量・能力を少なからず無視した。中国の内戦期間および日本との戦争の10年間のように、優れた政治的訓練および洗脳教育はどのような紛争においてもこの巨大な軍隊を支えた。

朝鮮戦争で戦っただけではなく１９６２年の中印戦争におけるインドおよび１９６９年の中ソ国境紛争におけるソ連軍と戦ったのは最小の支援装備で、極度に政治化されてはいるが専門分野の訓練はほとんどなされていないこの種の軍であった。

したがって、１９７０年代を通じて、人民解放軍は、わずかな機甲師団によって支援されるきわめて限定的な自動車化と機械化された軽歩兵が主体であった。海上においては、中国海軍はほぼ沿岸防衛兵力に過ぎなかった。数少ない駆逐艦やフリゲートでは外洋に繰り出すことはできなかったが、他方敵を悩ますために数百の魚雷およびミサイルを搭載した高速艇（魚雷艇の近代化版）に依存していた。中国空軍は数的にはかなりのものを保有していたが、ほとんどのものは1950年代および1960年代の旧式機であった。

鄧小平の登場と人民戦争論の衰退

これが1979年の中越戦争を戦った中国軍であった。1ヶ月の侵攻期間中、人民解放軍の戦死傷者は米軍がベトナムで8年間に被った戦死傷者数に匹敵した。一例として、中国軍3個師団はベトナム軍1個連隊が確保しているラインを突破するのに約1週間を要した。[2] 人民解放軍の能力は話にならない砲歩協同、原始的な通信および粗末な後方支援など惨憺たるものであった。

鄧小平が毛沢東死去後に権力を掌握した後に実施されたこの戦争により、戦闘およびより広範な戦略環境についての中国の思索は大いに進展した。ベトナム戦争における中国の経験、ベトナム戦争における米軍および1967年と1973年のアラブ・イスラエル戦争の評価ならびにその直後に起きたフォークランド紛争はそれまでの戦争に対するアプローチはもはや時代遅れであることを中国軍に悟らせた。

鄧小平の登場は戦略部門でも抜本的再評価をさせることとなった。前述したように、軍事的準備に関する毛の考えは極度に思想主義的であり、軍事的専門能力をほとんど信用しなかった（たとえば党権力への軍事的挑戦のように、ナポレオンの復帰運動に導きかねないとして）。毛はまた世界核大戦争（社会主義と資本主義の大対決の可能性故の）が間近に切迫していると信じていた。毛は中国がおそらく米国だけではなく、ソ連とも長期にわたる戦争をしなければならないと考えていた。それ故、絶対的な優先事項は長期のゲリラ戦を戦い抜くことができる軍だけではなくそれを支える軍事産業を作り上げることであった。その結果、毛が超大国間の熱核大虐殺の路線において予想していた長期のゲリラ戦を支えるため、多くの工場が非効率的に中国の奥地のあちこちに作られた（抗堪性のためと考えられていた）。

これとは対照的に、鄧小平は「平和と発展は今日の世界における2つの重要な課題である」と述べた。[3] 中国周辺での戦争（中国はこれを「局地戦」と位置付けている）の可能性があるものの、予見し得る将来世界大戦争が生起する可能性は今や低いものと考えられた。この戦略的再分析は基本的に人民解放軍の計画要求だけではなく、利用可能な資源を変更させた。毛は戦争体制を念頭に置いた国家を設定したが、鄧小平は軽工業、消費者用製品および世界経済に向けその経済を変針させた。鄧にとっての優先事項は毛の政策によって壊滅的な破綻に追い込まれた中国経済を再建することにあった。

新しい戦略状況は将来戦の本質に対する再評価に導いた。差し迫った大規模な核戦争に備えるよりも、人民解放軍は「近代条件下の局地戦」に焦点を当てた。これらは中国周辺の紛争に限定したものであった。このモデルは1979年の中越戦争およびそれ以前の1962年における中印戦争にあったであろう。そのような戦争は限定的手段（たとえば核兵器不使用）で、限定目的（例として領土調整、政治的発信）のために戦われた。したがって政権の生き残りが直接脅かされることはなかった。

鄧は人民解放軍がもはや中国本土奥深く敵を引き込み、長期のゲリラ戦を実施する大量の民兵に、ひたすら優先的に依存することはできないと信じた。外国軍が中国に侵攻し、占領するようなことはほとんど考えられなくなり、このことは毛の長期ゲリラ戦の考えを説得力のないものにしてしまった。

その代わりに、「近代化条件下の局地戦」のさらなる限定的本質は敵と前線で遭遇し、これを撃破することを要求した。この変化は機械化された編制に対する依存度を増加させ、より近代的な装備を要求した。また必然的に戦いに対するより専門的なアプローチを必要とした。小銃とキビ以外には何の装備も持たない民兵よりも、人民解放軍はより特殊技量と能力を持つ部隊（例、歩兵だけではなく、戦車、砲、航空戦力、後方支援等を含む作戦に協同する能力）を必要とした。

１９８５年に人民解放軍はより協同連係した陸上作戦を進展させる努力を反映させた最初の「集団軍」を展開し始めた。それはまた後方支援の進展および無線およびその他の指揮統制装備を統一することの優先順位を高めることになった。同時に、文化大革命時（１９６６-１９７６年）に閉鎖された専門的軍事教育機関を再開することが人民解放軍に指令された。その教育内容は参謀業務、作戦立案、指揮統制と一体となった特別訓練と同様、異なる部門や装備についての共通の基本的知識を提供することを含んでいた。人民解放軍は中国共産党の強固な統制下にある党の軍隊であるが、訓練および教育に関してはよりプロ集団である。

しかしながら、急激に削減された財源の範囲でそれを実行しなければならなかった。おそらく、最も劇的に、鄧は人民解放軍の急激な大軍縮を実施した。１９８５年には約１００万人の兵力が削減された。１９９７年と２００３年の2回の大削減により１９８０年には４５０万人の兵力であったものを２００６年には２２０万人に縮小させた。[4]

これは戦備と軍備に関しての毛の優先事項に対する鄧の大逆転の一部であった。鄧の4つの近代化において、軍事は農業、工業および科学技術の後の最後尾に位置付けられた。人民解放軍の公式予算配分は広範な国家経済再指向への節減の結果、少なくとも25パーセント削減された。[5]

この変革を円滑に遂行するため、人民解放軍が商業の世界に参入することが奨励された。これには2つの形があった。最初のものは、中国共産党が人民解放軍の統制下にある産業を消費や輸出市場向けの商業品目の生産に転換させる形のものである。重要なことは、軍組織がビジネスを行うことにより収入を補うことが奨励され、その組織の資産（例、トラック、兵員）をそのビジネスの一部として使用することが許されたことである。[6] １９８０年代後半までその公式予算を補塡するため、人民解放軍はホテル、レストラン、牧場およびナイトクラブを経営していた。

このような双方の動きは諸刃の剣であることが判明した。ある一面において、中国軍が利益を上げているビジネスに力点を置くにつれて、軍の精強性は低下した。同様に、軍需工場は軍事生産よりも商業品目の生産に力点を置くようになった。

これらの動きが軍の戦闘準備態勢を減殺させる一方で、それらは人民解放軍の将校に運営に関して異なる方法を紹介することとなった。将校がそのビジネスを地方の要求に追従させようとする際、彼らは共産主義的でもなければ硬直したものでもない命令のもとで事業を実施した。重要なことは、１９８０年代初期に実施したビジネスが民間および軍の能力に影響を及ぼし始めた各種の情報およびセンサー技術を解放軍将校に触れさせたことである。

江沢民と2つの改革

１９８９年に中国共産党はその権威に対する大きな挑戦を受けた。中国共産党総書記胡耀邦の没後に始まった天安門広場での抗議はそのまま持続し拡大した。抗議が拡大するにしたがい、胡耀邦の後継者の趙紫陽は統制を喪失しつつあるようにみえた。鄧小平は趙紫陽に代えて当時上海の党書記であった江沢民を中国共産党の指導者および中国の公式指導者に任命した。

江沢民の登場に伴い、鄧小平は中国指導部においてやや低い位置に身を置いたが、１９９７年に彼が死去するまで常にその影響力を行使することは可能であった（実際、１９９２年に鄧は継続中の経済改革の支援を推進するため有名な「南巡講話」に出掛けた）。当初、全般的な戦略的政策に関しては、江沢民は世界が「平和と発展」の状態にあるという彼の保護者の全般的な戦略分析を堅持した。したがって、中国の軍事的近代化努力は国家経済発展の幅広い目標にとって代わるべきものではなかった。

しかしながら、この期間において中国は戦略的問題で一連の大きなかつ組織的な衝撃に見舞われた。まず、第一は天安門広場の虐殺の影響である。中国と米国を含む西側は１９８０年代を通じてソ連に対抗する戦略的パートナーであったが、１９８９年６月４日の天安門大量虐殺はそれまでの親密な相互連携関係に終焉をもたらした。西側は２０１６年においても有効である一連の制裁を課しており、それは中国の先端的軍事技術の接近を制約し、ある種の軍民両用技術に関し制限を加えている。

西側との中国の相互連携における変化はソ連の崩壊と重なる天安門大量虐殺によって突如生起した。中国と西側にとって、単一で最大の脅威であり、中国と西側の連携の戦略的動機は一挙に霧散してしまった。特にゴルバチョフが中ソ国境に係る多くの協定を鄧小平と締結したので、ゴルバチョフの登場とソ連の崩壊は中国をより安全なものとした。ソ連の後継諸国家は北京に挑戦する現実的な立場はなくなり、ソ連後のロシアと中央アジアの諸共和国は現存の国境を堅持することを確証する方向へと迅速に動いた。[7]

崩壊と引き続いての経済的内部破綻はまたロシア軍を荒廃させた。ロシアの海軍および空軍は縮小し、陸軍は大幅に削減された。唯一ロシアの核戦力だけはかなりの力を温存した。新たに独立した共和国がそれまで全体として一体化していた機能とは別の部分を統制・管理したので、ソ連の軍需産業施設は崩壊した。中国の脅威となるロシアの国力は急速に衰退した。

不幸なことに、ソ連の崩壊は中国と西側の協力の背後にある戦略的必要性を取り除いた。ワルシャワ条約機構の終焉に伴い、西側はできるだけ多くのソ連軍を中国向けに張り付かせておく必要がなくなった。ソ連の終焉は中国の戦略的パートナーとしての重要性を低減させることになり、西側は天安門後、中国に対する制裁を課すことの選択が可能となった。

皮肉なことに、ソ連の崩壊は戦略的に好ましいことであったが、中国共産党の主権に対する深刻な脅威となった。実際、すでにペレストロイカとグラスノチを始めていたゴルバチョフの訪問により、天安門の学生抗議者は大いに刺激された。ソ連共産党の終焉は中国共産党にとって警戒すべき状況を作り出した。

この時期、外部的な安全保障環境の変化だけではなく、中国の内部情勢も変化した。中国は発展途上国であったが、1992年までにはかつてほどの発展途上国ではなくなってきた。中国の経済が着実に拡大しそのインフラも改善されるにつれて、鄧小平の改革はすでに実を結びつつあった。皮肉なことに、このことは中国がひとまず都市中心部を明け渡し、長期のゲリラ戦を実施するため内陸部へ退却するということを捨てることを意味した。すなわち中国の経済成長によりこのゲリラ戦戦略は重要な経済的、財政的、産業的および人的資源を放棄することを意味するものとなった。

人民解放軍に関しては、全般的戦略環境における変化は湾岸戦争で明らかになったように戦争の戦い方における重大な変化と一致するものとなった。中国の近代化の項目の中で最も低い順位ではあったにもかかわらず、1990年の人民解放軍は10年前よりはより進歩したものになっていた。第二次大戦および朝鮮戦争時代の兵器（T－34戦車およびMiG－15戦闘機）は引退し、それらのあるものについてはより進んだシステム（例　中国のJ－8Ⅱ戦闘機は米中「ピースパール」計画により西側のレーダーを装備していた）を装備したものに換装された。

しかしながら、中国が現代戦に対応し得るという自信は第一次湾岸戦争の進撃方向とその速さによって霧散した。ある中国の将校は「わずか42日であったが、砂漠の嵐作戦は人民解放軍に多大な影響を与えた」と述べている[8]。広範な航空攻撃および引き続いての１００時間の地上作戦は１９７９年からの中国の軍事的進歩をほとんど時代遅れのものにしてしまった。

重要なことは、この紛争が「多くの中国の戦略家に戦争の戦い方が根本的に変わりつつあることを」認識させたことである[9]。中国国防大学のある教官はその戦争において示された軍のあらゆる部門の統合作戦の本質は我々に21世紀初頭のあるべき姿を一瞥させたと述べている[10]。他の人民解放軍の分析官は湾岸戦争で示された全軍種からなる統合作戦の形態は疑いもなく将来戦の発展の鍵となると記述している[11]。このことは当時の人民解放軍の軍事科学院（中国軍の最高シンクタンク）の副院長によっても強調された。

湾岸戦争は軍事理論とその実施において大きな進歩を示した。たとえば、戦略と戦闘（battle）は密接に関連しており、主役を演じる後者は時には戦略および戦術と重なっている[12]。

人民解放軍はこの新しい戦争へアプローチするには戦闘行動に対する抜本的大改革が必要であることを認識した。その時の多くの報告書において、「中国軍事指導者は西側との軍事的懸隔は今や20年から30年と思われることを公式に述べていた[13]」。精神的動機付けや、大兵力偏重の毛沢東時代の方法ではこの技術的懸隔を解消することは不可能であった。

第一次湾岸戦争は将来戦が核兵器の不使用および比較的期間が限定された局地戦になることを示唆し

た。実際、これらの紛争は驚くべき破壊力で実施されたので、単発の戦いに終始し、週または月単位で終結した。したがって、産業の大量動員や衝撃を与えるような長期にわたるゲリラ戦の時間もなかった。しかしながら、その戦争の政治的結末は全軍の破壊および政権の崩壊を含んでおり決定的なものであった。技術における優位性はこれらの戦争の戦い方を変えた。中国人は将来戦が「3つの非」すなわち非接触、非線形、非対称により特徴付けられると結論付けた。

非接触。長距離、精密攻撃兵器の出現は部隊が視認距離以遠から敵を攻撃することを可能とした。延伸距離砲、ロケット、スタンドオフ空対地弾および巡航ミサイル搭載の長距離爆撃機は大規模な破壊力を持つこととなった。米国のGPSのような衛星搭載の航法システムにより可能となった精密さと相俟って、このような非接触戦は近距離の伝統的戦闘と同じかそれ以上に効果的なものとなった。防御側は対応が間に合わなくなるまで攻撃されることに気付かない。非接触攻撃はつまるところ陸、海、空、宇宙および情報力を含む統合部隊の協同連携を通じて、部隊や兵器よりもその効果の最大発揮に力点を置いている。[14]情報はそれを可能とする鍵となるものである。正確な情報を迅速に入手しなければ、非接触戦に必要な精密作戦は不可能である。

非線形。近代戦闘はしばしば双方が浸透し合う戦いを含むようになりつつある。もはや戦場における明確な前線のようなものは存在しない。このことは戦場における部隊密度が急激に低下したことにも起因している。部隊の大規模な集中は非接触戦の精密弾の格好の大きな目標となる。さらに武器の長射程化はもはや明確な前線または後方地域が存在しないことを意味する。最後に、情報の重要性は将来戦における主要な戦場は物理的空間を一要素とする情報空間内になることを意味する。陸、海、空、宇宙、および情報領域を横断する一体化された統合作戦、特に最後の2つは戦線の持つ多くの伝統的概念を否定する。[15]

非対称。多くの西側のアナリストは人民解放軍が非対称戦に完全に通暁していると考える一方で、中国は西側特に米国は非対称戦を繰り返し実施しているとみている。陸上兵力に対抗する航空兵力の使用は戦略爆撃や陸上砲のための近接航空支援の実施のように、少なくとも第二次世界大戦以来西側作戦のお家芸であった。航空戦力に依存したコソボ紛争は西側の非対称戦に対する中国の見方を具体的に示したものであった。[16] 聖域（たとえそれが本土の縦深部であっても）を否定しながら敵の全戦略縦深と交戦する能力および距離延伸の精密弾で長距離からそのような攻撃をすることは非対称戦の要諦である。

急激な戦略概念の変化に直面し、人民解放軍はその装備の近代化における実質的投資だけではなく、そのドクトリンすなわちその新装備の使用についての考え方の基本的な見直しを要求した。これに関して江沢民は人民解放軍に対し「2つの改革」を企画するよう命じた。

◉人民解放軍は「近代化条件下の局地戦」ための備えから「近代化したハイテク条件下の局地戦」を戦うための備えに路線変更する。

◉人民解放軍は量を基本とする軍から質を基本とする軍に路線変更する。[17]

湾岸戦争が示した新しい種類の紛争に対処できるように、江沢民は人民解放軍そのものを官僚的にかつ計画的に路線変更する（質を強調する方向に）ことを要求した。このことはさらに戦いに対するアプローチについても同様であった。特に「近代化したハイテク条件下の局地戦」に対応できるものでなければならなかった。このような戦争は「近代化条件下の局地戦」とは基本的に異なるいくつかの特質によって特徴付けられる。

◉量と同様に、武器に関しての質。技術的により高性能な武器は紛争の要因を決定し、効果的にその規模および範囲を統制する。

◉戦場は三次元であり、紛争相手側の戦略的後方地域に向けてより遠くより深く拡大する。

◉紛争は全天候下において、昼夜の別なく実施され、高い作戦テンポが特徴である。

◉基本的なアプローチは統合作戦の重視である。

◉最後に、指揮・統制・通信および情報（C3I）の役割は絶対条件である。C3I機能はこのような戦争を成功裏に実施するために必要不可欠なものである。したがって、敵のC3I機能を妨害する能力はさらに重要である。[18]

人民解放軍の観点によれば、このような将来戦への最重要課題は統合作戦実施能力である。

統合作戦の実施と促進

1980年代、人民解放軍が軍事理論として統合を模索している間に生起した湾岸戦争における迅速な米軍の勝利は人民解放軍が作戦領域にそれを適合させ、採用することを後押しすることとなった。したがって、統合作戦は第八次（1991-1995年）および第九次（1996-2000年）5か年計画の主要項目となった。中国の5か年計画は一般的に人民解放軍および中国国家機構の組織化および財源化の鍵となるものであるので、統合をここに組み入れることはこれに対する中国の真剣さを反映していた。5か年計画に組み込まれたことにより、統合作戦は人民解放軍の単なる内部検討事項ではなく、国益に係る事項であることが明確となった。

第八次5か年計画の間、人民解放軍は統合作戦をどのように考えるかについて重要な検討を行った。特に、統合作戦（複数軍種を含む作戦）と協同軍事作戦（同一軍種内の複数部隊を含む作戦）間の質的相違点が存在するかについて多方面に及ぶ討議が行われた。

人民解放軍の分析は最終的に統合作戦が単なる協同軍事の形態ではなくそれ自身の明確なドクトリンを必要とする別の形態のものであると結論付けた。しかしながら、このようなドクトリンの作成は人民解放軍に重要な挑戦を課すこととなった。マルクス・レーニン主義を基本とする軍として、人民解放軍は戦争が科学的推論を可能とする作戦原則と指導思想を持つ科学とみていた。これらの原則と思想を明確にすることは戦時の問題への「正しい」アプローチ（例、科学的なもの）を理解するためにきわめて重要である。

これらの重要な概念を導き出すためには目的を明確にし、検証するための歴史的経験が必要である。人民解放軍は通常の軍隊のようにそれ自身の歴史的経験から作戦思想を定義しようとする。

統合作戦と協同軍事作戦

通常の軍隊は特別の領域（例、陸、海、空）で作戦する軍種から構成される。軍種はそれぞれの予算とその管理機構を持っているのが通例である。通常の軍隊の軍種とは海軍、空軍および陸軍を意味する。米国においては、軍種に海兵隊と沿岸警備隊が含まれる。ソ連部隊は構成軍種に防空軍と戦略ロケット軍を加えている。中国においては、２０１６年まで、地上軍（総体的に）、海軍、空軍であった。

　軍種は「部隊」から構成される。部隊は軍種を細分化したものであり、しばしば特殊な技術的知識を持っている。米国の地上軍（陸軍）の場合、細分化したものにはたとえば、歩兵、武器、砲兵および陸軍航空隊がある。中国空軍には航空、地対空ミサイル（ＳＡＭ）、対空砲部隊、レーダーおよび空挺部隊がある。２０１６年まで、核部隊を隷下に収める第二砲兵部隊は軍種というよりも部隊の扱いであった。

「統合作戦」は２つないし３つの軍種を含むものである。協同軍事作戦は２つまたは３つの部隊を含むものである。


　しかしながら、中国軍は中国内戦、第二次世界大戦、朝鮮戦争またはインド、ソ連およびベトナムとの紛争を通じて、統合軍として戦った経験をまったく持っていない[19]。中国海軍および空軍は人民解放軍陸軍と連携して作戦したことはまったくといっていいほどない。中国は統合作戦の経験が欠如していたので、人民解放軍はそのモデルと例を外国に求め、各種の観察と研究に基づく独自の統合理論を発展させざるを得なかった。

　かつては、人民解放軍はおそらく最大の総合的影響を受けたソ連の経験から学んでいた。しかしながら、協同軍事作戦から統合作戦へのドクトリン変更の過程において、人民解放軍はソ連の経験をほとんど採用しなかった。ある中国の本にあるように、ソ連軍は協同作戦の単純拡大版として各軍種間の協力を考えていた。実際、中国人の言うとおり、ソ連軍は「統合」という用語すら使用していなかった。彼らはそのような行動を「軍種間の協同軍事作戦」として特徴付けていた。[20] 中国のアナリストはロシア軍が軍種内の「協同作戦」概念にあまりにも固執しており、各軍種間の統合作戦の背後にある科学的法則へ踏み込んでいないと結論付けた。したがって、ロシアは統合作戦を協同軍事作戦の一形態と誤って区分していると中国はみていた。[21] 中国はモデルとして役立つ何か他のものを探し求めなくてはならなかった。

ソ連のアプローチが間違ったものとするならば、西側のアプローチは明らかに成功したものである。この結論はある部分英国のフォークランド紛争の経験に基づくものである。人民解放軍の考えによれば、これは統合作戦が達成し得る格好のモデルであった。延びきった兵站から作戦する数的に劣勢な英軍であったが、それでも強制介入作戦により数的優勢の敵を打ち破ることができた。さらに言えば、両軍は装備についてはほぼ同等のレベルであった、したがって、勝利は単に英軍が物質的に優勢であったとは言えない。

その代わりに、いくつかの中国の評価分析によれば、鍵となる重要な相違点は連携した統合戦闘行動を立案する英軍の能力にあった。アルゼンチン軍は戦術的にもその能力においても相互に支援し合うように編制されていなかった。ある中国のアナリストはアルゼンチン軍が「素晴らしい戦闘技量と勇敢で粘り強い戦闘姿勢」を示したと述べている。しかしながら、アルゼンチン空軍は「他の軍種から協同支援をされることはまったくなかった……3つのアルゼンチンの各軍種は連携することなく、むしろそれぞれが各個に作戦していた」。[22] アルゼンチン陸軍と空軍は互いの弱点を隠蔽しまたはその強点を発揮することができなかった。これとは対照的に、英軍はきわめて密接に連携していた。[23] このことが大きな敵と戦ったにもかかわらず英軍に勝利をもたらした。中国のアナリストにとって、統合作戦は積年の毛沢東ドクトリン思想「劣勢者が優勢者を打ち破る」ことを確認するように思えた。

統合戦の中国の評価を形作る上でさらに重要なことは英国のフォークランド経験と同時代に進行した米国の軍事改革行動であった。湾岸戦争における米国主導の有志連合の成功は英国のフォークランドの経験よりもなお一層刮目させるものであった。中国はクウェートおよびイラク砂漠における地上作戦を成功させた1980年代の米国のドクトリン策定のすべての過程について集中的に研究したように思える。実際に、中国の著者は統合戦の精密な研究の開拓者は米国であると信じておりかつ「エアーランドバトル」はこの問題における最も重要かつ知的な要素の1つであることを示唆している。[24]

第八次5か年計画（1991-1995年）の終結時には人民解放軍の軍事学術学界が協同軍事作戦よりもむしろ統合作戦の強調へと着実に動いていることが明確になった。人民解放軍は将来におけるどのような大規模な戦闘も少なくとも空、陸戦力が連携した形での作戦になることを容認したようであった。[25] 第九次5か年計画において、人民解放軍は多方面のアプローチを通じ、学術理論を公式のドクトリンに転換することとなった。

1つの重要な要素は中国の道徳的絆の哲学（PME）の中に統合作戦の研究を強調したことである。このことは湾岸戦争以後1990年後半の西側のコソボ介入のような引き続き生起した紛争に対しての注意深い調査へとつながっている。ある中国の分析は次のように結論付けている。

陸、海、空および完全な電子戦環境を完全に一体化してユーゴスラビアと交戦した米国主導のNATO軍による1999年のコソボ紛争はハイテク条件下の統合作戦の例を実行したことにより、「フルスペクトラム戦争」理論とは何かを正確に示した。[26]

そうこうしている間に、野外演習は統合作戦構想およびハイテク条件下の作戦を取り入れ始めた。

特に、1996年3月、中国の陸軍、海軍、空軍および第二砲兵隊は中国軍の独特の形態に適合する多くの新しい統合戦の経験を得ることを目的として、台湾海峡においてハイテク条件下の大規模統合演習を成功裏に実施し、ハイテク条件下の統合戦の軍事的発展を拡大する上で多大な成果を収めた。[27]

人民解放軍は部隊に統合を教えようとするだけではなく、それを行使するための理論をさらに磨き上げる作業を始めつつあった。

この時は江沢民が軍のビジネス施設を破棄させた時期でもあった。1998年の演説で、彼は2000年までに、軍の主要ビジネスからの撤退を命令した。このことが人民解放軍を現行の商業活動から撤退させる行為の公式的な一面である一方で、汚職との戦いにおいてその権利を剥奪するには1年は要しないが数ヶ月は掛かることが明白であった。[28]しかしその剝奪事業から例外とされた産業部門があった（それは電気通信部門である）。ジェームズ・ムルヴェン（James Mulvenon）が2001年に述べているように、軍は遠距離通信に参加することが許された、なぜならば、IT分野の取得は人民解放軍で進行中のC4I（command, control, communication, computer, and intelligence）革命にとり必要不可欠な貢献者とみなされていたからである。[29]

人民解放軍が「新時代の作戦規則」（新一代作戦条例）の一部として統合作戦の指針を発行した1999年にこれらのすべての取り組みは絶頂を迎えた。これらは2つの部分から構成されているように思える。最初のものは、「人民解放軍統合戦役要綱」である。この要綱は統合作戦を企画する重要性と方策について全般的な指針を示している。これに加えて、「統合作戦条例」がある。これらの規則は統合作戦の実施に関しての特別な指針であるだけではなく、訓練、兵站、整備支援および防空のような「ハイテク」戦闘の各種の様相についての指針でもあった。

それ故、2000年の第九次5か年計画の終了時には人民解放軍は全解放軍による作戦構想のための共通要件を準備しつつある状況になった。軍がビジネス作業に没頭するよりも戦う準備により焦点を当てることが明確になった。重要なことは、この2セットの文書を通じて統合作戦ドクトリンをさらに発展したものにしたこと、さらにそのドクトリンを公布したことである。

人民解放軍の連携的統合作戦概念

この基本要件の中心部分は統合作戦に対する中国の考え方であった。実際、兵站および支援機能も含めた全軍種の規則は、実施中の統合戦役に従属するものであった。[30]統合作戦は軍種主導の協同軍事作戦に活力を与え、具現化するものとみられていた。統合作戦のこの格上げは統合作戦が協同軍事作戦よりもさらに重要であり、より決定的なものとであるとする中国軍の見方を反映したものであった。

人民解放軍にとり、この点における統合作戦の主要強調点は異なった領域（この点においては主として陸、海、空）における能力に基づき、参加兵力間の相乗効果を生み出すことであった。正しく実行されれば、指揮官は参加兵力が戦役に持ち込む優位さを利用して、効果の交響曲を奏でることができるであろう。この段階での中国の書物はしばしばこのオーケストラの重要性を反映して、「協同統合作戦」（協同連合作戦）に言及している。

しかしながら、この段階においても統合作戦は軍の高いレベルにおいて起きるものと依然としてみられていた。統合は第一義的には戦争における戦役段階におけるものと考えられていた。すなわち、この時点において、統合戦役の概念はあったが、統合戦闘という概念はなかった。事実、人民解放軍の分類では、統合戦役は実体的に連携した、軍種中心の協同軍事戦役であるとされていた。統合は統合戦術活動よりもむしろ適切な指揮系列と戦役計画から構成されていた。

人民解放軍の論評者は統合作戦の実質的構成要素は戦役レベルまたは戦争で作戦するそれぞれの軍種から投入された軍団または「軍集団」(group army)であると信じていた。たとえば陸軍に関するならば、当時の基本的な軍団レベルの部隊は集団軍であり、おおむね米陸軍と同じであった。集団軍は戦役レベルの単位としてよりもむしろ戦術レベルものとして考えられている師団および旅団から構成されていた。

戦いの各段階

戦いおよび紛争を分析する際、その概念および計画には概略3つの段階がある。

戦争(War)は「戦略」レベルの戦いにおいて生起し、国家全体を巻き込む。人民解放軍は、この数十年間、核兵器を含み、世界戦争になる全面戦争から、規模(例、核の不使用)および物理的程度(例　イラクやコソボ等、1つの国に限定)という2つの観点から限定された局地戦に重点を移行している。局地戦は依然として決定的影響を及ぼすものである——1990年のユーゴスラビア紛争はセルビア政府の崩壊とミロシェヴィッチを逮捕させた。他方イラク戦争はサダム・フセインの斬首になった。

戦役は戦争の「作戦」レベルで生起する。戦役は軍団の地上軍と陸軍レベル（複数師団）、空軍（複数航空大隊）、艦隊（数ダース以上の艦艇）から構成される。戦役は戦争と戦闘の間の間隙を埋めるものである。

戦闘は戦争の「戦術」レベルで生起する。戦闘は班（数十個）から旅団（数千の兵力）、数十の航空隊、および小艦隊および艇隊から構成される。戦役は通常複数の戦闘によって構成される。

海軍については、軍団レベル単位は北海艦隊、東海艦隊、および南海艦隊の3つの艦隊であった。それぞれ、ミサイル艇および海軍航空部隊と水上艦艇、潜水艦、および支援艦艇から構成されていた。戦時においては参加艦隊または複数の艦隊は戦役としての規模と目的を持つ軍団レベル部隊としての「海軍任務部隊」として再編成される。それは駆逐艦やフリゲート艦が中心となるが、任務部隊はそれ以外の投入可能なあらゆる兵力も含むこととなる。

空軍の軍団レベルは1軍区に1つある7つの軍区空軍であった。軍区空軍は戦闘機師団、爆撃機師団、およびその他の特別師団から構成されていた。軍区空軍は最も低レベルの戦役単位であった。空軍の師団は陸軍と同様戦術レベルの要素と考えられていた。

最後に、第二砲兵部隊に関しては、基本的な軍団レベルの部隊は通常型ミサイル部隊基地とそれと関連するミサイル発射部隊であった。現在では6つの基地がある。すなわち、それぞれは、規模において集団軍と同程度と考えられる。[31] 通常型ミサイル部隊の基地は戦術部隊である陸軍の師団レベルの部隊と同等とみなされる旅団から構成されている。[32]

将来戦の当初の概念において、人民解放軍はもしそれが少なくとも2ないし3つの軍種からの軍団レベルを含むものであるならばその戦役を統合と定義した。[33] より小さな部隊の組み合わせは統合の構成にはしない。このように、人民解放軍は量から質に向けて動き、統合作戦の実施に関心を持っていたが、これらの統合作戦はその行動が軍種指向の活動に力点を置き、互いに戦術レベルにおいて相互に各個行動する大規模部隊を抱えていた。その所望の相乗効果は戦術レベルではなく、戦役レベルで生じるものであった。

実際、統合作戦実施準備を強調したものの、人民解放軍はこの時点で将来の「ハイテク条件下の局地戦（将来戦の本質的特徴）」における標準的なものとしてよりもむしろ戦役の特殊な形として統合作戦を位置付けているように思えた。統合作戦は軍種中心の作戦よりはるかに強力であり可能ならばどこでも実施される。しかし、軍種中心の戦役は依然としてこれらの統合作戦のための基盤であると考えられていた。

しかしながら、統合化は2ないし3つの軍種からなる各種の大規模部隊の単純な物理的共存配置以上のものとして認識された。この時点で人民解放軍の論文が強調しているように、統合戦役は単一の、統一指揮命令系統を必要とする。一般的に言われている「統合戦役指揮系統」は参加軍種の幕僚によって策定され、その人員は戦役の大きさおよびレベルによって、中央軍事委員会、人民解放軍総参謀部、および上級政治指導者からの人員によって増勢される。この統合戦役指揮命令系統は軍団に参加している個々の軍種の指揮命令系統に優先するものである。事実上、それはその行動を組織化している各指揮命令系統の頂点に位置するものである。

この統合戦役指揮命令系統は統合戦役のための単一の、統一計画を作り上げた。当計画は全般にわたる統合戦役へ導くため、参加部隊の行動を調整する。当計画は参加部隊の作戦を予定し、兵站および支援要求の競合を調整し、補助（協同軍）戦役の詳細計画を提供し、個々の軍種の参謀にそれぞれの役割、任務および目標を理解させる。当計画は最大の相乗効果を上げるため、参加部隊に戦役の段階に応じた協同要領および任務（例、火力支援、襲撃、爆破）または配置を提供する。

この単一かつ統一の指揮系統は参加部隊の行動に関して時間と戦場を横断的に調整することを確実にするための単一かつ統一計画を形成する。この目的は異なる所属と異なる作戦方式をもって異なる戦場で作戦する部隊に敵が対峙しなければならないようにすることである。このことは、我が兵力間で特に時機について調整しつつ、敵の注意と反応を分散・分割することとなる。

敵を同時に、間断なく攻撃する能力こそは統合作戦の特質と考えられた。

将来の統合戦役において、我々は全軍種に同時戦闘行動をさせる必要を強調しなければならない。戦闘要求に基づき、我々は戦域の縦深を横断して同時にまたはほぼ同時に攻撃できるために各軍種の戦闘能力を十分に高めなければならない。[34]

近代のハイテク技術は各種目標に対して、同時に、戦域の全域にわたる連係攻撃を可能にした。長距離ミサイル、長距離攻撃機、延伸距離砲等すべてのものは同時弾着（ほぼ同時）攻撃を実施するために連係し得る。

情報の重要性の認識の高まり

しかしながら、このような正確なタイミングを可能とする能力は精密な長距離兵器、および空、海優勢を確立する能力だけではなく、命令および決定を発令するための秘匿通信に依存する。初期の段階においても人民解放軍は情報戦の成功は統合作戦にとって、きわめて重要な部分であることを認識しつつあった。したがって、「日毎に情報優勢の強化論」が強く叫ばれるようになった。[35] この結果、統合作戦の統一司令部に情報戦室が設置されることになった。この同じ時期に情報優勢の中国の構想は急速に進展した。1980年代、電子戦と「電子（電磁）優勢」が一層強調された。電子戦は統合作戦のための優先事項とされた。

ある人民解放軍の分析官は次のように述べている。

その他の情報戦力の支援を得て、指揮統制センター、情報ノード、レーダーステーション、コンピューターネットワークノード等を含む敵の戦場情報システムのキーポイントを攻撃する電子的攻勢を［情報戦の］中心に据えることは必要である。[36]

しかしながら、新しい規則が公布されるまでに、情報優勢における関心は「コンピューターネットワーク優位」を含むまでに拡大した。この2つは徐々に「情報優勢」という用語の下で一緒に討議されるようになった。[37] このことは情報を正確に収集し、発信し、応用する能力であり、他方敵に同じことをさせない能力でもある。電子戦およびコンピューターネットワーク戦は情報戦の一環として、軍事欺瞞、心理戦および敵情報システム（たとえば、電子センサー、指揮統制ネットワークおよびコンピューターネットワーク）への物理的攻撃と関連して検討された。[38]

このような戦闘は統合作戦において特に重要である。

将来の紛争における複数軍種統合および高度に一体化され、統一された戦闘を正確に実施するための統合戦役軍団計画は敵の情報統制能力に対抗するあらゆる戦闘を実施し、同時に全力を挙げて我の情報統制能力を維持することを計画しなければならない。[39]

したがって、統合戦への人民解放軍の第一歩は異種軍種を一体化するだけではなく、情報戦を組み込む行為も含んでいた。

ITのハイテク関連への集中

1999年の新規則の公布は統合における人民解放軍の関心の目的も統合作戦能力のさらなる向上のための取り組みについても何も言及していなかった。人民解放軍がそのドクトリンおよび訓練の開発を始めるに際し、中国の軍事指導者はこれが始まりに過ぎないと認識していた。参加部隊は集合隊としてきわめて高練度であった。もし相乗効果を発揮しようとするならば、人民解放軍は軍団レベルで連携している異軍種を越えて行動しなければならなかった。

相乗効果とは、固定された計画に従って実施するエスター・ウイリアムズの水中バレエのように、事前の計画に従って陸、海、空軍が登場するようなことで単純に達成されるものではない。その代わりに、真の統合は敵の行動に対応し、戦場における戦果を活用する柔軟な作戦を必要とする。散開した部隊間のより緊密な相互通信が求められる。近代兵器の距離の延伸、長距離攻撃手段、全兵力への兵站（作戦維持のための）により、作戦空間の広がりは巨大なものとなった。指揮統制および通信の広がり幅は今や数千立方マイルに及ぶ。さらに、音声通信だけではもはや不十分である。現代戦は共通状況図（ＣＯＰ）を必要とする。これは指揮官相互だけではなく、とりわけ軍団レベルの指揮官相互だけではなく各種プラットフォーム間、各隊間でもデータを共有することを意味する。

人民解放軍が訓練および演習に統合を採りいれるにつれて、共通状況図の必要性はより明らかになってきた。人民解放軍の分析官はアフガニスタンにおける米国の戦いおよび２００３年のイラクにおける有志連合の戦い、コソボにおけるＮＡＴＯの作戦の検証に重要な時間を投入するようになった。人民解放軍は全般的技術能力を向上させることは重要であるとするものの、１９９０年代および２０００年代を通じての情勢から人民解放軍の最も重要なシステムはセンサー、通信、コンピューターのような情報関連のものであると結論付けている。

この針路変更は将来戦の本質を極めようとする人民解放軍の文書に顕著に反映されている。１９９０年代の「近代化された、ハイテク条件下の局地戦」に備えての記述は「情報化条件下の局地戦」に置き換えられた。この変化は２００４年の中国国防白書に組み入れられたが、すでに１９９９年の人民解放軍の軍事専門誌で検討されており、２００２年の「新時代における軍事戦略指導指針」の語彙集に公式に組み込まれていたものである。[40]

新歴史的使命およびサイバー領域の重要性

江沢民の後継者として鄧小平から任命された胡錦濤は２００４年12月に情報優勢の重要性を基本的な人民解放軍の所掌事項としてなお一層強調した。中央軍事委員会の議長として、胡錦濤は「新世紀の新段階における人民解放軍の歴史的使命（新世紀新段階我軍歴史使命）の概要について陳述した。この「新歴史的使命」は要するに人民解放軍に与えられた主要任務である。これらの主要任務を次に示す。


◉中国共産党の継続的支配を保障する。

◉主権の防衛、領土の維持、国内の安全確保により、国家の経済発展を擁護する。

◉特に宇宙、電磁波スペクトラムおよび海上領域における、拡大しつつある中国の国益を擁護する。

◉世界平和の確立を助成する。[41]

これらの「新歴史的使命」のあるものは長期的なものである。人民解放軍は党の軍隊であり、軍事部門である。したがって、党の継続的支配を維持することは常に絶対的任務である。同じように、人民解放軍の基本的責任は中国の主権と領土の維持を確保することにあることは長い間知られていることである。すなわち台湾を併合する準備をし、独立分子の顔を持つ新疆およびチベットを中国の支配下に強制することである。しかしながら、拡大しつつある中国の国益を擁護する任務は人民解放軍の責務の大きな見直しを要求する。胡錦濤が述べているように、人民解放軍にはその伝統的な国境以遠での中国の国益擁護が求められている。国家の発展要求と拡大するグローバル化を考慮すれば、胡錦濤は中国の国益と安全はもはや伝統的な陸上、海上、航空に限定されるべきではないと考えた。「海上安全保障、宇宙安全保障、および電磁波スペクトラム安全保障」は国家の安全保障にとりすでに緊要な分野となっており、列強の多くはこれにおける優勢を確保しようとしていると胡錦濤を述べていた。要するに、胡錦濤は中国の既存の国益の定義を、伝統的な国境を越えて、電磁波スペクトラム、宇宙領域および世界的シーレーンにまで拡大した。[42]

それをするためには、彼は電磁波スペクトラムが必要不可欠であり、宇宙空間が物理的インフラの必須要件である情報領域を明確に格上げしようとした。

人民解放軍にとり、胡錦濤の指示は情報化戦争への戦闘準備命令であった。

第3章 情報化紛争――情報革命の中での党の統制の維持

人民解放軍にとって、情報化戦争への準備は世界最大の陸軍の機械化に焦点を当てた近代化への努力を複雑なものにしてしまった。実際、21世紀の最初の10年の人民解放軍の文献は「半分は機械化され、半分は情報化されている」と述べている。この間の短い時期において、少なくとも人民解放軍はコンピューターから、よりよい通信システムまでのより良質の情報技術（ＩＴ）を単に得ようとする一方で、軽歩兵から重砲化され、機械化された軍に転換しようともしていた。

しかしながら、比較的短い指令において、人民解放軍は情報化とはより機動的な軍の上にＩＴを階層的に重ねるだけではないことを認識した。むしろそれは紛争の本質の徹底的再検証を必要とした。

紛争の情報化

人民解放軍は情報化が世界経済および社会に影響を及ぼすのと同じように、戦争の本質にも影響を与えると結論付けた。中国の認識する戦争とは軍事や政治だけではなく、より大きな社会経済および技術的傾向の関数でもある。人民解放軍の文献によれば、戦争形態は武器の主要形式、軍の組織編制、作戦構想および戦闘様式に影響を及ぼすその時代の支配的経済秩序を反映したものである。[1] これらの要素を組み合わせて戦闘の概括的定義が成り立っている。

歴史的に、戦闘は社会が農業から工業へと移行し、経済が封建制度を経て、農本主義から資本主義へと変化するにつれて進化した。[2] 使用武器は剣、槍のような刃型を持つ「冷たい武器」から、機械化された軍への火薬を使用する「熱い兵器」へと次第に移行していった。社会組織および技術の変化に連動して軍の戦術および編制も変化した。すなわち、農本時代の軍は古代戦車と歩兵の隊列に依存した。封建時代の軍は騎兵と歩兵と協同し得る弓兵、槍兵その他の兵も含めた騎士団と騎馬団から構成されていた。工業化時代の軍は特別訓練とより高度な後方支援を要する砲兵さらには戦車および航空機を含んでいた。同じ理由により、広範な情報および近代化された社会および経済全般への情報技術の集中として特徴付けられる情報化時代の到来は戦争の本質を情報化戦争へと導いている。

近代戦において情報が中心になりつつあるという人民解放軍の認識は20世紀の最終年および21世紀の初年度において高まった。人民解放軍は１９９０年代を通じて戦争へのアプローチを見直していたが、このことは人民解放軍全体を通してのハイテクと高性能武器の吻合およびそれを使用する兵および将校の訓練を含んでいた。しかしながら、それ自体は情報とそれに関連する技術に焦点を当てたものではなかった。同じように、『中国軍事百科事典』の１９９７年版および２００２年版の同補足書のような権威ある人民解放軍の文書は「情報化」の概念を取り込んでいなかった。

しかしながら、ある部門では、将来戦のＩＴにおける進歩が及ぼす特別な影響についてすでに考察していた。１９９７年版の『中国軍事百科事典』には「情報戦」の記述が盛り込まれた。その記述は情報領域内における双方の紛争行為、それは相手を制約し、戦い、勝者となる状態を作り上げるため、主として情報源の秘匿、情報の作成、発信および管理における主導性を確保しつつ、敵の情報発信能力を阻止することを含んでいる。[3]

２００１年に中国の軍事専門家による分析的な一節において、中国の軍事専門家は兵士および兵器の物理的要素に加えて、戦闘力は部隊を連結する情報および情報利用へのアクセスを通じて徐々に活性化されるものであるとの認識が欠けていると批判している。[4]

２００３年『中国軍事百科事典』の軍事編は「情報化戦争」とは紛争において一方または両サイドが戦闘行動を企図するため、情報化された兵器と手段に依存する時に生起するものであると定義している。このような戦争は多くの領域において統合精密攻撃やコンピューターネットワーク戦、宇宙戦、特殊作戦行動を実施する複合軍種から派出された部隊を含んでいるのが通例である。[5] このことは情報化戦争に関連する概念は純軍事的関係者以外のところですでに検討され始めていたことを示している。

そうこうする内に、水面下ではあるが中国の軍事近代化の優先順位付けはＩＴとその能力の活用の進化への集中の必要性に置かれた。このことは戦闘様相が「情報化」に向かっていると述べている２００２年の国防白書に反映されている。これを受けて、人民解放軍は機械化と情報化という近代化のための２つの責務を有することとなった。[6]

引き続いての２００４年国防白書は情報化戦争の重要性をより明確にしている。たとえば、「戦争様相は機械化から情報化へ変わりつつある。情報化は軍の戦闘能力を変える鍵となる要素である」と述べている。[7] 白書はさらに、人民解放軍の近代化とは「情報化条件下の自衛作戦能力」の向上に集中することであると述べている。[8]

２００５年までに、人民解放軍は情報の広範な内部討議、ＩＴおよび関連問題を反映した、情報化戦争および関連作戦についてのスタディガイドを刊行した。専門用語に関する人民解放軍の２０１１年版用語集は「情報化戦争」をネットワーク情報システムおよび情報化された兵器および装備の広範にわたる使用の下、全兵力が視認領域だけではなく、陸、海、空、宇宙および電磁波領域において、統合作戦を共に実施する戦いであると述べている。

情報化戦争において、紛争の主要形態はシステム・オブ・システムズ間のものである。[9] このシステム・オブ・システムズの構成概念の一部門として、情報化戦争はネットワーク化された戦闘システム、指揮統制システムおよび兵站・支援システム下で作戦する情報化された軍として具体化される。

情報化戦争において、情報は人、物、能力と戦闘力そのものの乗数である。近代化されたセンサーと通信装備品で近代化された旧式兵器（例、B‐52およびA‐10または通常爆弾にレーザー誘導装置を付加した爆弾）はその有効性を維持し、さらにはそれを高めることも可能となる。進歩向上した指揮統制システムは各種兵力の協同連携能力を高めることになる。よりよい情報は自己部隊の柔軟性と迅速性を増し、限られた資源の効果的配分を可能とする。その反対に、コンピューターウイルスのような情報兵器は敵のシステム・オブ・システムズを麻痺させ、デコヒーレンス（情報の喪失）にし、敵をパニック状態にしてしまうことも可能である。

情報化戦争に焦点を当てることは、「情報優勢」すなわち情報統制および特別な時機および特別な空間における情報の流れを確立する能力である。[10] それは敵よりも多くの情報を収集し、より迅速に処理し、より正確に使用する能力を必要とする。[11] これによって新たに利用可能なすべての情報の効果を最大にすることができると中国は考えている。情報優勢側は主導性を確保し、維持し、敵に交戦結果に影響を及ぼす能力を喪失させてしまい、受け身の態勢に追い込んでいく。このことが工業化時代の機械化条件下の戦いと情報化時代の情報化戦争との根本的な違いである。機械化条件下の戦いは敵を物理的、物質的に破壊することに焦点を当てるが、情報化戦争は敵の心理および意志を破壊することに焦点を当てる。[12]

情報優勢を確立することは戦略レベルから戦術レベルに至る幅広い作業を含んでいる。情報優勢を確立するために必要とされる知識は敵の情報システムだけではなく、敵の意思決定者および意思決定過程についての理解も含んでいる。このことは平時における重要な情報収集を必要とする。「情報化条件下の局地戦」の迅速かつ決定的な本質を考えれば、敵対行動の公式な開始まで準備を待たせることはできない。平時から敵の能力と弱点を把握することは最低限必要である。

また情報優勢は単に軍事的機能だけの話ではない。世界が情報化されるにつれて、グローバルな経済圏が出現した。その結果、脆弱性の決定要因は軍事的システムにあるのではなく、金融システムや電力および輸送などのような重要インフラシステムにあることが明らかになった。近代化された情報ネットワークは内部で相互連結され、多方面にわたって機能しているので、「情報優勢」は敵の軍事ネットワークだけではなく重要な非軍事ネットワークへアクセスすることを含んでいる。文民および民間の意思決定者および広範な一般大衆も重要な攻撃目標である。同じように、敵のデータだけではなく、データ収集および管理システムならびにその使用者およびアナリストを攻撃目標にすることもきわめて重要である。

これらの理由のため、情報優勢の確立のための敵の行為に対抗して、防御に成功するためには軍事および民間の情報システムに多大の要求がなされることになる。防御的行為が成功するためには我が情報のアーキテクチャの3つの面すべて、すなわちデータ、システムおよび使用者を標的とする敵のねらいに対抗することが要求される。情報そのものはその消費者に影響を与える兵器として使用される（ウイルスおよびマルウェアの組み合わせを超越した）ので、防御を成功させるためには情報そのものが監視されかつ情報の流れが厳重に管理されることが要求される。

情報の役割をさらに拡大してみるならば、人的要素は特に重要である。中国のアナリストはさらに高度化した兵器技術の出現は必ずしも戦争の基本的本質の変化につながるものではないと言及している。その代わり、情報化戦争の中核となるものは、戦うための敵の判断および戦闘意欲に「影響を与えかつ統制する能力の大きさにある」と述べている。[13]その政治、思考、士気、精神力および心理を含む人的要素に影響を及ぼす能力はデータベースまたはコンピューターネットワークによる妨害能力と同じように決定的かつ効果的であり得る。適切な情報の応用を通じて敵に影響を与えることは政治戦に対する中国のアプローチにおいて具体化される。

情報化戦争としての政治戦

中国の政治戦概念は情報化戦争の考え方を要約したものである。「政治戦」は敵の思考および心理に対して執拗に攻撃を仕掛け、最終的に敵の意志を沮喪させるために情報を使用する。[14]成功裏に政治戦を遂行することは敵の思考および認識に影響を与えつつ、最も基本的なレベルにおいて情報優勢を持続させることになる。逆に言えば、情報戦は政治戦の勝利のために緊要なものであり、情報優勢の獲得に失敗することは我の政治的安定性が攻撃されることになる。[15] 中国指導部の見解では、国家の政治的安定性と党の権力保持を脅かす「西洋化」および「分裂化」という絶えることのない脅威が存在する。これはさらなる民主化と自由化に向けての西側の呼びかけの根幹である。

政治戦はテレビ、ラジオ、インターネットおよびニュース組織を含む、主に戦略的対話手段として行使されるが、それにもかかわらず、戦争の形態の1つと考えられる。それは心理的圧力をかけ、認識過程および認識の枠組みに影響を与え、敵を攻撃するために情報を活用することと考えられる。世界経済は情報化されているので、政治戦はもはや軍事の最前線に限定されるばかりでなく、敵国民および指導者へも仕掛けられる。政治戦はソフトパワーを兵器化したものである。

同様に、近代化されたＩＴは戦時と平時との、軍と民間との、戦略、作戦、および戦術の間の境界線を不鮮明にしているので、政治戦は敵対関係が公式に始まった時に限定し、単に軍事目的だけに集中すべきではない。[16] その代わり、情報化戦争は敵の指導部および大衆を標的にすることを主体とする平時の活動も含んでいる。情報化戦争は工業化時代の機械化戦以上に紛争両サイドの構成社会を完全に包みこんでしまうものである。

中国人民解放軍政治戦作戦構想

政治戦の重要性を考えるならば、それが人民解放軍の最高官僚レベルに委任されていることは驚くことではない。２００３年の「人民解放軍の政治工作規則」および２０１０年改訂版によれば人民解放軍を動かす四総部の1つである総政治部が政治戦を担当している。特に政治戦の核心的手段であるいわゆる三戦（世論戦、心理戦および法律戦）を担当している。[17]「三戦」はそれが全体として一体化したものであるので、単独ではなく組み合わせた形で実施される。個々にかつ協力しつつ、これらの政治戦行為は敵の意志を揺さぶり、その戦闘意欲を削ぎ、敵軍の階級間での分断と分裂を誘発し、その行動を制約しようとする。理想的にはそれによって敵を紛争において完全に譲歩させることにあるが、さらなる蓋然性は敵の戦闘意欲を沮喪させ、より物理的な作戦に抵抗し続ける能力を減殺することである。より広範な戦略的手段（例、経済的、外交的行為）と軍事作戦との協同が難しいばかりでなく、相互に協同しての政治戦の実施も難しいので、中国は協同の必要性を強調している。このことは政治戦の要素（三戦を含む）だけではなく、軍事、メディア、政治的および外交的活動と協同した詳細な行動計画を策定することを意味している。

政治戦における人民解放軍の行動は総政治部にそれの行使権を所管させることにより単純化され、容易となる。総政治部の将校は政治戦における十分な訓練を受けており、実際にそのスペシャリストである。したがって、彼らは特殊訓練を受けて作戦を計画し、実行する。さらに、人民解放軍は作戦系統と平行する総政治部の指揮系統を持っている。このことは政治戦の遂行者に特別な達成目標手段の継続性と重視点を維持させつつ、戦術レベルから戦略レベルに至る政治戦を監督させ、調整させ、一体化させることになる。

総政治部の役割は政治将校および参謀と総参謀部の作戦部員との協同を円滑化することである。二重の指揮組織（特にその部隊を担当する政治委員会を通じて権限は総政治部と総参謀部に分割される）で、彼らが部隊を相互に管轄するので、2つの幕僚の間に緊密な平時および日常の連結がある。

2つの実体間に疑いのない官僚的な縦割り問題がある一方で、平時の交流を通じて培われ、個々の部隊内で確立された協同のための方策がある。この相互の親密性は他の軍事作戦と政治戦の一体化に関して戦時にその効力を発揮しやすくする。

「方針原則」および全般指示を含む政治戦実施の概略は党中央委員会（実際には、政治局）および中央軍事委員会から示達される。上級レベルの指揮官はこれらの原則、指示を採択し、指揮官レベル（統合戦域指揮司令部、軍団／軍区空軍／艦隊）に対する全般目的および行動基本計画を作成し、隷下部隊に対する指導および指示を発令する。これに対して、下級レベル指揮官は彼らに付与された任務の実施計画を導き出し、隷下部隊に対し命令を発出する。

部隊のそれぞれのレベルにおける政治戦行為はその部隊の党委員会、政治将校および参謀により練り上げられる。組織的に、このことは部隊の政治将校だけではなく、作戦指揮官および主要部門の代表も政治戦行為の策定に参加することを意味している、なぜならば、彼らの全員が党委員会の構成員であるからである。少なくとも理論的にこのことは政治戦行為が組織的に物理的な作戦および行動と連結していることを意味することを再度申し述べる。軍の指揮官は作戦計画を立案する時、三戦を含むすべてを相互に支援し、補完させせながら、その作戦計画を三戦と吻合させるように指導されている。このことは資源要求の競合を避け、手段と目的を調整することを含んでいる。

戦略的およびより高度な作戦レベルにおける政治戦方策および計画は統合戦役指揮司令部内の「政治工作室」で策定されるようである。この工作室は通常は人的問題センター、宣伝および動員センター、軍事法律センター、政治戦センターおよび統合戦役党委員会総合オフィスを組織化したものである。[18]それの典型的なものはその部隊の最高位の政治将校およびその部隊の副司令官からの1名および3名ないし5名の基幹要員、その司令部の高級参謀および隷下部隊の首席政治将校を含んでいる。[19]工作室は統合戦役指揮司令部、情報作戦センター、火力調整センター、統合兵站および防護センター、地方支援センター等と同等の重要レベルにある。戦役によっては、任務付与された部隊内にその戦役に参加している軍種毎の政治工作室が存在することもあり得る。

主要統合戦役指揮司令部が政治工作室を持つばかりではなく、統合戦役指揮司令部の前方展開指揮所に指定された小規模の政治工作室も通常的にあり得るであろう。政治部の副司令官を長として、それは即時的前線政治工作支援を実施する。これらは敵前線部隊に対する政治宣伝放送およびパンフレット投下などのより戦術的行動である。予備および後方地域指揮所にも政治工作室があり、その部隊の政治部の別の副司令官が指揮する。この工作室は部隊の党委員会と地方民間党委員会間の平時の交流（例、最近の改編以前の軍区が通常、省の境界と一致していた）を構築して、たびたび地方の民間当局者との交流をする。政治戦策定者は地方、民間人、装備および施設（放送局、サイバー専門家、インターネットおよび通信施設）を活用することができる。

「三戦」を通じての政治戦の実施

連携して実施することとは、三戦が、政治的主導性を確保し、心理的優越性を達成するために軍事戦略指針および目標と首尾一貫した形で軍事は無論のこと、外交、政治、経済のような各種情報の行使を追求することである。そのねらいは敵を弱体化させつつ、我自身の戦闘意欲を強化することにある、なぜならば、意志の欠如は最も高性能な兵器さえも能力発揮不能にしてしまうからである。この心理的優越性を発揮するための重要な要素は我自身を不当に扱われている集団ではあるが、士気および法的に高度な基盤を維持しているものとして表現することである。このことが我自身を強固にするだけではなく、傍観者および第三者に影響を及ぼす重要な要素となる。[20] 政治戦は軍の伝統的運用を補完的するものであり、必ずしもそれにとって代わるものではない。

「三戦」のそれぞれはこれらの目標を達成するために、異なった方法で情報を行使するが他の2つを強化するものでもある。心理戦は軍事面の力と同様に、政治、経済および文化力を行使して情報を活用する。それぞれの形の情報は価値、概念、動機および内容に影響を及ぼす強力な武器となる。[21] 法律戦は傍観者間に心理的支援と同情を醸し出し、法的反発の恐れのために所望の行動方針を制約することによって、敵の意欲を沮喪させることを可能とする。世論戦は国内および国外の人々に我の行動方針の正当性とその行動の成功を説得して直接的な支援を構築する、他方敵の同様な目論見に対しては、これを捻り潰してしまう。特に各種メディアの発達と影響力の拡大はそれが世界的に影響力を及ぼすので、世論戦を特に重要なものとしている。幅広い国内および国際的支援は我にとり心理的利益を醸成し、敵に対しては反対の作用を及ぼす。

心理戦

三戦の中心をなすものは心理戦である。これは我が方の抵抗意欲を防護し、より大きな活動を鼓舞する心理的防衛手段を実施する一方で、敵の心理を攻撃し、敵の抵抗意欲を沮喪させる心理学原則の応用と方策を含んでいる。[22] 心理戦はその思考に影響を与え、損害あるいは有害な思考の過程および方法を作り出し、抵抗精神を沮喪し、さらには敗北主義および降伏思想に導くために情報を活用して敵にプレッシャーをかける。同時に、我軍、人民および指導部に対する敵からの心理戦効果に歯止めをかけ、我が方の士気を高め、一層の抵抗力とその活動を鼓舞し、精神力の強化を図ろうとする。[23]

心理戦は宣伝と同様、恐喝、脅迫、欺瞞、そそのかしなどの各種の手段を用いる。宣伝はメディア戦を含んでいる。心理戦は非軍事資源に依存するけれども、総政治部の軍事政治機構に属する総参謀部の所掌業務である。[24]

つまるところ、大衆の支援が得られなくなるか法的挑戦や制約にさらされるかにかかわらず、三戦のすべては敵の心理に影響を与えることを最終的な目的としている。心理作戦は文脈から内容に至るまで、意思決定をするためのあらゆる認識に影響を及ぼすので、将来の紛争において必要不可欠のものとなる。情報化戦争における心理作戦の実施に成功することは軍民および大衆指導者に影響を及ぼし、紛争における行動と結果を左右するので、戦略、作戦、戦術レベルにおいて大きな影響を及ぼすことになる。

過去においては、心理戦は国内向けおよび戦術向けであり、物理的作戦を補完するものに過ぎなかった。[25]敵の一般大衆と関係を持つのは困難であった。したがって、国内での支援を維持するかビラおよび戦場の大型拡声器等で敵を弱体化しようとした。第二次世界大戦では、ラジオ放送によって敵の士気を低下させようとした（例、枢軸サリー、東京ローズ）、しかし効果は限定的なものに過ぎなかった。ＩＴが進歩するにつれて、その広範囲にわたる影響力により、戦略的心理戦がより一層重要となった。

心理攻撃の一層の浸透力とより包括的な形態の組み合わせによって、現代心理戦の実施者は敵の意志と心理バランスの減殺のための予期以上の能力を持つこととなった。心理戦は従来の軍事的手段および効果を強力に補完することが可能となった。たとえば、国際ニュースメディアの出現は戦略的心理戦行為を拡大するグローバルなメッセージ形式を提供する。同様に、国際的エンターテインメント企業は付随する心理的作用で世界中の人々に影響を与えている（例、サブミリナル効果）。

しかしながら心理戦は単に受動的なものではない。経済制裁および封鎖は経済を弱体化するだけではなく敵を心理的に孤立させるために実行されてきた。同様に、その政権の承認を引き延ばすような外交的手段はそれの孤立と脆弱性を高める。地球規模の財政交流が盛んになることにより、経済的大影響だけではなく心理的にも影響を与える敵の通貨に対するような金融・財政攻撃を可能としている。中国は近代的技術と技法は「心理的衝撃と畏怖」を含むそのような方策を強化すると信じている。[26] 近代技術によって可能となったその他の方策は「情報制裁」または「情報封鎖」である。敵のメッセージの発信を妨害しつつ、敵が利用できる情報の種類を制限することにより、戦略的孤立感を醸し出す。これは国内の支持を低下させ、抗戦意欲を漸次喪失させる。中国の著述家は米国がコソボ紛争においてセルビアに対しこのような方法を行使したと言い切っている。ＮＡＴＯの記者会見はベオグラード側の宣伝能力を圧倒して、状況の世界的発信を牛耳っていた。すなわち、ＮＡＴＯの心理戦部隊は代替テレビおよび手段等の各種放送機材を使用して、セルビアにメッセージを送信した。彼らはまた大衆の関心と公共の支持を勝ち取るために人気音楽等を利用した。[27]

同様に、介入に先立ち米国がどのようにしてタリバンに対し情報封鎖を実施したかについて述べている。これは米軍の準備情報をタリバンが入手することを拒否させ、他方米国のレンズを通しての世界的なアフガン情勢理解を確実にさせた。[28]

情報封鎖を課すことにより、きわめて限定的な情報しか利用できなくなり、その結果、影響を受けやすく、洗脳されやすくなるので、相手側の認識および視点はより容易に操作されてしまう。同時に、抵抗力が減殺された相手は圧倒的な兵力に直面して孤立してしまう。自己のメッセージを発信する能力を欠いた相手は心理的および物質的な外部からの支援への期待を後退させてしまい、孤立感が高まる。情報封鎖の重要性を高めるばかりでなく実施のための枢要で新たな手段を提供しているので、インターネットの広まりは情報封鎖に重要かつ新たな活動場所を提供する。[29]

情報封鎖の中国の例はすべて敵対関係が公になる前から開始される。中国の考えによれば、このことは通常の心理作戦において典型的なものである。中国の分析によれば、心理作戦は前線と後方ライン、軍と民間との分割ラインが不明確であるように戦時と平時の分割ラインを不明確にしている。実際問題として、この種の作戦が効果的であるためには戦時とか、軍事に限定することはできない。したがって、平時の心理戦により相手をより一層理解し、戦時を想定して布石を打っておくことが肝要である。

心理戦技法の平時における応用は、相手を沮喪しやすくするため、相手の無意識で、内在している考え方に影響を与え、それを変えさせることである。重要なアプローチの1つは我が方の積極的な国家イメージを醸し出し、我が政策と目標に対する、外国の共感と支援を増大させるために、外交的および経済的影響力などの各種の形態の戦略的つながりを活用することである。さらに加えて、我の強点およびそれを行使する意志を強調し、相手をためらわせ、屈服させるために各種メディアを含めあらゆる形態の通信手段を使用することである。[30]

人民解放軍の刊行物は敵の立場を平時において弱めることを求めている。このことは他の者を、悪意を醸し出す者として描き、さらに彼らの力を分散させ、彼らの目標の支援に集中させないように各種の非難に反応せざるを得ないように追い込むことを含んでいる。常に我々は相手の強点と連帯のイメージを育成しようとする相手の行為に対抗するとともに、士気を低下させる思想の種まきをしようとする彼らの行為から我ら自身を守らなければならない。[31]

心理戦の戦時使用は軍事目標および目的への強調点を大きく変えることになる。戦時の第一目標は相手、特に上級の軍および文民指導者に対し混乱、疑惑、懸念、不安、恐怖、後悔および疲労を醸成させることである。理想的には、このことは何もしないように仕向け、採用された誤った意思決定および行動が行使される機会を最大にする。戦時の心理戦作戦は敵の意思決定過程に齟齬をもたらし、あらゆる段階で不確実性と不決断性を醸成することをねらいとしている。相手の意思決定者に影響を及ぼす行為と連結させて、相手の情報システムを妨害することにより強力な心理的衝撃を与えることができる。

戦時心理作戦のもう1つの形は敵の中に不和と絶望の種をばらまくことである。これは敵軍および敵国の一般大衆の抵抗心を減退させて、戦争倦怠感を起こさせるだけではなく、平和交渉を容易にさせ、さらなる譲歩に誘い込むことを可能とする。「我が敵に勝利を収めた時、それは単に敵を殺戮し、領土の一部を奪取することではなく、大事なことは敵を心理的に畏れさせることである」[32]。これは我が方に都合のよい情報を強調することおよび第三の団体や我方への友好組織等を通すことも含めた各種形態のメディアを介して平行的にメッセージを発信することを含んでいる。

攻勢的心理作戦は防勢的手段で補完されなければならない、なぜならば、相手は我が兵力、国民および指導部を弱体化しようとするからである。紛争に対する人民の支援を確たるものとし、我の成果と敵の失敗にハイライトを当て、党と国家に対する信頼と支持を浸透させることは肝要である。このことはその社会における情報の流れをタイトに統制し、敵の情報戦活動から意思決定者および意思決定過程を隔離することを要求する。

平時および戦時の心理戦行為のどちらも献身的な心理戦部隊および適切に訓練された幕僚組織を必要とする。この部隊と人員はさらにその効果を最大に発揮するため、心理学、文化および言語同様現代情報システムに通暁していなければならない。これらの訓練は「心理攻撃の情報のための創造と応用、すなわち、各種の「心理的」攻撃のための情報の集中的創造を容易にするための敵軍、紛争生起予想地域の社会的および心理的弱点の完全な理解、および放送、戦場大型拡声器、航空機通信を含む心理戦技法および武器と一体化したものでなければならない[33]。

法律戦

中国は法律戦とは「法律を通じて敵を支配するまたは敵を制約するために法律を用いる」ことによって、心理戦および世論戦を支援すると分析している。したがって、法律戦が政治戦の中心的手段であることを強調している[34]。実際に、法律戦は通常の軍事作戦に浸透しており、他方軍事紛争は本質的に法律戦を包含しているという最近の紛争に基づき中国は「軍事作戦および法律戦はすでに完全に一体化したものとなっている」と結論付けている[35]。

政治戦の一形態として、法律戦は敵と公式な敵対関係になる前に開始される。国際および国内法、軍事紛争法、法律宣言、法律教育および法律執行を含む、各種の法律情報を適用することにより、中国指導部は国外および国内の大衆に影響力を及ぼそうとする。その目標は支持を獲得し、行動を抑止させ、さらには目標および武器の選定のような軍事行動に影響を及ぼすことである[36]。

法律戦は「一方の当事者が法律を遵守し、他方が法律違反をしていることを非難し、法律違反がある場合において、一方の当事者のために議論する」ことを想定している[37]。最終的な目的は、法的に高い基盤を確保し、法的立場においてより確固たる確証を持っており、さらに明確に高潔で信義に満ちていることを印象付けることにより紛争期間内における主導性を確保することにある。ある中国のアナリストは次のように述べている。

「法律戦」は戦いにおいて、正当性を得るために実施される。その戦争に正当性があるか否かにかかわらず、戦争において両サイドは「法律戦」を行使するための努力をする、そして戦争を企てる法的根拠の構築方法を模索し、どちらも我が方が理にかなっており、法律的にも至当であることを確認しようとする。[38]

法律戦の実施は公式な敵対関係開始以前、最中、以後のそれぞれにおいて重要な役割を演ずる。抑止または威嚇目標の支持を得るために各種大衆に影響力を及ぼす法律情報と議論を利用するので、法律戦は戦場における政治的準備のために必要不可欠なものである。国際社会によって承認されるよう、中国の法的位置および考え方を広範囲にわたり宣伝することは特に重要である。[39]

平時において、反対陣営の紐帯についてはこれを弱体化させつつ、我が陣営に対する支持を構築することにより、法律戦は国内および国外の国民および指導者に影響を与える。戦時において法律戦は戦いを成功に導くために「必要不可欠な一般国民の支持を埋没させることによって戦闘意欲を破壊するために」、法律の原則を都合のいいように操作する。[40]

このように、2005年の反分裂国家法の成立は台湾（またはチベットおよび新疆）に対抗するどのような中国の将来の行動に正当性を与えるだけではなく、この地域の住民および彼らを支援する国および活動家に対する中国の決意を政治的に発信するものである。同じように、国連海洋法条約についての中国の特異な解釈は中国の立場だけではなくその取り組みを示すものであり、原告および関係者に潜在的影響力を及ぼす。

実際に、領海の多くの紛争における中国の法執行船の使用は法律戦と心理戦の両用の形態である。海軍でなく民間の船舶を運用しているので、状況を悪化させるような圧力を減殺することができる。同時に、法執行船舶および機関は当該領土および海域は中国に属することを明確に表明している。すなわち、軍事的よりもむしろ内部および国内安全保障の事案として中国の法執行に従わせることである。

法律戦の戦略的使用以外にも、法律情報およびアプローチの軍事化からの作戦上および戦術上の効用も存在する。法律戦のある種の潜在的使用は中国の行動に対する米国の反応を遅延させることが可能である。このことは戦争権限法および各種の米国資源を動員する権利に対しての挑戦に関連するとみなされる行動のように、広範にその選択肢を広げることが可能となろう。さらに、外交政策および国家安全保障に直接関連するもの以外の環境、労働等の分野にも法律的行動が及ぶかもしれない。

中国の法律戦行動は西太平洋における米国の作戦に緊要な外国の基地および施設への接近を制約する試みを可能としている。このような行為は前方展開基地を提供する、シンガポール、韓国、フィリピンおよびタイなどの米国の同盟国を標的にしている。このような手段は拡大投資の約束または工場閉鎖という脅威などの経済行為、およびその他の領域における支援および経済的論争（例、ＷＴＯ）のような外交的法律手段と同様に、威圧的軍事行動（軍用機による上空飛行、近傍での海軍演習）とも呼応して実施される。もしそれが米国やその同盟国の大衆の反対を得ることに成功するならば、そのような法律戦手段は対中国軍事作戦能力を減殺するので、米軍の展開に影響を及ぼすことができる。

戦時においては、米国のアナリストは法律戦が米軍の作戦において著しい制約を与えることになると懸念している。軍の指揮官は国際法、特に軍事紛争法違反や戦争犯罪で告発されることを恐れて慎重になりがちである。実際に、米国の２００８年版国防戦略は「我が軍の即応態勢を阻害し、埋没させがちな法的および通常の制約が拡大しつつあること」への懸念を表明している。[41]

中国のアナリストも同じような結論に達している。彼らの見方による法律戦は国の内外を問わず、大衆の紛争支持に直接的に影響を及ぼす。法律戦の1つの目標は、

相手の軍および国民の戦闘意欲を心理的に削ぎ、他方我が軍および民衆の熱情を高揚させ、国際的な同情と支持を得ることである。[42]

たとえばこれらの分析は1991年の湾岸戦争におけるアル・フィルドス掩蔽壕の空爆後の非難および「人命の損失と深刻な戦争法規違反」が軍事計画および作戦に直接的影響を及ぼした不利益な政治的および道義的結末に導いたことを指摘している。[43]

中国のアナリストはまた法律戦が紛争の結果において枢要な役割を演じているとみている。外交および軍事的手段を吻合させることによって、それは戦時の取り分を確固たるものにさせる。

この目的を達成するため、法律戦に関する中国の刊行物は法律戦が戦争の形態の1つであると強調している。したがって、それは単一の指揮組織下で、各種の政治的手段と調整の上、統一された計画の下、しかもより伝統的で、機動的な軍事手段で計画されなければならない。[44] これらの手段はまた他の戦略および作戦目標と調和したものでなくてはならない。

これらの協調的法律戦作戦は本質的に攻勢的なものであり、敵がそれに反応し、時間および必要な資源的を費やすことを余儀なくさせる。中国の文献は法律戦の手段は次のものを含むと示唆している。

◉法的強制／抑止行為、すなわち自己規制を課すために、武力紛争法違反の可能性に対し、厳密な調査の下にあることを敵に警告すること。

◉法的打撃、すなわち国際法および国内法に違反しての作戦行動であると敵を非難すること。

◉法的反撃、すなわち有利なように国際法を曲解し、誤った表現をしている敵に焦点を当て、我が方への行為が不利益となるように対比させること、およびあらゆる敵の法的行為に対抗すること。[45]

これとは対照的に、西側の有利点の利用をしばしば制約する法的制裁（大衆支持の離反）の恐怖によって操作されるので、典型的な西側の法律戦概念は防勢的なものである。[46]おそらく最も論議的なものは、アフガン戦争の初期に、米軍参謀部の政治将校はタリバンの指導者ムラー・ムハンマド・オマル（Mullah Mohammed Omar）の護衛者に民間人がいることを懸念していたので、旋回している無人機プレデターに攻撃の許可を与えなかった。それ故、オマルは逃走した。[47]

さらに注目すべきものは、米国防総省はコソボ紛争時、スロボダン・ミロシェヴィッチ（Slobodan Milosevic、元セルビア社会主義共和国幹部会議長［大統領に相当、第7代］）に対しサイバー作戦を実施しなかった。なぜならば、そのような行為の正当性が不明確であったからである。[48]

世論戦

中国のアナリストはインターネット、テレビ、ラジオ、新聞、映画等を通じての大量の情報手段によって配布され拡散された情報を通して対象目標とする大衆を型にはめる「メディア戦」または「合意戦」と翻訳される世論戦を構想している。ニュースメディアが中国の世論戦構想において重要な役割を演じているものの、それは世論戦に影響を与えるために利用できる大がかりな仕掛けのほんの一部に過ぎない。[49]すべてのメディアは全般計画にしたがって、対象目標とする大衆に自分自身に有利な、敵に対しては有害な確たる見方および結論を徐々に浸透させるためのメッセージを送りつけるであろう。

世論戦は大衆に心理戦のメッセージを用意させるので、心理戦実施のための枢要な支援者と言える。中国のアナリストは世論戦を情報戦の中で、特に強力な要素であるとみなしている。ＩＴの幅広い普及により、世論戦は今や社会のあらゆる部分に浸透している。

世論戦の目的は我が方と相手の間の力の全体的バランス認識を変えながら、大衆および意思決定者の認識と意見を形作ることである。[50]成功した世論戦は３つの大衆すなわち、国内大衆、敵の大衆および意思決定者（軍および民間の双方）、さらに中立国および第三国の国家および組織に影響を及ぼす。それは味方の士気を維持し、国内外の支持を促進し、敵の戦闘意欲を弱め、敵の情勢判断を変える。世論戦は国家および地方の所掌業務である。人民解放軍だけではなく、国家武装警察、国および地方のメディア、言論人、ネットワーク市民およびその他もまたこれを実施する。[51]

世論戦は自律的なものである。それは実際の、公式の紛争とは無関係に生起する。言い換えれば、それは常に進行中のものである。中国のアナリストによれば、最初にそのメッセージを植え付けた側は世論操作に有利となる。実際に、中国のアナリストは「最初に音を発した者が人民をつかむ。最初に入った者が支配権を得る」ことを繰り返し強調している。本質的に、中国人は討議および報道の要因を定義しようとしている。最初にあるメッセージを表明することにより、人民解放軍は他の全員の意見形成を目論んでいる。このことにより北京がその作戦の正当性と必要性を強調し、国力をよりよく展示し、軍の優越性を表示し、相手の抵抗力を減殺することが可能となる。[52]これとは対照的に、敵は中国の世論戦によって植え付けられ、根付けられた考えを払いのけなければならない。現実問題として、中国の意思決定者は世論戦とは平時においても実施されるものであり、中国人民の認識形成活動のための大きな部門であるとみている。中国の言い回しと認識の枠組みを大衆が受け入れるよう、常に変わらぬ努力がなされている。

世論戦の効果を最大限にするため、情報伝達のあらゆる手段を利用しなければならない。そうすることによって、与えられたメッセージは異なる発信源と異なる形によって何度も繰り返され、強調されることになる。世論戦は「平時と戦時の作戦を一体化、すなわち資源の軍・民の一体化、地方資源の統合（平戦結合、軍民結合、軍地一体）」という考えを具現化するものである。

中国は報道界を監督することを任務とする国防情報部を立ち上げている。この組織はは軍事および安全保障に係る事柄の中国の立場を広めるための主要な機関である。それは人民解放軍のイメージを精強で能力の高いものとして印象付け、人民解放軍が秘密性に富む組織であることを含む、ネガティブな印象に対抗しようとしている。2008年に設立され、国防情報部からの報道官は2011年以降月例記者会見を開催している。[53]

民間資産は世論戦において目立った役割を演じている、なぜならば、放送施設、インターネット使用者、ニュース組織および報道者を含めて、実質的により多くの民間および商業的メディア手段が存在している。非軍事的組織の方がその面の軍関係者よりも通常、より高度の技術および情報を持っている。[54]可能ならば、世論戦はこれら非軍事組織の名声と長期的存在（例、関係を確立した銘柄）を利用するであろう。

成功するために、世論戦の発信は戦略的、政治的および軍事的内容の変化に対応すべく柔軟でなければならない。1つですべてに対応するよりも、各種メッセージの方が広く大衆に浸透する。中国が、たとえば分離論者とみなす者に対抗して世論戦を実施するような時は「より頑迷な要素と一般的に評判のいい者との区別をするべきである」[55]

平時における世論戦の注意深い準備はきわめて重要である。このため潜在的な相手の心理と国民意識の理解、戦術および方法の徹底した研究、および世論戦の専門家を養成することが必要である。このことはニュースメディアに限定した話ではない。たとえばイラン-イラク戦争において、中国のアナリストはイランが宗教的影響力を伴ったニュースを基本とした宣伝と連結していることに注目している。宗教的熱狂は国を支持する一般大衆の士気を高揚させる。[56] しかしながら、そのような行為はねらいとする大衆の完全な理解を必要とする。人民解放軍の刊行物は常に「兵馬を動かす前に、世論を先行させせよ」という諺をとなえている、すなわち世論戦の準備は公式な敵対関係に先行して開始すべきであることを強調している。[57]

実際、平時と戦時に世論戦を区別することは困難である。第一次湾岸戦争において、米国はイラクの戦闘意欲を削ぐ（特にサダム・フセインに動揺を誘発させる）いろいろな発信をして常にイラク軍民を攻撃するための情報拡散における優位性を利用したと言われている。これは最初の巡航ミサイル攻撃および最初の空襲のはるか以前に開始された。中国のアナリストはアフガン侵攻以前に、ワシントンは反テロ有志連合を作り上げる世論戦を実施し、国際的な支持を得て、アラブおよびイスラム諸国の懸念を鎮静化したことに注目している。[58] 防勢的な世論戦行為は敵の世論戦の成果を制約する。これらの行為は敵のメッセージに対する国内の影響を最小にし、これらのメッセージの衝撃を無にしてしまうための強力な教育とニュース統制を必要とする。防勢的世論戦は政府に対する外的および内的批判を一般大衆が信じないようにさせる。漏洩を伴ったこれらの批判には迅速かつ確実な対応によって対抗する。

中国の戦略的情報防衛

中国指導部が情報支配を確立するためには敵が大衆に対して好ましからぬ影響を与えることを阻止する必要がある。情報化時代において、中国当局は伝統的なメディアだけではなく、インターネットやソーシャルメディア通信を経由する中国人民への情報の流れを統制しなければならない。

中国共産党は外国からの侵入や干渉に対抗しなければならないだけではなく、国内反対勢力が社会不安を作ったり、拡散させたりすることを阻止しなければならない。

ソーシャルメディア・プラットフォームは、特に中国共産党規則に対する組織的抵抗の潜在性を増加させている。共同しまたはさらに悪化させようとする国内外の反対勢力の脅威は中国にとって情報の統制を絶対的な優先項目にし、無制限な情報の流れを戦略的脅威とする。

ＩＴの拡大のうねりとソ連の崩壊は中国共産党の脅威認識に影響を及ぼしている。中国の最初のインターネット接続はソ連崩壊の影で１９９４年の天安門の虐殺後に実施された。情報の共有およびそれに基づいて行動する能力が向上することは世界の共産主義思想の崩壊と深刻な国内不安を経験した中国指導部に対する決定的で明確な挑戦である。拡大する浸透能力と幅の広いインターネットおよびソーシャルメディアを統制する中国の行為は戦略的には本土防衛に匹敵するものとして位置付けるべきである。情報兵器に対する住民の脆弱性を制約しようとする中国共産党の決意は核兵器から住民を守る民間防衛手段と平行的なものである。

特に重要なことは一般大衆（伝統的なメディアに慣れきった）へ迅速に情報を拡散させるばかりでなく、公共の意見を素早く組織化しそれを行動に移させることも可能であるＳＮＳを統制することである。

実際に、社会統制を維持し、大衆が不認可の行動に参入することを阻止することは情報を徹底的に検閲するのと同じように重要なことである。レベッカ・マッキノンは中国政府の取締組織は「共産党当局に挑戦して批判集団を鼓舞する燃え上がりやすい政治的話題に関しての一般大衆の会話の高まりをどのインターネット会社がどの程度阻止し得たかの程度」によって表彰するか懲罰を与えるかの判断基準としているとみていた[59]。

その後の研究も「検閲計画の目的は集団行動が明らかになるか予想される時はいつでも社会の団結を摘み取って、集団行動の可能性を減少させてしまうことにあると考える」という、同じような結論に達している[60]。研究者は〈新浪微博〉のメールおよびその他の表現はたとえば彼らが集団行動や抗議および集会を実施する時にはほとんど削除されるかより迅速に削除されてしまうと指摘している。このことはたとえそれが政府の立場を支持するものであっても真実である。「その立場が政府に好意的であろうとなかろうとその指導者および方針が検閲の可能性に関して予測する効果は何もない[61]」

中国政府は情報だけではなく、その情報がどのように解釈され、行動に結ぶ付くかについても厳密に監視している。表現を完全に統制できないとしても、北京はその表現を不許可にすることで人気の高い反応を抑え込んでしまおうとする。

中央当局の行為は中国無線通信施設の政府統制と同じように国内プロバイダーをほぼ完全に支配することによって易々と実施される。国外の企業に依存するよりも、国内ＳＮＳを作り上げて、北京はソーシャルメディアを介するものだけではなく、どのように情報が中国の情報および無線通信ネットワークを伝達していくのかについても統制することができる。たとえば、北京は携帯電話のネットワーク運用を維持しながら、そのテキストメッセージを削除することができる。通常の国内連接の地上回線よりもむしろ携帯電話に幅広く依存していることを考えれば、このことはきわめて重要な意味がある。たとえ政府がクラウド作成能力を最小限にして、同時に反対勢力が組織化する能力を厳重に取り締まるとしても、個人も政府も通信を継続することは可能である。

チベットおよび新疆などの機微にわたる分野において、中国当局は不当なかつ統制不可能な情報の拡散を阻止する意志と能力の両方を十分に発揮している。チベットにおいては、インターネットおよび電話は2008年の抵抗事件以来不如意かつ確実性がない状態である。2009年の広東省でのウイグル人労働者に対する人種的暴力への抗議が暴動になった時、インターネットへのアクセスは新疆自治州全域にわたり遮断された。電話およびテキストメッセージの制限も行われた。[62] その時以来新疆のインターネットおよび電話の遮断および混乱が繰り返されている。しかしながら、両地域においては情報を大胆かつ細心に制御できる中国の能力を反映して、政府機関（警察）および財務、運輸のような重要インフラの連接は維持されている。[63]

物理的なインフラおよび国内のソフトウェアおよびプラットフォームの進歩に対する中央統制を通じて、世界的な情報ネットワークと連接しているものの、中国はかなり隔離され、比較的統制された国内情報環境を作り上げている。これは一連の技術的および人的検閲によって支えられている。これらは拡散された情報が政治的に受け入れられるだけではなく、どのような反応も受容可能な枠内に収められることを確実にしている。

平均的な中国人の世界観および中国観は広く行きわたってはいるが、必ずしも気づかない目隠しによって方向付けられる。彼らが制約内にとどまる限り、彼らは拡大した国内情報および幅広い世界的手段へのアクセスを楽しむことは自由である。しかし、もし北京が必要とすれば、他の自治州のように、すべてのレベルは中国の手中にあるので、当局はその一部またはすべてを閉鎖することができる。

政治戦対策——情報統制

政治戦の実施において特に重要なことは世論を動かすことである。これは2つの機能からなる。第一はそれが戦争の実施とトップ指導者に対する支持を構築し、維持することである。これはすなわち、中国の意志と実行決意を発信し、敵が中国の行動に介入し抵抗することを抑止することを可能とする。同時に、世論を動かすことは地方または戦略的反転効果に対抗するように大衆を仕向けることになる。これは敗北主義を退け士気を高めるために大衆の意識を操作する手段でもある。緊要な中国の経済、通信、およびエネルギー施設への攻撃の蓋然性を考えれば、このことは特に重要である。

世論動員はより大きな情報動員行動の一部門である。それは所望の効果を得るために集中し目標を明確にした情報の運用を必要とする。[64]これは中国世論に直接影響を与えるばかりでなく、影響を及ぼしそれを形成しようとする敵の行為からそれを隠蔽することでもある。したがって、中国当局が想定される敵に対して、政治戦を実施する時には、彼らはそのような行為から大衆を防護している。ある重要な懸念は内部の不安を醸成し、中国共産党の統制を混乱させる外部勢力の能力である。これは理論的な懸念ではないが、その代わり、中国の上級指導者の深刻な懸念を反映している。たとえば、2014年版中国国防白書は外部勢力が中国共産党を権力から追い落とす「カラー革命」を推進しようとしていると記述している。[65]

中国共産党の懸念は外部勢力が中国の民衆に幅広い影響を及ぼすだけではなく、上級の政治および軍の指導部が指導者として戦う士気と意欲を失い、買収されてしまうことにもある。1989年の天安門事件の際の事案は疑いもなく、上級指導者間に意見の不一致をまき散らした政治戦と他の行為による衝撃を、中国の意思決定者に思い出させる。中国の上級指導部が天安門の抵抗者を抑圧するために軍の使用を計画した際、北京軍区の陸軍の中心兵力である第38兵団司令官の徐勤先少将はその考えを拒否したと報告されている。彼は「その抗議は明白に政治的問題であり、力ではなく交渉を通じて解決されるべきものである」という考えであり、その結果逮捕されたと報道されている。[66] そのような考えは徐だけではなかった。他の将校も軍を撤退させるための嘆願書に署名した。最終的には他の部隊が抵抗者を排除するために行動した。中国の指導者にとって、絶対的確信を持って軍を統制することが可能か否か率直に言って疑問である。

その後2年以内に、米軍および有志連合軍はクウェートおよびイラク領内でイラクを圧倒した。1991年の砂漠の嵐作戦の間に、中国軍指導者は近代技術によって強化された心理戦および世論戦の衝撃を目撃した。米軍および有志連合軍はビラ投下を伴った連続地域爆撃を維持した。中国はその攻撃の心理的効果を中国の観点から注意深く測定した。さらに献身的な心理戦活動を強化した最初の攻撃の激しさは、中国指導者に心理的衝撃を与えた。[67]

同時に、中国のアナリストは米国と有志連合軍がサダム・フセインに対するイラク人の支持とイラクに対しての国際社会の支援と同情心を削ぐために世論戦と心理戦キャンペーンを実施しているとみた。中国のアナリストはメディアを通じて噂を広めることから「環境テロ」としてイラクがクウェートの油田施設を破壊していることに至るまでの各種の世論戦技法を明らかにしている。これらの手段によりイラクに対する国外の同情は否定されてしまい、他方政権に対する国内の支持も下がってしまった。[68] 米国はまたイラク軍指導部の戦闘意欲およびサダムの命令への服従意欲を削ぐために金銭的誘引および戦争犯罪裁判の脅迫を実施した。中国の文書はこれらの政治戦行動がイラクの戦闘意欲を沮喪させ、湾岸戦争における米国の勝利を推進したと分析している[69]。

中国の指導者にとって、脅威は明白である。すなわち、情報を操作し、挿入させるさまざまな手段を行使する高いレベルの敵は党の軍内部に、軍および文民指導者間ならびに指導部と大衆間の分断を作り出すことができる。敵は国民の意志を沮喪させ、敗北主義を吹き込み、国民的支持をバラバラにしてしまうためにこの分断を利用する。それによって、中国を打ち破るであろう。このことが、中国に国外からであろうと、内部からであろうと、戦時であろうと平時であろうと中国共産党に情報とその流れの統制を喫緊のものとさせた。またそれにより中国共産党はどのようにその情報を認識し、解釈するかについての影響に関する努力目標の優先順位を付けた。これらはソーシャルメディアの特別監視および統制だけではなく、インターネット統制および検閲の広範にわたるウェブサイトを構築することにより、ニュースを統制することも含んでいる。

インターネットの政府制限

中国の西側への解放はメディアへのアクセスを大々的に緩和させたが、これは統制可能であった。以前述べたように、中央宣伝部は新聞検閲のための仕組みを長期にわたり確立してきた。したがって、外国メディアの存在も含めて、伝統的メディア環境の変化に対応することは十分に可能であった。実際、国外ジャーナリストの受け入れにおいても、限られた人数に絞られていた。監視すべき事業もきわめて限られたものであった。以前のメディアアクセス統制（例、報道パス、ビザ）は新たに拡大された外国報道者を制限するために十分であった。

それとは対照的に、インターネットは情報の流れを統制する政府能力に対して想像以上の脅威となっている。中国共産党は自国にインターネットの広範なアクセスを持とうとしているのでこのことはその一部である。インターネットはビジネスをする上での鍵となる手段である。もし中国が世界情報ネットワークと確実な連接を持たないとすれば、近代的世界経済への参加の望みはない。インターネットは、世界的な大量の知識に容易にアクセスすることができ、中国を比較的低コストで進歩させる枢要な手段である。

しかしこのアクセスは諸刃の剣である。世界的情報ネットワークへの接合を拡大することは、重要な犯罪行為に対する中国のネットワークの潜在的脆弱性を生起させる。中国は世界で最もハックされることの多い国の1つと言われている。たとえば、2012年において、中国は2万2000のフィッシングウェブサイトが中国のネットワーク市民を標的にし、他方1400万の中国の大型汎用コンピューターが各種のトロイの木馬やボットネットによりハイジャックされている。これらの多くはこのような「ハッキング行為の最大根源である米国」とする国外ウェブサイトに痕跡が残っている。[70]

さらに、中国当局が情報を得て、その他に影響力を及ぼすためにインターネットを使用するのと同じように、国家および非国家の敵対者を含むプレーヤーが中国の大衆に情報を送りつけるためにそれを利用する。鄧小平、江沢民、胡錦濤を含む中国の高級指導者は中国共産党の正当性を削ぎ落とす「西洋化」と「平和的進化論」（中国共産党の規定を逸脱しての「平和的進化論」に導く）を通して中国を破滅させようとする西側の行為を警戒している。2014年版国防白書は、外部からの力が権力を中国共産党から取り上げようとして、中国内で「カラー革命」を助長しようとしていると記述している。あるウォッチャーは過去

30年間の中国の経済改革のすべての基盤は西側の技術および西側の自由民主統治モデルに変換することなく世界市場経済との貿易から得られた利益にあると述べている[71]。

中国当局は、それを意識しようとしまいと、中国を西側のモデルに引き込もうとする取り組みは、事実上は政治戦争であると考えている。インターネットの導入はそれを激化させるものである。

もし中国の民衆および指導部を誹謗する各種の情報形態を敵が効果的に使用することを、中国の指導部が阻止しようとするならば、インターネットの情報の流れを横断的に統制しなければならない。事実、インターネットの全般目的は情報の拡散であるので、たとえそれが情報共有とアクセスを容易にすることにより、中国経済の発展を促進するとしても、統制を維持することは中央政府にとり大きな挑戦である。したがって、実質的・総合的活動は中国の大衆および軍民の上級指導層への敵の潜在的接近を統制することに指向される。もしどこにでもある危険が払拭できないなら、中国大衆に対する統制を維持することの方が多大の利益を上げることになる。したがって政権が統制に対する脅威を管理することは、最高レベルの注意と多層階のアプローチを必要とする。

最高政治レベルが介入する

前に述べたように、インターネットを統制する重要性は、それが各分野のいろいろな事柄に高級指導者を巻き込むからである。これらの組織的な巻き込みは幅広い経済的近代化行為に対する「情報化」事項の相対的強化か、それとも情報化を助成する他の面と関連した情報セキュリティかという中国の優先順序付けにおける変化を反映している。それはＩＴが急速に進歩するにつれて、情報環境の動的な本質によってもたらされる課題の結果でもある。

習近平はインターネットの情報セキュリティと統制は彼の在職中（２０２２年まで）の中心的優先事項と結論付けたようにみえる。２０１４年2月、この行為の最新の繰り返しが「中央インターネットセキュリティ・情報化領導小組」として出現した。中国の新聞によれば、このグループは「この分野における国家戦略、発展計画および主要政策の起案だけではなく、中国政府のそれぞれの分野間のインターネットセキュリティおよび情報化作業を指導し調整するために作られている」[72]。このグループはＩＴの幅広い活用を推進する一方で、サイバーセキュリティ政策立案のための総合的計画を練り上げる。習近平自身がこの小組を指導し、李克強首相および劉雲山の両政治局常任委員が副代表としてこれを情報化関連の最高位組織と位置付けている[73]。７人の政治局常任委員の内の３名が公式的にこの組織に存在していることは、この任務の優先度の高さを反映している。

この小組の開会式での習近平の発言は彼の考えを明確に表している。彼のみる情報セキュリティと情報化とは統一計画、統一進化および統一実施を求める全体としての統一体の2つの面を持つ。同じように、情報セキュリティは国家安全保障の必須の構成要素である。「情報セキュリティがなければ、国家安全保障はあり得ない[74]」

中央インターネットセキュリティ・情報化領導小組の事務局は小組の会議、議題の設定の準備に加えて日常業務も実施している。したがって、これの事務局長はインターネットセキュリティに関わる中国の政策の実質的権限を行使している。習近平は魯煒をこの小組の事務局長に任命した。重要なことは魯が中国サイバー管理機構として知られている国家インターネット情報局の長でもあることである。

魯の初期経歴は国営の新華社に長く勤務し、そこで彼は広西自治区の局長を長く務め、その後新華社の事務局長および副社長となった[75]。その後彼は北京の副市長（副知事と同等）および北京市宣伝部長となった。2013年、彼は2011年5月に国務院新聞弁公室によって創設されたすべてのインターネット関連情報活動を所掌する国家インターネット情報局の次長となった。彼の経歴は国家インターネット情報局の彼の前任者、王晨の後追いである。王晨は中国のニュースメディア（新華社よりも、むしろ人民日報）の地位を経て昇進してきた。王と魯は二人とも中国の宣伝システムおよび従来の情報統制組織に通暁しており、前任者達と親しい。重要なことは、彼らは長期にわたり情報の流れの統制を実施していたことである。

魯を中央の配置に任命したことによって、習近平はインターネットセキュリティが国家インターネット情報局を含む国家機関によって入念に強制されることを明確にした。創設時、国家インターネット情報局は中国のインターネットを監督する各種の官僚機構を能率化することが期待された。それは「法および規則違反をするウェブサイトを調査し、罰する」だけではなく、「ネット上の内容の管理を指令し、調整し、監督し、ネットニュース報道関連ビジネスの行政上の承認を取り扱う」ことにもあった。[76] 国家インターネット情報局の上級メンバーに公安部副部長の張新楓が含まれていた。セキュリティの役割は国務院が2014年8月に国家インターネット情報局の再公認を発表する回状を発行した時にさらに明確になった。その回状は国家インターネット情報局の役割および責任はインターネットの健全で秩序ある発展、人民の保護および国家安全保障および公共の利益の維持であると述べている。[77]

現在のインターネット統治は挑戦を受けている

魯が繰り返し強調した課題の1つである、インターネットから自分自身を防護する中国のアプローチの基本となるものはインターネット主権の概念である。魯が2014年のダボス世界経済会議で「故に、我々は公共の国際秩序を持たなければならない。そしてこの公共の秩序はどのような特別な地域秩序にも影響を及ぼすことは不可能である」[78]。魯の発言はインターネットを横断する国家主権の拡大に対する北京の長年にわたる要求を繰り返し述べたものである。中国の指導部は基本的前提を改定し、「インターネット主権」を受け入れつつ国際インターネット・統治構成を変えることによってだけ、情報統制に対するインターネットを媒介とする脅威から中国を防衛することができると考えている。情報の自由な流れを合法化しないことにより、中国当局は情報が国境線を越えて流れることの制限を正当化し、他国の援助を求める行為を探求することも可能となる。

中国の認識からすれば、だれがアクセスできるかを制限するのと同じように、だれがインターネット管理の発言権を持つかを決めることが重要である。中国の指導部にとり、インターネット統治は国家権威と権力を反映するものである。中国はインターネット管理が国家に限定されるものであると主張し、「2006-2020情報化発展戦略」および2010年年版中国インターネット白書、魯煒および習近平の演説等の各種の公式文書でこの立場を繰り返し述べている。

重要なことは、インターネット名およびアドレスを認可する権限は戦略的資源を管理する権限でもある、なぜならば、これらの名前およびアドレスはどのようにしてインターネットにアクセスするかを決める(またどのようにして他の者があなたにアクセスするか)からである。それの重要性に鑑み、インターネット名およびアドレスを認可する権限は外国人には委任されない[79]。また北京の権力に挑戦するかもしれない非国家の活動家には一切認められない。

中国共産党が沈黙させ、インターネットへの自由なアクセスを望まないホストコンピューターがある。たとえば、台湾に対してはどのような種類のサーバー空間名称付与権限も認めない。実際、インターネット統治についての中国の配慮の1つは現在の政治状況において実施している以上のサイバー空間における国際的支援を期待させないことを確実にするため、台北のオンライン投票権を制限することを望んでいることである。中国共産党の頭の痛い問題は、インターネットを通じて北京に対し敵対的立場を発信し挑戦するチベット亡命政府または法輪功のようなグループの能力である。

どのようにしてサイバー空間内で表現されるかについての統制を中国が維持することを含めてインターネット上の国家主権を維持することに中国が関心を持つことは現在のインターネット統治と基本的に相いれないことになる。インターネットが初めて一握りの教育および政府系機関以上の数を超えた時、米国は指定された名称および数の管理を非利益団体であるＩＣＡＮＮに委ねた。

ウェブサイトに到達するためには、コンピューターユーザーはサイバー空間にアドレスを入力しなければならない。このアドレスは固有の名前もしくは数字（またはその組み合わせ）である。ＩＣＡＮＮのスタッフは数多くのインターネットプロトコル（ＩＰ）アドレスで各種のウェブサイト、コンピューター等を連結する「ドメイン名称システム」を管理する。これは名称を認め（それを登録する）「トップレベル領域」名称登録と称せられる高級レベル名称リストを公認し、認可することを含んでいる。[80] 要するに、１９９８年の創立以来、ＩＣＡＮＮは世界規模のウェブについての情報にアクセスすることを許可する固有の認識票またはＩＰアドレスを得ることができる者を決定する権限を持ち続けている。

ＩＣＡＮＮのポリシーは「多数の利害関係者」モデルを基本としている。このシステムはコンセンサスを基本とするプロセスを通じて、インターネット全体を管理している、学界、実業界、市民社会（例、宗教、非政府組織）および産業界を含む世界的組織の傍らに政府を座らせている。より大きな組織と同様、個人が代表者であり、だれもそのテーブルの特権席を楽しむものはいない。その目的は情報が自由に流れる、境目のない領域としてインターネットを支えることである。

中国がより国家中心のアプローチに執着し、この利害関係者アプローチに反対しているのは驚くに値しない。北京の考えによれば、理想的には、インターネット統治は国境線の内側でインターネットアドレス（および通常その活動を管理する）を割り当てる能力を含む、インターネット活動のための規則を作成する政府によって第一義的には行使されるべきであると認識している。要するに、国家主権はサイバー空間にも及んでいる。中国は基本的レベルにおいてＩＣＡＮＮに反対している（すなわち国家中心統治モデルは他の非国家要素を同等とみるよりもさらにそれ以下であると考えられている非国家活動家によって管理されることはほとんどあり得ない）。

さらに特筆すべきことは、中国はＩＣＡＮＮが米国によって作られたと長い間疑っていることである。このことは全中国関連団体のための唯一の合法的な投票権に台湾を含めることを北京が受け入れることにＩＣＡＮＮが失敗したために一層悪化してしまった。台湾に対するドメイン名（――.tw）を認めたことは少なくともサイバー空間では中国（ドメイン名――.cn）とは別の機能体であることを意味した。政府委員会（事実上は国家としての扱い）に台湾を含めることは北京を一層憤慨させ、２００１年から２００９年までの間ＩＣＡＮＮの「政府諮問委員会」から中国は脱退した。[81] ２００９年に台湾代表は「Chinese Taipei」と呼称をあらためたので、２００９年に中国は委員会に代表を派遣することに同意した。

これらの問題を考えると、ロシアのような専制国家と同様に中国は、インターネット統治がＩＣＡＮＮから国連機関の国際無線通信協会（ＩＴＵ）に移管されることを望んでいる。中国は２００５年、国連が主催した情報社会関連の世界大会（ＷＡＩＳ）でこれを公式に提案した。２０１１年11月中国およびロシアはタジキスタンおよびウズベキスタンとともにＩＣＡＮＮに代わってＩＴＵの役割を拡大する「情報セキュリティに関する国際行動規範」を安全保障理事会へ提出した。[82]この提出は明らかにインターネット統治を国に変更することを企図したものであった。その一節は、

関連法規に則り、脅威、混乱、攻撃および攪乱から情報空間および重要情報インフラを防護する国家のすべての権利と責任を再確認することを求めている。[83]

この一節は政府(北京を含む)が「情報空間」の脅威として評価した意見の異なるすべての団体への制限を正当化するものである。それは台湾のような機能体が現に統治している国家(例中国)が承知するというようなあり得ないことが生起しない限りそれ自身のドメイン名を持てないことを確実にさせるのである。その提案が述べているように、政府は「情報セキュリティに関しての役割と責任を理解させるため、社会の全分野を指導する」[84]。要するに、国家は複数利害関係者モデルとは異なる(依然として多くの類似点を持ってはいるものの、その最新版は2015年1月のカザフスタンおよびキルギスタンと当初の4ヶ国によって提案された)[85]他のすべての行為者を排除した「インターネット関連公開文書のための政策決定権」を持っている。

その後、中国当局は別の方法で複数利害関係者アプローチを強調することを求めた。IPアドレスを指定させる5つの地域インターネット登録所(RIR)がある。RIR(アフリカ、アジア、南北アメリカ、および欧州にそれぞれ1ヶ所)はICANNのように私的な非営利団体である。アジア太平洋ネットワークセンター(APNIC)範囲内には数個の国家インターネット登録所(NIR)があり、独特の国家要求を申し出ようとする。これらのNIRは通常RIRやICANNのようにIPアドレスや登録

名を発行する権限を有する。

しかしながら、中国NIR、中国インターネットネットワーク情報センターは中国の会社やインターネットサービスプロバイダー（ISP）に、APNICを通じるよりも、彼ら自身を通じるように圧力をかけながら、中国国内でのアドレスの発行を統制しようとしている。2004年に、趙厚麟、すなわち当時の国際電気通信連合（ITU）の無線通信標準局部長は国家当局にRIRに依存するよりも、少なくとも新しいIPv6（インターネットプロトコルバージョン6）への配分の管理をするように圧力をかけた。[86] その後、ITU事務総長になった趙は、ITUがしばしばよりトップダウンアプローチを実施しているとみられると述べて、彼がインターネット統治に対して異なる見解を持っていることを認めている。[87]

インターネットに関する国内の法的統制

国際インターネット統治構造の修正を求めていることに加えて、中国は中国国内のサイバー界を国家の掌中に確実に収める国内法および規則の作成を着実に進めている。この行為は中国がインターネットで結ばれると直ちに始まったが、商業的アクセスが幅広く中国の大衆に利用される以前にも行われていた。1994年2月に、中国国務院は国務院命令147「コンピューター情報システムの安全防護のための規則」を発行した。中国におけるコンピューター情報を監督する責任を持つ公安部にこの権限は委任されている。[88] これはさらに1996年2月発行の特別なインターネット統治規則を列記した国務院命令195によって補足された。北京はそれ以降インターネットおよびその情報の「不適切」使用を防止する一連の規則、法律、および指示を発行している。

1997年12月、公安部は社会秩序と安定の維持に関するコンピューターネットワーク使用規則を発行した。これらの規則は中国の国家安全保障を混乱させ、「国家および社会または団体の利益を害し」またはコンピューターネットワークおよびその中に存在するデータに干渉するために個人がインターネットを使用することを禁ずる条項が含まれていた。この規則は次に示すようなことのために情報を作成し、複製し、修復し、発信するためにインターネットを使用することを禁じている。

◉中国憲法、法律または管理規則への抵抗を扇動すること
◉政府および社会主義システムの転覆を扇動すること
◉国家の分断を扇動しまたは国家統一を破壊すること
◉民族間の憎悪および差別を扇動しまたその連帯を破壊すること
◉真実を歪め、流言飛語をまき散らし、社会秩序を破壊すること
◉封建的迷信、性的刺激物、賭博、暴力、または殺人を促進すること
◉テロを助長すること、他人に犯罪行為を扇動すること、または他人を公に侮辱しまたは中傷すること
◉国家の評判を貶めること
◉憲法、法律、または行政的規則を侵害する行動を促進すること[89]

禁止行為の適用範囲は台湾、チベットおよび新疆の独立を擁護するような政治戦への潜在的な手段、宗教的改宗（社会的秩序を破壊し、「封建的迷信」を進めるかもしれない）または政府機関を批判する（国家機能の評判を貶める）ことにも及んでいる。

3年後、国家の立法機関である中国人民代表会議は「コンピューターネットワークセキュリティ維持の全

人代常任委員会の決定」を発令した。国家の安全を維持しつつ「有益なことを推進し、有害なことを排除する」ために、2000年の決定（効力的には法とみなされる）はコンピューター活動の範囲において何が犯罪行為を構成するかを明らかにした。依然の規則のように、その法律の最初の節は情報セキュリティの重要性を再度強調している。それは意図的にコンピューターウイルスをまき散らし、国家のコンピューターネットワークの正常な作動に敵対的影響を与えるために「国家関連、国防力建設、または科学技術の高性能部門のコンピューターデータシステムへの侵入」のような行為を禁じている。

さらに加えて、その決定は国家の安全保障および社会の安定に脅威となる犯罪行為は罰せられることを明確にしている。そのような行為はコンピューターネットワークを使用することを含んでいる。

① 国力を低下させ、社会主義システムを転覆させ、または国家を分断し国家の団結心を低下させるための企てを扇動するために噂、中傷を広め有害な情報をまき散らすこと
② 国家機密、諜報または軍事機密を盗むか暴露すること
③ 倫理的敵対または差別をあおりそれによって国家の団結心の低下をあおること
④ カルト組織を作り上げ、カルト組織の構成員と接触し、国法および行政規則の執行を妨害すること[90]

公安部の以前の規則を補完するために、公安の管理に違反するためにコンピューターネットワークを使用することはたとえ「それが犯罪行為でなくても公安組織によって罰せられなければならない」と全人代の決定は命じている。[91]

政府政策の追加的補完書は中国の情報セキュリティ管理システムのための基準と要件によって中国情報

セキュリティポリシーを補完し更新している。２００３年、「サイバーおよび情報セキュリティのための国家調整小組」は「文書#27」（おそらく２００３年にこのグループが発行した27回目の公文書を表す）、公式には「情報セキュリティと防護作業の強化に関しする領導小組の見解」と銘打ったものを公表した。この文書は情報セキュリティが経済発展の計画、社会の安定維持、国家安全保障の防護、および文化発展の強化に明らかに組み込まれるものであると初めて言及している。[92]

「マルチレベル防護方式」は２００７年の「情報セキュリティの階層防護・管理法」または当該年の文書#43によって明らかになった。[93] これは公安部、国家秘密局、国家暗号管理局、および新聞弁公室が一緒になって発行したものである。マルチレベル防護方式は中国の情報セキュリティソフトウェアが中国の会社の掌中に堅固にとどまっていることを確実にすることに複数の官僚組織の高級レベルが興味を持っていることを反映している。「マルチレベル防護方式」によれば、国家安全保障および戦略的国益の中心となると判断された各種の政府および非政府機関だけが中国が開発した情報セキュリティ製品を使用できる。これらの諸機関には銀行、輸送およびエネルギー企業だけではなく税関、商業、無線通信および放送または国家安全保障からなる国家機関が含まれていた。[94] それには現在中国のインターネットサービスプロバイダーも含まれていた。

２０１０年、中国は「マルチレベル防護方式」の遵守を確認するための現場に検査官を派遣し始めた。マイクロソフトのような非中国系会社は中国市場へのアクセスは厳しく制約されたものであったと報じられている。外部アクセスの制限は防護市場を作ろうとする要望によって中国の情報会社を部分的には活性化するかもしれないが、中国のコンピューターに到達する外国の能力を制限することは、脆弱性の潜在的なラインを下げることにもなる。[95] ２０１２年、国務院は「情報化の展開の強化と推進ならびに情報セキュリティ防護の実現に関するいくつかの国務院見解」(「文書#23」)を発行した。この文書は特に政府情報システムに対する情報セキュリティとネットワークセキュリティの強化の必要性を再度強調していた。[96]

国外からのアクセスを制限しようとする試みは2013年のエドワード・スノーデンによる米国のサイバースパイ活動暴露事件の後に盛んになった。2014年、中国政府が外国のウイルス対策会社であるシマンテックとカスペルスキーを中国政府契約の入札から除外したと報道されている。[97]

情報の流れを統制する中央政府の行為は単にユーザーにねらいをつけたものではない。ISP(Internet Service Provider)、サイバーカフェおよびその他のアクセスプロバイダーも厳しく調べられた。国務院はオンラインビジネスを統治する各種規則を発令した。

ISPとICP(Internet content providers)は情報産業部によって免許が与えられていたが、現在では2008年に情報産業部を吸収した工業情報化部によりその業務が実施されている。ISPは「中国インターネット産業のための自己規律に関する公的誓約書」を堅持することが期待されかつ中国のインターネット社会検閲に係る事項、用語等に関する最新の指導事項を交付する政府に支援された「非政府系組織」である中国インターネット協会に加入することが「奨励」されている。[98]

これらの諸団体および誓約は「自己規制」を促進させている。ISPのような私的な会社は、情報セキュリティのために中国のソフトウェアを使用するにしても、危険または悪意のある行為に関する自社のトラフィックおよびネットワークを監視するにしても、法的要求を強化することが期待されている。ISP、サイバーカフェ、およびその他のプロバイダーは、全ユーザーが中国のインターネット上の匿名者を制限する中国の方策の核心である実名登録を確実に行う責任を負っている。同時に、後程この章で議論するように、ISPは技術的な検閲方法を補強する人的な検閲ネットワークの一部でもある。

サイバーセキュリティ（サイバー攻撃に対する防御）は明らかに国家安全保障に連結しているので、これらの会社に対する圧力は厳しいものになる。2015年の国家安全保障法の第25条は国家安全保障責任には「サイバー空間の主権、安全および国益の発展を維持する」だけではなく、「非合法および有害情報の拡散」を含む「非合法および犯罪行動」を阻止して国家的なネットワークセキュリティおよび情報セキュリティを維持することも含まれていることを特筆している。それは国家安全保障の見直しと「インターネット情報技術製品とサービス」[99]の全般管理を含んでいる。これらの要求によって、多くのISPおよびその他のサイバー会社は検閲に多忙である。

他方、2016年1月1日に発効した中国のサイバーセキュリティ法はさらに事柄を複雑にしている。この法律は外国企業に中国における国内ユーザーのデータの維持を要求しないであろうし、ソフトウェアに政府がアクセス可能なバックドア（原案段階では提案されたが）を設定することも要求していなかった。それはすべての電気通信およびインターネット会社が、中国の法執行および保安組織に協力して中国における事業を実施することを要求している。これは情報ネットワークセキュリティとその発展努力だけではなく、サイバー空間の主権防衛における情報の流れの統制も含んでいる。この法律は「反テロリスト」活動を支援する意味で、ユーザーデータの解読を含む「技術支援」の提供をすべての会社に要求している。[100]

アクセスを制限する技術的方法

中国の外交官がサイバー空間へ国家主権を拡大しようとし、中国の立法関係者および党関係者が国内のインターネット活動に対し法的統制を目論んでいるが、中国の技術者は中国に入ってくるデータの流れを技術的に制限し、監視してきた。これは北京のより広範な世界的情報ネットワーク（すなわち中国内への世界からのアクセス）接続への制限によってたやすいものとなっている。光ファイバーケーブルは北京―大連、上海、および広州のわずかに3点としか中国につながっていない。これらのケーブルを介したインターネット接続所（ＩＸＰ）はきわめて限られた数しかなく、しかもほとんどが中国政府により統制されている。このため中国ユーザーが国外にアクセスする時は通信が密集しインターネット速度が遅くなる、しかしこれにより政府当局が中国に出入りする通信を監視することが容易となる。

中国政府が長期にわたり、情報の流れを制限する付加的プログラムおよび方法の研究を支援してきたことは重要なことである。コンピューターネットワークセキュリティの維持に関する２０００年の決定は政府のあらゆるレベルに対して「コンピューターネットワークセキュリティ技術の研究開発を支援し、ネットワークセキュリティを維持する能力を強化する」ことを督励している。[101] 国外から中国に送りつけられるものだけではなく、中国人がアクセス可能なものをフィルタにかけることにも高い優先度が置かれている。

この行為の中心的なものは「中国グレートファイアウォール」である。この「オンパス」システムは技術的な防衛の第一線であり、グローバルインターネットの中国部分と連結している3つのポータルサイトを横断的に監視している。中国国内のネット活動を監視することに一層の焦点を当てた「金盾」プロジェクトと融合されることもある。これ自身、中国国内でのコンピューター活動を監視する相応の容量を持っている。グレートファイアウォールの公的な目的は中国のインターネットユーザーを攻撃する能力を持つ外部の者を排除することである。実際には、グレートファイアウォールはグローバルインターネットへアクセスする中国の能力に制約を加えることによって、ウェブサイト、個人のウェブページ、画像まで検閲する能力を誇示している。理論的にはグレートファイアウォールは必要に応じ、中国とグローバルインターネット間の接続を遮断することも可能である。

グレートファイアウォールは中国政府が好む路線に反対するか挑戦するかもしれない情報に中国人民がアクセスすることを阻止するために各種の手段を使用している。ＩＰアドレスはおそらく阻止されるかまたはそれと連接しようとしても誤方向に偏向されてしまう。さらに加えて、典型的な侵入検知システムの異なったアプリケーションにおいて、グレートファイアウォールは数多くのＩＰアドレスだけではなく、ＵＲＬやウェブアドレスにも調査のためにデータ検査およびフィルタをかける。それはまた個人のウェブページや画像をより正確にフィルタリングするため、実際の内容も検査する。

グレートファイアウォールの目的は単に内容を阻止し、禁止されたサイトへのアクセスを制限するだけではない。それはまたその内容やアクセスをより複雑にし、いらいらさせることをねらっている。そのようにすることにより、ユーザーがそれを避けるようになる。このようにして、グレートファイアウォールは通常その検閲を平均的ユーザーが認識できる程度に制限しようとする。

グレートファイアウォールはいくつかのウェブサイト（個人ページおよび画像さえも）へのアクセスを阻止する一方で、必ずしもインターネットの他の部分へのアクセスを阻止するものではない。したがって、ユーザーは彼または彼女の検索が阻止されていることに気付かず、しかもその代わり、ウェブサイトが作動を止めたかまたは修正されていると思い込むかもしれない。

グレートファイアウォールは禁止情報にアクセスする行為をさせないため、受容できないかあるいは危険な行為（オンラインだけではなく）に関する幅広い法律および通告だけではなく、実名登録および人的検閲のようなさまざまな手段で補完しようとしている。たとえば、中国ネット人口の10％以下がインターネット上での政治論議に関わっている。[102]これは莫大な数であるが（なぜならば中国には5億人を超えるユーザーがいる）、こうすることにより検閲および情報統制をより実行可能なものにしている。

どのようにしてグレートファイアウォールは機能しているか

国外のウェブサイトにアクセスしようとする中国のユーザーは、彼らのコンピューターを所望のインターネットプロトコルアドレス（IPアドレス）を探し出すドメインネームサーバー（DNS）に接続しなければならない。IPアドレスは独特の32ビット（IPv4）または128ビット（IPv6）のインターネット上の「ロケーション」である。

DNSサーバーは特殊なIPアドレスの所望ロケーションのために他の権威ネームサーバーにアドレスまたはクエリ（問い合わせ）を提供する。そのようにして、情報は中国ユーザーのコンピューターに伝達される。クエリは3つの国際交換ポイント（中国インターネットが広範な、世界的構成に連接しているポータル）の1つに達するため、国内サーバーのいくつかの層を通過するかもしれない。

中国では、権威ネームサーバーとDNSサーバーは中国の会社または政府によって運用されている。したがって、それらはグレートファイアウォールを構成するインターネットフィルタプロセスにおいて一体化されている。これらのフィルタはセキュリティファイアウォールプログラム向けのものと同じソフトウェアを使用している。しかし他のファイアウォールがコンピューターを汚染する有害ソフトウェアや行為を発見するように作られているのに対し、グレートファイアウォールは危険思想および情報を検出し、阻止するものである。

グレートファイアウォールが通常のファイアウォールと異なる点は、それがオンパスシステムであることである。たいていのファイアウォールは2つのネットワーク間のインパスバリヤーであり、ネットワーク間のすべてのやり取りはファイアウォールを通らなければならない。[103] 他方、グレートファイアウォールはその行先および内容を調べるためにある程度データを再集合させながら、流入し、流出するデータ群を政府運用コンピューターとは別のクラスターと信じられているものに「複製」する。このようにグレートファイアウォールは潜在的に危険な情報から中国の大衆を隔離状態に維持するためのいくつかの方法を行使する。

◉〈IPアドレスの阻止〉　アクセスを制限するグレートファイアウォールの最も基本的な方法の1つはユーザーのコンピューターのIPアドレスへの接続を阻止することである。グレートファイアウォールは禁止IPアドレスのリストを持っている。ユーザーが国外サーバー上でこれらと接続しようとした場合、グレートファイアウォールは介入接続によりそれを拒否してしまう。

たとえば、フェイスブックのソーシャルメディアサイトはIPアドレス上で、よく知られ、かつ固定された、facebook.comというウェブサイトを持っている。そのアドレスと接続しようとしても、グレートファイアウォールによって自動的に切断されてしまう。このことはペアレンタルコントロール（子供によるパソコンや携帯電話などの情報通信機器の利用を、親が監視して制限する取り組みのこと）がどのように作用するかに似ており、多くの商業的ファイアウォールプログラムにとっても通常的なことである。

◉〈IPアドレスの誤指示〉　これは「DNSポイズニング」として知られている。ある場合には、中国は指定のアドレスにアクセスすることを禁じてはいないが、その代わり接続認証に誤指示をする。クエリがその目的地に到達するために、それは正しいアドレスを持たなければならない。このようにして、DNSと権威ネームサーバーはその正しい目的地へメッセージを伝達するために最新のアドレスリストを持つことが期待される。しかしながら、グレートファイアウォールによって、中国のさまざまな名前を持つサーバーが問い合わせに対し回答を保留したり、または正しくない回答を与える。問い合わせをしたコンピューターは異なったウェブサイトIPアドレスかまたは警告ページ（例、問い合わせは秘密事項であると伝える）に向けられる。

◉〈データ検査およびフィルタリング〉　これは「ディープパケットフィルタリング」と呼ばれる。中国当局はレスポンスパケットによって、接続要求（典型的に1つのデータパケットを要求する）だけではなく、同じようなレスポンスパケットを用いて回答についても調査する。このように、多くの場合、グレートファイアウォールはIPアドレスよりもコンテンツに基づいて、ウェブページおよびブロックページの内容を検査する。同様に、ある場合においてグレートファイアウォールは全ウェブサイトを完全にブロックするよりも、あるウェブページまたはある画像をフィルタリングすることによって、より正確なものになっている。また、グレートファイアウォールはもしそれが禁止された宗教活動である「法輪功」（中国はカルトと認定している）のような禁止された用語を含んでいるならば、URLまたはアドレス名に基づき、そのページを検閲できることを誇示してきた。

グレートファイアウォールが時々中国の要求するコンピューターと国外のウェブサイトの接続

を単に阻止している一方で、他の手段でその接続を中断する。これらの手段のあるものは伝達制御プロトコル（ＴＣＰ）である。ＩＰがデータパケットを取り扱うのに対し、ＴＣＰは本質的にプログラムがこれらのデータパケットを交換し、ネットワーク会話を確立する手段である。ＩＰに関連して、ＴＣＰはどのようにしてコンピューターが互いに通信し合うかを決定する（ＴＣＰ／ＩＰなる略語が使用される）。

　禁止されているＩＰアドレスが要求された場合、グレートファイアウォールは時々その要求（アドレスの阻止）を喪失し、誤った一連の「ＴＣＰリセット」パケットに取り換える可能性がある。グレートファイアウォールは本質的にその要求が完了できないかまたはエラーであることを要求者と宛先コンピューターに知らせる。操作者が「ダイヤル誤番号」を持っていることを要求者とセットアップ先コンピューターに示すことにより、グレートファイアウォールは接続を切断して要求を拒否させる。もし使用者が同じ要求に固執するならば、グレートファイアウォールは自動的にそれを切断し、それを1時間にわたり使用不能にできる。もう1つのＴＣＰ関連の通信攪乱手段は、グレートファイアウォールがデータパケット（すでに阻止された）を連続的に国外のウェブサイトへ送りつけることである。故障に思える要求を受け取った国外サイトはグレートファイアウォールからの不正（例、一連番号でない）な要求であるので、同時刻に到達しつつあることを要求する正当なサーバー要求に同期させることができない。

　驚くことではないが、グレートファイアウォールを迂回しようとする多くの事象が出現しており、このことは中国政府をさらなる対抗手段に導いている。たとえば、中国および国外のコンピューター利用者はグローバルインターネットへより制約の少ないアクセスができる「仮想プライベートネットワーク」（ＶＰＮ）を育成しようとしている。ＶＰＮは使用者のコンピューターと別のネットワーク間に安全な接続を確立し、それによって、使用者のコンピューターがあたかもそのローカルネットワークの一部（たとえ、それが物理的に分離されていても）であるかのように取り扱われる。それにより、ローカルネットワークが持つどのような情報にもアクセスが可能になる。

ＶＰＮは広く分散されたロケーションにファイルを共有させ、相互にアクセスさせることを可能とする大きな会社によって通常設定される。グレートファイアウォールによって強制された封鎖状況下にあっても、ＶＰＮは「トンネルプロトコル」を通して安全な回線を設定できる。ＶＰＮを設定することにより、社内通信をより安全にできるので、中国において子会社を持つ外国企業にとっては特別な関心事項である。

ＶＰＮはネットワーク上のデータを共有するだけではなく、ネットワークが「見る」ことのできるどのようなものにもユーザーがアクセスすることを可能とする。ＶＰＮは中国外のより広いインターネットに対する潜在力のある回線を中国ユーザーに提供する。商業的ＶＰＮプロバイダーに加入することにより、グレートファイアウォールによって現在ブロックされているグーグル、フェイスブックおよびその他のサイトへのアクセスが可能となる。

中国当局はＶＰＮが普及し始めるや否や、その使用をやめさせる手法の開発を開始した。ある商業的ＶＰＮサイトは完全にブロックされた。設定されたＶＰＮ接続に対するもう1つの対抗手段は２０１２年に設定された「ＶＰＮプロトコルを学習し、発見し、自動的に阻止する」グレートファイアウォールの最新版に置き換えることであった。[104]「ディープ・パケット・インスペクション」（コンピュータネットワークのパケットフィルタリングの一種でパケットのデータ部を検査すること）を通して、グレートファイアウォールはたとえその内容が検閲に引っかからないものであっても、少なくともパケットが暗号化されているかを判別し得ると考えられている。もし、ある特定のネットワーク向けの暗号化されたかなりの通信量が発見されたならば、グレートファイアウォールはその通信系を遮断することになる。

2014年までに、中国の顧客にサービスを提供している商業的VPN会社はきわめて多くの妨害を受けたと報告している。[105] 初期形態はオープンVPNの阻止であったが、グレートファイアウォールの最新で、高性能トンネルプロトコルはポイント・ツー・ポイント・トンネリングプロトコル（PPTP）および安全シェル2（Secure Shell-2）のようなさらに進歩したプロトコルを用いており、グレートファイアウォールを通過してVPN接続を設定し、維持することをさらに難しくしている。

グレートファイアウォールを補完するものは「金盾」プロジェクトによって仕向けられる監視の付加層である。公安部によって管理されたこのプログラムは電話傍受と閉域テレビ番組供給、市民の税金データおよび購買特性（クレジットカードおよび電子マネー交換の傍受からの）のような他の手段を介して入手した情報と中国人民のオンライン行為を関連付ける国家規模のデジタル監視ネットワークである。その目的は関心のある人物の完全な人物プロフィールを地方および国の当局に提供することである。

人的検閲によって支援されたグレートファイアウォールはネットワークレベルで運用する。しかしながら、中国当局は個人のコンピューターにまで運用範囲を拡大しようとしている。2009年に、中国指導部は「グリーン・ダム」ソフトウェアを中国で販売されているすべてのコンピューターに装備することを要求しようとした。このプログラムは画像認識技術と「低俗（バルガー）」サイトと画像へのアクセスを制限するテキストフィルタとの組み合わせを使用する。表向きには、子供をポルノや他のアダルトサイトから守ろうとしている一方で、研究によれば、「グリーン・ダム」ソフトウェアは実際には宗教および政治サイトへのアクセスを阻止するものである。さらに重要なことは、それはコンピューターの作動システム内に深く定着し、そして積極的に「個人コンピューターの作動」を監視する。そうすることにより、もしそのコンテンツアルゴリズムが不適切な会話を見つけたならば、ワープロおよび電子メールを突然に遮断できる。[106] このことは個人用コンピューターへの検閲を効果的に拡大し、グレートファイアウォールの守備範囲外の多くのプログラムに影響を与える。たとえば、グリーン・ダムはCD、DVDまたはフラッシュ・ドライバーないしメモリースティックを介してユーザーが情報へのアクセスおよび交信をすることを、コンピューターがそのようなメディアを読み取ることを止めることによって、妨害することができる。

中国で販売されるすべてのパソコンはこのソフトを含むという要求はきわめて問題が多く、中国の国営メディアでさえこのプログラム（それが信頼できるかまたは他のプログラムに干渉することも含めて）の発展性に疑問を持っていた。[107] この決定は結局のところは取りやめられたが、この構想は情報へのアクセスを技術的に統制し、制限しようとする中国当局の願望を示している。

検閲行為を補足する人的検閲

グレートファイアウォールの自動化された検閲と「金盾」によって提供される「ビッグデータ」を基本とする監視に加えて、中国のインターネット統制行為においては、人的要素がある。グレートファイアウォールだけではなく国内インターネットの「金盾」をも迂回しようとする中国人民は自動化された検閲システムを回避する方法を見つけることにその才能を発揮した。たとえば１９８９年6月4日に起きた天安門大量殺戮の論議は、5月35日、4月65日および3月96日と関連付けている。[108]「64」との関連を避けることにより、6月4日関連のものは設定されているアルゴリズムによって発見を免れる。

そのような行為は中国語の同音字を過剰に多くすることによって容易となる。このような用語の完全な語彙集は中国人民が各種政策に不満を示しまたは政府の姿勢への風刺として、「河蟹《ホーシェー》」(「和諧《ホーシェー》」と同音語、長年にわたる中国共産党の美徳宣伝）および「草泥馬」(露骨な母子性交を含む同音語）を含んだものとして出現している。

さらに、世界的な発達は自動化されたアルゴリズムが対応するよりもより速やかに破壊的な考えおよびメモを作ることができる。「アラブの春」が2011年に生起した時、中国政府は中東の抵抗者のシンボル用語であった「jasmine（茉莉花）」のような用語を迅速に強制的に検閲した。

現状に対応する人間の発明の能力は禁止情報の拡散を抑え込む自動検知システム以上のものであると認識しているので、中国当局は制限をより一層強めるために人的検閲ネットワークを作り上げている。人的検閲行為はほとんどプロバイダーに依存している。中国政府は「介在者責任」すなわち「公表すること自体に責任を有する」という姿勢を保持しているので、中国のインターネットプロバイダーは潜在的掲示および禁止事項の議論を制限することが奨励されている。[109] その結果、たいていのプロバイダーは機微にわたる語句や節を探知（および排除）する各種フィルタを装備するだけではなく、チャットを監視し、ブログおよびウェブ等を見直すとともにプロバイダーを介しての公表が当局に混乱を与えないかを確認させる従業員チームおよび志願者を配置している。[110]

要するに、これらは政府のサイバー警察によって支援されている。2004年、この数はすでに3万名と推定されていた。[111] 10年後の報告は中国がインターネットとソーシャルメディア局（マイクロブログを含む）およびコメントを追尾する10万人から200万人による政府検閲をしていることを示唆している。[112]

ソーシャルメディアの政府統制

ソーシャルメディアの出現は情報の流れおよび拡散を統制する中国の行動に対し、さらなる問題をもたらしている。動画や写真の拡散はその信憑性を高める一方で、現在利用可能な情報の形態を著しく大きいものにしている。実際、多くの中国ネット市民が携帯電話やソーシャルメディア・プラットフォームを介してインターネットにアクセスしており、ソーシャルメディアは中国の情報環境の主要部分となっている。〈新浪微博〉、〈捜狐〉のようなミニブログサイトおよびツイッターに相当する中国の「騰訊（テンセント）」には2億人の加入者がいる。[113] それらは中国ネチズンにとって、「タブー問題に意見表示をし、議論する主要空間」である。[114] このことが情報拡散への追加的統制領域へと導くことは驚くに値しない。

1999年、中国は電気通信組織を再編し、携帯電話事業を開始した。2004年までに、中国は毎月500万の新携帯電話ラインを開設し、次の年までに全部で3億5000万人の携帯電話使用者を増やした。[115]

携帯電話の普及は中国が多大の物理的電話線（銅および光ファイバー）に投資しないで、通信ネットワークを迅速に近代化し拡大することを可能とした。同時に、携帯電話のテキストメッセージを介して、新しい接続形態を作り上げた。中国の携帯電話使用者は2003年に1秒間当たり平均7000件、すなわち1人当たり平均651で、年間2000億件のテキストメッセージ（SMS）を発信している。[116] 携帯電話の導入とその普及、およびテキストメッセージ運用の必然的能力向上は中国当局にとって情報の流れを統制する上での新規の大規模な挑戦となった。

事実、この新しい通信形態が普及するにつれて、中国当局はそれが情報とその拡散に関する国家の独占性に対して大きな脅威となることを認識した。これは２００２―２００３年の中国国内でのＳＡＲＳ危機によって明白となった。「中国の官製メディアがその警報を報道することを禁止したが、そのニュースは携帯電話、電子メールおよびインターネットで国内を駆け巡った」[117]。情報は噂や誤情報と同じように中央当局が意図するよりもはるかに迅速に伝搬した。中国の国家衛生部長（日本の厚生労働大臣に相当）がＳＡＲＳは中国においてコントロール下にあると宣言した時、退役外科軍医の蒋彦永博士が国家衛生部長は嘘をついていると2つのテレビ局へメールしたので、政府に対する公共の信頼は瞬く間に失墜し、悪化した。中国のニュースメディアは蒋博士のコメントについて報道しなかったが、彼の見解は外国の新聞で報道され、それは瞬く間に中国国内に広まった。

最終的には中国はＳＡＲＳ問題を解決したが、中央当局はソーシャルメディアおよび携帯電話が政府の情報統制に対する重大な脅威となることをあらためて認識した。このことが情報拡散の新方式への厳格統制を再構築するいくつかの行動に導いた。蒋彦永博士の電子メールから約4ヶ月後の２００４年7月までに、プロバイダーのシステムを通過するテキストメッセージを監視しない携帯電話プロバイダーに罰金を課し、閉鎖する携帯電話システム査察制度を設けた[118]。

中国指導部は、ソーシャルメディアが政治的および社会的変化のために、国外勢力によってどのようにして利用されるか強い懸念を抱いているようにみえる。２００３年のグルジアでの「バラ革命」に始まり、引き続いての２００４年のウクライナの「オレンジ革命」およびキルギスの「チューリップ革命」等、かつてのソ連邦の共和国が次々と政治的混乱に陥った。これらすべての「カラー革命」における推進勢力は民主主義とさらなる代議制の政府を要求した。このような抗議はセルビアやレバノンでも生起した。これらの国での多くの抗議者は電子メールやテキストメッセージのようなソーシャルメディアを通して組織化された。この新しい通信形態は主催者が大規模集団に同時に呼びかけることを可能にし、政権当局に対し迅速にデモや大衆の挑戦を仕掛ける重要な手段である。

それとは対照的に、大衆の抗議に直面した政府の鎮圧活動は有効ではなかった場合もしばしばある。なぜならばカイロやチュニスの政府は抵抗者が活用しているソーシャルメディアを統制できなかったからである。ツイッターやフェイスブックのような会社は基盤を海外に置いているので、現地政府の圧力に対して脆弱ではない。さらにその政府はグローバルインターネットに対する接続性に影響を与えずに、ソーシャルメディアへのアクセスを遮断することはできなかった。

そのような可能性を食い止めるために、中国は各種のソーシャルメディアネットワークへの情報の自由な流入に対する対抗策の総合的態勢を拡大した。北朝鮮のように、すべてのソーシャルメディアを取り除くよりも、中国指導部は国外プラットフォームを排除して、国内の会社へ大衆がアクセスするように再度指令した。

ソーシャルメディアへの中国の大衆のアクセスの統制は大規模な制限がユーチューブに設定されているとして、2009年に大々的に示威された。個人的ユーチューブ動画だけが以前に阻止されていたが、中国は、その事業がチベットのラサで迫害されている修道僧の誤った動画を報じており、それ故、中国の国内治安を低下させたと非難している。[119] それ以来、政府はユーチューブへのアクセスを大々的に制限している。その他の国外サイトは間もなく中国市場から排除されてしまった。

しかしながら、中国当局は動画共有サイトのようなソーシャルメディアの中国人への便利性を否定しようとはしない。その代わり、ソーシャルメディアに対する大衆の要求ならびに国内会社、プログラム、プラットフォームに対する情報交換およびアクセスの参加機会は道を開いている。たとえ、グレートファイアウォールがフェイスブックおよびユーチューブのような国外ソーシャルメディアプログラムへのアクセスを阻止したとしても、その種の国内会社がそれに代わって、立ち上げることが許されている。「電子輸入代替品」における初期の取り組みは１９９０年後半に始まり、２０００年までに実を結び始めた。中国の物理的な情報ネットワークが中国製品から作られたように、中国のソーシャルメディアに対する要望は中国の会社によって満たされている。

今日、中国のコンピューター使用者はグーグルの代わりに〈百度〉でインターネット検索をしている。彼らはユーチューブよりも〈優酷〉で動画共有を行い、ツイッターではなく〈新浪微博〉および〈騰訊〉によりミニブログを行っている。中国のオンラインショッピングは〈淘宝〉で閲覧し、〈支付宝（アリペイ）〉で支払いをする。これらの製品およびプラットフォームはすべて中国の会社によって管理されており、国営会社ではないが明らかに検閲に協力しており、中国の商業ニュースメディアのように、広範囲にわたる政府統制に従っている。事実、〈微博〉の新規株式公開（ＩＰＯ）の公式届出事項において、政府の検閲要求の遵守に対する不履行は、「我々に義務と罰則を負わせ、オンライン業務の一時停止もしくは完全閉鎖に追い込まれる可能性がある」と述べている。[120] したがって、もし、中東の大衆による２００９年のイランの緑の運動、２０１１年の「ジャスミン革命」および２０１１年の「アラブの春」のように中国人民が結束しようとするならば、中国当局はそのような行動を黙らせ、無力化してしまう能力を持っている。

各種の危機事案に対する中国の対応はこのような能力を示威している。２００８年のチベット暴動は地方インターネットおよびテキストメッセージへのアクセスを制限した。２００９年7月に勃発した民族不安定事案後さらに大規模な制限が新疆に対して実施された。政府はこれらの暴動およびデモにおける死者200人余り、負傷者1400人と報じている。[121] 中国政府は「テロリストはインターネットおよびSMSメッセージを使用した」と公式に述べている。[122] 中国政府はすべてのインターネットと携帯電話テキストメッセージを素早く閉鎖したが、携帯電話の接続は維持した。この機能分離は中国の電気通信ネットワークへ導入されている。

このようなほぼ全般にわたる情報閉鎖は数ヶ月続いたが、全インターネットおよびSMSが元に戻るには次の5月までかかった。引き続いて生起した2013年の天安門事件、2013年のウイグルのターパン市の暴動、2014年新疆のカシュガル地区の暴動はこれら情報封鎖の迅速な再構築へとつながった。

しかしながら、ソーシャルメディアへの強固な締め付けは民族不安定だけに対して行われたものではなかった。2012年、重慶の党書記長薄熙来が中央政府に対し反乱を企てているとの風評が立った時、中国のメディア会社テンセントと微博を運営する新浪公司の2社は討論を制限するため、そのコメント機能を閉鎖した。[123] 2014年11月、北京の米国大使館が晴天度および空気に害を及ぼす地上における空気汚染度を提供し始めた時、中国のスマートフォンはその情報への接続を止めた。[124]

さらに深刻な問題として、2014年、香港における選挙において、普通選挙を許すとする誓約を中国当局が反古にしようとした際に香港の民衆が抵抗した時である。北京は香港基本法（香港憲法に匹敵）により、香港人はその政府を選挙で選ぶことができるが、北京がその選挙の候補者の資格認定をすることができるとする解釈を採択した。その結果学生および民間指導者は北京の決定に反対して、「セントラルを占拠せよ」（2011年米国での「ウオール街を占拠せよ」にちなんでの抗議運動）運動となった。

このことは、中国ソーシャルネットワーク上における香港についてのニュースへの検閲および国外プログラムおよびアプリケーションへのアクセスのさらなる制限をさらに拡大することになった。インスタグラム、すなわち携帯電話のアンドロイドベースの写真共有システムは中国において突然にアクセス不能となった。同時に、〈新浪微博〉のミニブログおよびテンセントの〈微信〉は香港のデモおよび「セントラルを占拠せよ」集会の関連報道を削除した。[125]

ソーシャルメディアのインフラ部分を公然と遮断するそのような過激な措置は、主に危機の際実施されるようである。日常的監督のため、中国当局ははっきりとした押し付けではないが、使用者の経験を形成し、型にはめる一連の方策を重ね合わせることに依存している。これらの多くは政府自体よりもむしろソーシャルメディアサイトによって実施されている。中国の主要なミニブログサイト〈新浪微博〉上において、この配列機構は予防的、ほぼ同時的、遡及的な方策である。[126]〈新浪微博〉ユーザーの多くの検索用語はそのプラットフォームを介してアクセスできない簡単なものである。この会社はすべてのユーザーに禁止されている検索用語のリストを維持している、すなわち〈新浪微博〉を横断しての情報の流れは最初から制限されている。中央宣伝部がサービスプロバイダーと各政府機関と連携してほとんど主要な役割を演じているけれども、だれがどの用語を禁止にしているかははっきりしない。

インターネット検閲と同じように、ソーシャルメディアは危険もしくは禁止情報を伝える企図を複雑にし、不満を抱かせている一連の追加統制に従っている。機微にわたる話題（広範なニュース部門において、社会および政治の発展を変革する）のコメントを投稿しようとする希望者はほぼリアルタイムに近い措置を受けている。これにより投稿された項目は数分以内に確認される。あるテストは8分以内にいくつかのものが削除されたことを、問題の多い内容の3分の1は30分以内に削除されたことを確認しており、90

パーセントが24時間以内に削除される[127]。

それらの手段のいくつかのものは次のとおりである。

◉**明確なふるい落し**　もし〈微博〉利用者が機微な話題および内容に触れるコメントを投稿しようとするならば、その利用者はその内容が〈微博〉もしくは政府規則に違反しているとの警告メッセージを受け取る。

◉**投稿の隠蔽または欺瞞**　〈微博〉は他人には見せず、発表者だけがそれを見られるようにその項目を発表させる。そのメッセージが幅広い読者にいきわたっていないような兆候を発信者に感じさせない。

◉**不明確なふるい落し**　〈微博〉のある上級の職員が認めているように〈微博〉は少なくとも100人からなる検閲グループを擁しており、一説には700人とも言われている[128]。これらの検閲者は明らかに手動でいくつかの項目を検査している。検査されている項目を発信する利用者は捜査が実行中である旨を通知される。発信のいくつかは最終的には発表されるが、その他は発表に至らない。

中国のソーシャルメディア検閲の重要な部門が人間の介在に依存しており、不明確なふるい落しアプローチが目立つものとなっている。そのような任務（例、年間10億件のミニブログコメント問題を傍受すること）に枢要な人材をつぎ込む中国の意向はソーシャルメディア監視および検閲に対する政府の見方の深刻さを反映している。

負担を軽減し、その検閲をさらに有効的に行使するため、中国のソーシャルメディア企業はその情報の流れを規制させる加入者を集団管理して利用しようとする。たとえば、2012年以降、〈新浪微博〉は機微にわたり、不適切な、噂をもとにした発表を管理者に通報した集団員に「利用者クレジット」ポイントを提供している。このことは幾万の非公式監視者を加えることによって、常時監視への労力を軽減し、効果的に特別案件への公式検閲に集中することができる。このような歩みは利用者に対する追加的制限付与と関連して企図される。特に機微にわたりかつ検閲された話題をしばしば持ち出す利用者はそのコメントおよび投稿に対する追加的見直しを受けやすい。これが政策なのか挿話的に付与されたものかはっきりしない。ある場合には、利用者は完全に排除されてしまう。ある分析の期間内に、3500人いた利用者の約10パーセントのアカウントが2ヶ月間閉鎖された（必ずしも政治的または検閲理由ではないが[129]）。

これらのほぼリアルタイムフィルタ手段は〈新浪微博〉および他の中国ソーシャルメディア・プラットフォーム相当のものが重要問題および語句に関する情報の流れを制限し、特定投稿の衝撃を限定することを可能としている。さらに、漏洩するかもしれない好ましくない情報の流れを一層制限するための補完的手順がある。投稿された項目は引き続き見直しが行われ、必要であれば削除される。そのような遡及的手段は「後方キーワード検索」および「後方再投稿検索」を含んでいる。

後方キーワード検索

〈新浪微博〉の検閲は投稿された時に、機微にわたるものとして認識されない語句を含んでいるかどうかをみるために、明らかに通常的にメッセージを見直している。中国語は多くの同音異義語を含んでいるので、発信者はそれ自体は自動プログラムでは削除されないが、人間には認知可能な句や文字を使用することができる。これは中国に昔からある抵抗方式をコンピューター化したものである。たとえば、天安門以前は、ある人々は慎重に公衆の面前でガラス製のグラスを壊した。なぜならば、鄧の名前、「小平」は「小瓶」と同音異義であるからである。このようにして、抵抗者は瓶を破壊することによって、「鄧」を破壊しようとした[130]。

〈微博〉の投稿削除を研究している研究者は新たに制限された多くの語句（例、「天朝」、それ自体政府を意味する）を含む投稿を削除していることを見つけ出している。これらの削除は語句が発見された（または価値を下げるものと認識された）日だけではなくそれ以前のものも対象となる。つまるところ、これらの以前の投稿はどのような検索もそれらを発見できないように記録から取り除かれる。別の例はすべて削除されることが決定された2日から5日前の当該語句はいずれも5分以内に削除されると述べている。「これら44件の投稿は異なる利用者からの者であり、共通の投稿もなく共通画像も持っていない。この集中削除への唯一のもっともらしい説明はキーワード削除であるとみられる[131]」

後方再投稿検索

いくつかの研究によれば、機微にわたる話題および用語に触れて削除された個人的な投稿だけではなく、集団的投稿もしばしば削除される。これはきわめて短時間に生起する。すなわち「我々の削除された投稿の内、再投稿された82パーセント以上のデータセットの削除時間の標準は5分以内である」としている[132]。これはジョージ・オーウェルの『１９８４年』におけるオセアニアのように、記録から削除された特定の項目だけではなく、「非情報化」を効果的に作為するためにすべての参考的および集団的投稿も同様に削除される。これはそのような投稿がかつて存在したのかを検索することを、不可能ではないがきわめて難しくしている。

中国の指導部にとって、情報を傍受し、その流れを統制する能力を持つことは情報戦を戦うための前提条件である。それは情報支配を確たるものにするための基本であり、攻勢および防勢行動の両面を含んでいる。攻勢行動はどのようにして他の者が事案、人的性格、その地位を認めるかを明確にして、影響を及ぼすための政治戦的手段を含んでいる。防勢行動は敵に主要な脆弱点を利用させないよう人的および財政的な巨額の出費を正当化する。

第4章 情報戦——次期戦争において情報戦役を遂行すること

情報化戦争は現代戦のすべての面に情報を適用し、法律および世論領域のような活動領域に戦争の概念を拡大しているが、また人民解放軍も「情報戦」に取り組んでいる。これはより伝統的な軍事領域内での情報優勢に関する争いである。実際、いくつかの中国の分析は情報戦が情報化戦争の主要な作戦形態であり、すべての他の戦闘行動と目標に直接的に影響を及ぼすものであると結論付けている。[1]

情報戦は敵軍を凌駕する情報優勢を確実にするために人民解放軍による特別な行動を必要とする。人民解放軍が将来戦の中心的なものになると評価している統合作戦に傾注していくにつれて、情報優勢が重視されることとなった。また。実際、情報は中国の統合作戦の理解と密接に関連しており、統合作戦は将来の「情報化条件下の局地戦」で戦い、勝利することの核心となるであろう。

人民解放軍の統合作戦構想は、複数の個別軍種が同じ物理空間において調整された方法で共に作戦することから単一の指揮統制ネットワークの下での一体化作戦の実施に移行してきた。この焦点の移行は、情報の重要性の評価の高まりに匹敵するように対応したものである。人民解放軍の分析は戦役レベルで統合作戦を成功裏に実施するためには、情報の役割を緊要かつ客観的要因である部隊、時間および物理空間と同じレベルにまで引き上げている。[2]

統合作戦の重要性の増大

第2章（「中国の軍隊――父親時代の人民解放軍ではない」）において記述しているように、人民解放軍は1990年代中期に統合作戦の開始を重視し始め、またこの増大する統合作戦の強化を1999年に発令された新作戦規則および要綱で体系化した。これらの新しいドクトリン文書は各軍種だけではなく統合および各軍種協力の戦役における作戦レベルの計画立案をカバーしていると考えられている。

しかしながら、人民解放軍が統合作戦訓練を増加するにつれて、その相乗作用を与えるための取り組みは新しい課題に直面してきた。人民解放軍は単一の指揮系統および単一の計画下であっても、単純に部隊を近傍に物理的に配置することでは、最も基本的なレベルの統合性しか確保できないことを認識した。2000年代初期の中国の統合演習において、軍が協同のレベル向上を追求するにつれて、着実な能力向上が見受けられた。

人民解放軍はこのことを予見していた。人民解放軍の文献は統合に関する各種レベルの理解および統合がようやく初めの一歩を踏み出したという認識を示している。ある中国の記事は拡大する統合のプロセスを3つの卵と1つのボウルに関連付けた。第一の発展段階は3つの卵を1つのボウルに単純に入れることだった。第二の段階は3つの卵がボウルの中に割られるのを見ていた。第三の段階は3つの卵をボウルに割って入れ、それらをかきまぜた。[3] 人民解放軍は3つの卵をボウルに割って入れることと同様な方向、すなわち部隊を物理的に一緒に配置するのではなく、実際に相互運用する部隊に移行する訓練方法へと拡大したので、成功のための要求に変化が生じた。

最初の進化は統合作戦が将来の「情報化条件下の局地戦」の基準になるであろうということを実現しつつあった。人民解放軍の教科書『戦役学』第二版で述べているように、「将来の情報化条件下の局地戦において、軍種指向の戦役は統合戦役に従属するであろう」[4]。人民解放軍は将来の紛争の本質、およびそれがその作戦構想とどのように調整すべきかについて再分析した。

その結果、人民解放軍は統合に対するアプローチの大々的な見直しを行った。人民解放軍の分析によると、「人民解放軍統合作戦の一体化」は次に示す4つの面を持っている。[5]

◉異なる軍種が共通の作戦構想を共有している「一体化作戦理論」の作成。「一体化規則、または統一規則」なしでは、異なる軍種からなる部隊は一体化行動、または統一行動はできない。

◉次に、一体化作戦理論の実行は「統一指揮」を必要とする。協同は最高レベルを巻き込むだけではなく、自己の方針に沿って行動する軍種に依存する。その代わり、中国の統合を進化させるためには、各軍種の系統を横断して作戦を計画立案また実行を可能とするすべての部隊に対する適切な「指揮体制」を必要とする。

◉一体化指揮体制が「一体化C3Iシステム」の確立によってだけ統合作戦を実施可能とする。この指揮体制がトップだけではなく指揮系統を通じて全参加部隊を連結する。

◉この一体化指揮系統およびC3Iシステムは「一体化知識」を作り出す。すなわち、その知識は共通状況認識だけではなくそれぞれの軍種の戦争に対する認識とアプローチへの相互理解を作り出す。

初期の協同統合作戦の概念はすでに単一の作戦計画の下で単一の指揮統制系統によって異なる部隊を一緒にしてきた。しかしながら、統合作戦は例外であるので、統合指揮統制系統は依然として常設ではなかった。さらに、協同統合作戦において作戦する部隊は軍種指向のままであり、特別な作戦に関してだけ一緒に行動した。結果として、そのような統合作戦はつまるところ付加的なものに過ぎなかった。異なる軍種から多くの部隊が同じ物理空間に配置されても、その相乗効果は限定されたものであった。その結果は「形式的には統合であっても、実際には能力がない」ものであった。[6]

人民解放軍は1990年代および2000年代を通じて統合作戦を着実に計画しまた実践してきたので、相乗効果を最大化するには各種兵力を一時的に集約するだけではなくそれ以上のものが必要であることを認識した。代わりに、中国の部隊は、真に全体として一体化システム体系（システム・オブ・システムズ）を形成して相互に一体化しまた融合しなければならなくなるであろう。成功すれば効果は相互に（付加的というよりも倍増的に）強化されるであろう。

これは情報の一部分を共有する以上のものを含むことになるであろう。すなわち、それは共通の情報基盤を確立し、また特に各種情報システムを統合し結合することを必要とするであろう。各級指揮官のすべてが状況認識を共有し、共有状況図に従って相互運用できるように指揮および意思決定ネットワークは強固に連結される必要がある。ある中国のアナリストが述べているように、「相互に共有された指揮情報は互いに作戦を補完し合い、作戦の有効性の向上を可能にしつつ、統合的に作戦する部隊の基盤となるものであり、戦闘目的の達成を確実にする手段でもある」[7]

事実、現代戦は情報化戦場において大海の底から宇宙空間まで、さらに電磁波領域およびサイバー領域までの巨大な広がりを横断して作戦するさまざまな武器プラットフォームを伴って作戦する多くの異軍種および部隊を含んでいるとその分析は言及している。したがって、協同した単一軍種の単純な作戦では統合作戦を成功裏に実施することはできない。その代わり、陸上、海上、航空、宇宙、電子、およびネットワーク部隊が、「超統合」部隊を構成しつつ、全体として一体化したものに融合されなければならない。[8]これらの部隊を融合することは、相互に支援することを必要とするシステム体系、すなわち一体化統合作戦を作り出す。

「一体化戦闘システム体系」は情報がさまざまな構成要素とサブシステムの間を迅速に移動し、リアルタイムデータ共有を可能とする。これらのシステムにおいて、偵察と早期警戒、指揮統制、機動、打撃、防御、および防護の6つの主要なシステム間の障壁が最小化される。[9]

「一体化戦闘活動」は変化する戦場条件に迅速に対応し、活発に任務および部隊配置を調整する能力を含んでいる。ネットワーク化された情報システムおよび統一された戦闘システムを用いることによって、指揮官は迅速に状況を評価しまたより迅速に状況判断・決心措置・部隊行動サイクルを用いることができる。[10]理想的に、これは指揮官に情報優位、すなわち意思決定優位を保証し、また彼らが効果的に行動し、結果となる機会を活用することを可能とする。

戦域のすべての縦深を横断して精密に攻撃する能力を持つ現代兵器と結び付ける場合、一体化戦闘システム体系と一体化戦闘行動の組み合わせは主要な戦力倍増器になる。さまざまな参加部隊はそれぞれ異なる能力で貢献するが、部隊は合併されまた融合されているので、それぞれの能力はより強力なものになる。したがって、そのような統合部隊で「統一作戦」を実施することは、より決定力を持つことになる。

そのような利益を得るために、さまざまな一体化武器および作戦はそれらを一緒に結合する情報ネットワークを必要とする。このネットワークはすべての参加する部隊を監督する指揮統制系統の基礎的技術基盤である。そのような指揮統制系統なしでは、参加する部隊間で円滑な相互交流に必要な手順とプロセスを作り出し、実施し、また定期的に演習することは不可能であろう。一体化統合作戦の成功は常設の統合指揮統制系統に依存している。

次に、そのような系統は専担の人的、組織的、ハードウェア、およびソフトウェアの要素を必要とする。中国の分析が述べているように、一体化統合戦役指揮組織系統には軍種または部門指向よりもむしろ任務および参加部隊について全般的見方ができ統合関連での考え方に慣れた要員を配置する必要がある。計画者は航空、陸上、および海上作戦だけではなく、特殊作戦、宇宙作戦、および電磁波領域の作戦に関しても考える必要がある。同様に、指揮、統制、情報、通信、および防勢対抗策の計画はこの包括的で一体化アプローチを組み合わせる必要がある。[11] また、それは編集、分析、および配布を含む大量の情報を迅速にかつ正確に取り扱うことを要求する。

実際に、統合作戦指揮官およびその幕僚は、軍種が提供するものだけではなく地方の軍事司令部、共産党関係者、および民間機関も含むすべての情報源からの情報を組み合わせることに果敢に取り組む必要がある。情報システムはハードウェアとソフトウェア規約双方の互換性を可能とし制約のない情報の共有をさせる必要がある。多くの異なる形態の情報（例、映像、音声、データ）の転送をさまざまな様式でサポートできる多くの異なる通信回線が必要である。[12] 一体化統合戦役指揮系統に配員された全幕僚がその参謀業務に対する共通的理解を持てるようにするためには、全軍種にわたっての共通の手順がなければならない。

これらすべての行為は理想的には全参加部隊および各種プラットフォーム（それらの武器を含む）からの入力を受信できる共通状況図となる。すなわち、それぞれの入力はおおむね同時に全参加部隊によって共有されるであろう。そのような共有状況認識を生成し、すべての利用できる情報源を活用することによって、中国のアナリストはさらに迅速な情報の流れの循環を期待している。司令官の決心はより迅速に隷下部隊に下達され、柔軟で適切な対応を容易にする。指揮はリアルタイムとなり、また作戦は迅速に適応できることになる。

また、この共通状況図は司令官が敵部隊だけではなく友軍部隊をより明確に把握することも可能にする。この能力は、異なる軍種から編制された部隊が複数領域を横断して作戦する場合特に重要である。ある中国のアナリストが述べているように、孫子でさえ敵を知り、己を知ることにより絶対的勝利が期待できると記述している。[13] これは情報化時代においてはさらに真実味のあるものである。

中国の文献によると、共通状況図は鍵となるいくつかの柱によって構築される。

◉リアルタイム情報　リアルタイムおよびニアリアルタイムを基本要件として情報を収集しまた伝達する能力はおそらく最重要なものである。工業化時代と異なり、現在、情報システムは戦場に広がり、情報をほとんど瞬間的に把握し、伝達することを可能にしている。さらに、電子および関連する情報技術（ＩＴ）の進歩によって、より小型でより安価なセンサーであっても大量のデータを収集しまた伝達することが可能である。同時に、現代戦は情報に対する迅速なアクセスを要求する。なぜならば、情報化戦争はより迅速であり苛烈であるからである。情報優勢確保の重要性を考えるならば、情報を常に利用できることが必要不可欠である。

◉正確なデータ　リアルタイム可用性を補完するのは正確性である。敵に対抗するためには、中国の分析は全般的な敵の戦闘能力を評価し、個別の部隊レベルに至るまでの敵の可能行動方針を特定する必要性を強調している。これはそれらの装備と人的兵力だけではなくそれらの物理的な射程、与えられた期間内での行動半径、および部隊の特質を含むことが必要である。[14] 不正確な情報は誤った決定に導き、その決定は欠陥のある意思決定と失敗に導くであろう。同様に、我の部隊の配置と能力についての情報は適時かつ正確でなければならない。中国の見積もりは情報が各種センサー、オープンソース情報、およびサイバーインテリジェンスを含む多様な情報源から得られることを前提としている。この多様な一連の情報源は友軍と敵軍のさらなる包括的で正確な状況図を提供する。また、偽装、隠蔽、および欺瞞手段（ＣＣＤ）を実施する敵の試みを困難にする可能性がある。なぜならば、これらの行為により、情報（インテリジェンス）アナリストを成功裏に欺くためには相互につじつまを合わせる必要があるからである。

◉多くの多様な利用者のための多くの異種情報の収集　政治および軍の指導者は陸上、海上、空中、宇宙、および電磁波スペクトラムを含む多くの異なる領域から収集された情報にアクセスするであろう。この情報収集の規模は武器の有効性を最大化するとともに、司令官には今までにないくらいの状況認識を与えることになる。司令官は部隊の物理的配備だけではなく潜在的な敵の意思決定プロセスと性行についての見識を持つであろう。結果として、政治および軍の指導者は味方と敵の配備、全体環境、および意図された作戦の所望結果と手段をひとまとめにした単一の統一された状況図を享受することになる。

◉知的な情報処理　与えられた目標に対する武器の数と型式を正確に選択するならば、収集された情報の正当な規模は軍司令官がさらに効率的であることを可能にする。分析官が本質的要素に集中するのを可能にするとともに、分析を（何らかのデータを事前処理することによって）加速させるので、センサープラットフォームおよび武器と一体化した情報処理能力は情報の流れを管理するのに役立つであろう。プラットフォーム自身がさらに知的になるにつれて、提供される情報は個別利用者によりよく整理され、収集された量にかかわらず情報過負荷を回避する。[15]

◉信頼できる通信　安全、すなわち信頼できる広帯域通信は共通状況図を作り出すのに不可欠である。実際、共通状況図を形成するすべての情報は伝達および利用上信頼できる通信に依存していると中国は考えている。航法、同一階層内および前線と後方領域間の部隊調整だけではなく指揮・情報機能を含む統合軍のあらゆる部門は、信頼できる安全な通信に依存している。

共通状況図が進化することによって、人民解放軍の各指揮官およびその隷下部隊は彼らの作戦を一体化したものとするであろう。敵の脆弱性を迅速に識別でき、投入可能な全友軍部隊はそれらの脆弱性を利用するために展開し、また随所からの攻撃は最大限の効果を発揮するために協同連携して実施する。同時に、よりよい情報は継続的作戦を可能とするので、人民解放軍部隊は敵の再編成を防止しつつ、新たに生起する機会を活用した作戦を間断なく実施することが可能となる。作戦は力ずくで敵を降伏させるのではなく敵を麻痺させる精密攻撃によって戦域の縦深と広さを横断して並列で進行することになる。[16]

2003年のイラクに対する米国主導の有志連合の作戦はそのような情報共有が明確に達成可能であることを示していると中国はみている。なぜならば、有志連合軍は優越したC4ISR能力を有していたので、彼らは各部隊間の円滑な通信およびデータ共有を駆使した真の統合作戦アプローチを作り出した。このことは有志連合軍地上部隊が海上・航空部隊との協同においていくつかの困難を経験したその10年前の湾岸戦争（第一次湾岸戦争）から大きく進歩したことを明確に示している。[17]

戦役レベルでの情報戦

人民解放軍は情報化戦争が攻勢と防勢作戦、前線と後方領域、および陣地戦・機動戦とゲリラ戦との間の過去の概念的境界と区別をあいまいにしたと確信している。また、それは統合作戦を時間または空間における複数の軍種協同個別作戦から「一体化統合作戦」および「統一兵力」に急速に進化させた。

この移行は戦役レベルでの戦争における情報の役割を拡大した。将来の「情報化条件下の局地戦」は情報領域を支配することを中心に展開するであろう。人民解放軍の分析官によると、現在、戦役レベルの作戦を成功裏に実行するには情報を扱いまたは共有する能力を必要とし、その能力によって、参加部隊がどのように相互運用でき、また時間と空間因子を活用できるかを決定することになるとしている。[18] 情報は緊要な客観的要素として物理的な力、時間、および物理空間と同等の重要性にまで高められた。情報の円滑な流れを生み出しまた維持する側は、迅速に「情報優勢」の恩恵を受け、敵を麻痺・撃破する舞台を設定する。

中国の見方では、円滑な情報の流れを確立することはつまるところ適切な指揮統制系統を作ることを必要とする。分離して協同関係にある部隊から統一化された方法で行動する完全に合併または融合された部隊への移行は、「完全に一体化したものに組織化し作り上げるために指揮決定の行使を重視すること」に導いた。[19] 情報化戦争は円滑な情報の流れを確実にする手段として重要な高度情報技術を指揮統制能力に組み込んで活用している。これが共通状況図を生み出すことにつながり、全部隊に一体化計画を実施させることによりさらなる戦闘力の生成を可能にしている。

人民解放軍は、相互に支援し、相互に依存し、相互に補完し合う一体化統合作戦は勝利を達成する唯一の方法であると評価している。[20] 一体化統合作戦は情報化戦争に関連しての本質を表現したものであり、情報化時代における紛争の基本的な「作戦形式」である。[21] 情報優位を獲得することは、「戦役レベルの情報戦」の中心的焦点である。

このような線に沿えば、どのような単一の軍種、どのような単一のシステムも将来の戦場を支配することは不可能である。人民解放軍の文献は統一された、すなわち一体化統合作戦は「システム戦」の形式ではなく「システム体系（システム・オブ・システムズ）戦」であることを常に繰り返し述べている。[22] なぜならば、ＩＴはネットワークと複数の連接を作り出すので、中国のアナリストは紛争がもはやプラットフォーム対プラットフォーム性能の均衡によって決定されないし、またシステム対システムでもないことを確信している。代わりに、双方にとって決定的に互いの能力を凌駕しなければならないものは競争相手のシステム群およびシステム体系の能力である。[23]

システム体系（システム・オブ・システムズ）とは情報の流れを経由した一体化の生み出したものである。将来の紛争における成功は、人的および技術的事項に関連して一緒に作業するため、全参加部隊および各種領域を横断しての作戦から引き出されるすべてのシステム（情報収集、通信、指揮統制、武器、および兵站）を必要とする。共通のソフトウェア、標準、および工法を開発しまた適用することは、このプロセスを容易なものにする。それは武器と指揮システムの両者が全体として比較的シームレスなものとして動作しまた真に統合組織として行動することを可能とする。[24]

これらのシステム体系は戦闘部隊を連接するだけではなく戦闘、戦闘支援、および戦闘サービス支援機能も一緒に結び付けるものである。たとえば、情報化は兵站に関する重大な影響力を持っている。ＩＴが広く組み込まれるようになったので、兵站要員は彼らの補給品のよりよい追跡を維持できる。したがって、補給所はさらに分散すること（敵の攻撃に対して脆弱性を低減すること）が可能となったが、依然として戦闘部隊に適時な方法で補給を実施している。また、ＩＴの拡散はさまざまな補給品に関する部隊要求および消費率を追跡することを可能としている。これは兵站要員が、プル（実需に基づく受注生産）を要求するのに単純に対応するよりもむしろ部隊に補給品をプッシュ（実需に基づかない見込生産）することを可能とし、兵站支援をもっと柔軟にさらに打てば響くようにしている。

信頼できる正確な複数情報源の情報に関する前述した要求の場合、将来の戦場を支配する体系の中核は次に示す「３つの主要システム」である。[25]

◉**戦場センサーシステム**　これは統合地上・航空・宇宙監視ネットワークに支援されており、偵察衛星、航法・測位衛星、および有人・無人機を含む航空偵察システムを組み込んでいる。

◉**戦場情報伝達システム**　このシステムは衛星、移動局、デジタル通信・データ中継ネットワークを用いて迅速にかつ安全にセンサーから分析官およびシューター（武器システム）にデータを転送しなければならない。

◉**戦場指揮統制システム**　これは戦略的および戦術的Ｃ４（指揮、統制、通信、およびコンピューター）システムの要素を含むものである。

一緒に接続された場合、その３つはリアルタイムの迅速な高精度情報収集、管理、および伝達によって共通状況図を提供する体系を形成することになる。情報の円滑な流れは迅速・正確な資源の移動、統合部隊の合体、および統合行動の調整を敵に優る方法で可能とするものである。[26]

勝利または撃破が適切に機能するためのシステム体系の能力に基づくならば、敵が同じことをするのを防ぐとともに、情報を円滑に渡すための闘争は将来の戦役の中心部分となるであろう。どのような個々のシステムの弱点も致命的ではない。なぜならば、他のシステムおよび部隊の強靱性がそれを補填できるからである。しかしながら、ある重要なノードおよびシステム間の接続が攻撃される場合、全体のシステム体系群はデコヒーレンス（情報の喪失）を起こし、システム麻痺となる可能性がある。これらのノードを識別しまた無効化することはシステム体系戦の重要な部分である。

また、それは基本的に異なるアプローチである。「近代条件下の局地戦」、すなわち工業化時代戦における相手は、大量の死傷者を発生させることによって敵を殲滅することに焦点を当てた。「情報化条件下の局地戦」における敵は相手の情報の流れを破壊し、相手のシステム体系の円滑な運用を中断させ、また相手を麻痺させることに焦点を当てている。実際、何人かの人民解放軍の分析官は、勝利を決定付ける中核資源として情報が物理的な資材に取ってかわり、一体化統合作戦はそれまでの協同統合作戦とは別物であるとして区別すべきであると論じている。[27]

したがって、戦役レベルの情報戦は基本的に情報収集、通信、および管理と意思決定に関連する情報ネットワークを含んだ自己の情報ネットワークを防護し、他方でそれに相当する敵のネットワークを低下させる必要がある。[28] 情報を収集し、活用し、また統制する卓越した能力と情報優勢の中核を維持している側が勝利を収めることとなる。[29]

それぞれの側の「3つのシステム」は将来の「情報化条件下の局地戦」におけるクラウゼヴィッツの用語での「重心」になるであろう。成功裏に政治戦を遂行することは戦略レベルでの「情報優勢」を達成する核心的手段であることとまったくといっていいほど同様に、「3つのシステム」に対抗しまたそれらを維持することは戦争の作戦レベルでの「情報優勢」を確立する不可欠な手段である。

情報優勢および主導権の獲得

人民解放軍の分析官にとって、情報優勢は軍事戦役のための手段であって目的ではない。それを達成することはよりよい意思決定とより効果的な武器の使用を可能にするが、勝利を得るためにはそれだけでは十分ではない。同様に、敵の情報優勢を拒否することは敵を麻痺させるであろうが、敵は依然として降伏しないかもしれない。さらに、情報優勢はめったに決定的または恒久的なものではない。敵の情報システムを目標とすべきであるが、そのターゲッティングは戦役の続行期間を通して維持されなければならない。同様に、紛争期間中、我のシステムが攻撃されるであろうし、またそれを防護しなければならない。

この行為は主導権を獲得しまた維持できる場合いくぶん緩和される。積極姿勢をとることおよび主導権を獲得することの重要性は中国の「積極防御」構想に具体化されている。人民解放軍の構想の概念は毛沢東の軍事思想に起源を持っている。毛は「積極防御」構想を1936年に論じ、また彼はそれを「これはまさに偽りの種類の防御であり、また反撃し攻勢をとる目的の防御である積極防御だけが真の防御である」として取り下げた「受け身の防御」との比較を好んで行った。[30] 今日の人民解放軍は2015年版国防白書に詳述されている「積極防御」の軍事戦略方針を堅持している。[31] クラウゼヴィッツの「打撃の盾」としての防御の概念のように、中国は積極防御をあくまで攻勢行動を組み込んだ防勢姿勢として描いている。積極姿勢が重視されているのは、敵がその対応に振り回されるからである。毛が述べているように、防勢に止まることは受動的な役割を受け入れることであり、行動を起こす時機と場所を敵に引き渡してしまうことである。それでは決定的になり得ない。少なくとも作戦レベルおよび戦術レベルにおいては、攻勢行動を実施することだけが、紛争の戦果を左右できる。

同時に、また主導権を維持することが我の士気を高める。人民解放軍はしばしば技術的にまた物質的に第二次世界大戦における国民党軍および日本を含む敵より劣勢であったので、戦闘の条件と開始を決定するための能力は限定されたものであった。純粋的にまたは優先的に対応姿勢をとることは紛争の結末を左右する敵の見かけの能力を高めるだけである。これは軍および人民の士気を必然的に沮喪させる。人民解放軍は戦略、作戦、および戦術レベルで主導権を確保し維持することは勝利の基本であると長い間考えてきたし、また今日においてもその考えを維持している。[32]

現代戦におけるＩＴの中心的な役割が主導権を獲得するために新しい道を人民解放軍に開いてきた。敵よりもより迅速に、より正確に情報を収集し、管理し、活用しまた送信するためのより優れた能力、すなわち、情報優勢を確立することは、敵よりもより速く監視・情勢判断・意思決定・行動（ＯＯＤＡ）ループを作り出すことになる。人民解放軍の分析官にとって、戦場（宇宙から深海まで拡大し、すべての戦闘の後方地域を含む）において情報優勢を持つ側は相手に対応することを強制する。[33]

中国はより迅速なＯＯＤＡループを持つことが可能となる必要性を議論しているのではないと気が付くことが重要である。情報優勢を持つ側は、敵のＯＯＤＡループを遅くできる場合、主導権を確実にしまた維持することと同様な効果を達成できる。適時な方法で敵の意思決定をし、実行する能力を拒否しつつ、コンピューターネットワーク攻撃、重要なノードの物理的破壊、または心理戦のいずれかによって、敵のシステム体系を混乱させ、それにより、敵の主導権を喪失させてしまう。

情報化時代における中国軍は、従来とは違って、「地上階」（最初から参入して優位な地位を占めること）に入ることができる。通常戦であろうと核関連であろうと、中国は米国およびソ連よりも長い間比較的弱体であった。しかし、中国が競争のためのさらなる財務、人材、および技術資源を持つようになってきた時に、情報化時代が勃興した。それに加えて、中国の見方では少なくとも、情報化時代は戦闘力の基準を変えている。それはより古い能力を陳腐化したものにはしないが、それは実質的にその能力を曇らせている（しかし、それはまたより古いシステムを性能向上させ、より高性能なものにする）。

戦闘力の枢要な決定者としてのＩＴの出現は製造上の衝撃における単一口径戦艦の勃興に類似している。サー・ジャッキー・フィッシャー（Jackie Fisher）が戦艦ドレッドノートを導入した時、他のすべての戦艦を一撃のもとに陳腐化させてしまった。これはドイツ、フランス、および米国の軍艦だけではなく英国の戦列にも当てはまった。要するに、ドレッドノートは世界中の海軍の勢力均衡をゼロにリセットし、どの国も同じ出発点に立たせた。コンピューターネットワーク、電気通信ネットワーク、およびシステム体系は同様に軍事能力を地球規模で再形成している。米国、中国、ロシア、あるいは日本であれあらゆる軍隊はもはや必ずしも将来の地位の決定要因ではない過去の投資と現存の能力によって影響を受けている。

この再秩序において、主導権を確保にするために伝統的な陸上、海上、および航空戦力、または膨大な物量に依存することは少なくなっている。その代わりに、中国は、それはまずもって情報優勢を確立することに懸かっていると信じている。戦況を理解し、対応を計画し、それらの計画を伝え、またそれらをより迅速かつ正確に実現するように部隊と調整することによって、敵が追いつけないようにしてしまう。情報優勢を通して、敵をさらに制約しまた主導権を我が掌中に維持する航空、海上、および宇宙優勢を確保することが可能となる。[34]

情報優勢および戦役指導理論

マルクス・レーニン主義のもとにある人民解放軍は、戦争を法やその他の原則と同様に科学とみなしている。理論的な階層において、軍事戦略指針（すなわち、軍事戦略）、戦役指導思想、および基本指導方針がある。情報化時代において、中国の文献は情報優勢を「戦役指導思想」に組み込んでいる。戦役指導理論は軍事戦略指針（すなわち、軍事戦略）での戦争の作戦レベルの表現である。それは枢要な戦時任務に関する広範な指導書を提供している。現行の戦役指導理論は「情報化条件下の局地戦」に焦点を当てている。人民解放軍の教科書である『戦役学』2000年版において、戦役基本指導構想は「統一作戦、すなわち重点攻撃」として特徴付けられている。それは、敵の重要目標に対する集中攻撃実施時における各軍種相互調整の推進に焦点を当てている。『戦役学』2006年版において、戦役指導思想は「統一作戦、精密攻撃で敵を制圧する」に修正され、よりよく情報資源を活用する方向に重視点を移行している。

「統一作戦[35]」

この新しい形態において、「統一作戦」は各種部隊、領域、および攻勢・防勢行動の統一化のために以前からあった考えに基づいて構築し、また今ではＩＴと「情報化された考え方」をすべての作戦に組み込んでいる。これは「ソフトキル」能力のような新しいアプローチを発展させ、また火力攻撃を心理作戦と同様に特殊作戦にも関連させている。これら統一された部隊と能力は通信しまた効果的に指揮するための敵の能力を混乱させることに集中すべきである。さらに、統一作戦は、「一体化作戦能力」を生み出すために、迅速な機動と精密攻撃能力と同様に戦場センサー、情報伝達システムにも焦点を当てる必要がある。[36]指揮官は部隊を物理的に集結させるのではなく、情報ネットワークを活用することによって効果を集結させることに尽力すべきである。一体化計画により全体を強固なものに統一して参加要素が及ぼす衝撃を最大限のものにしなければならない。

新しい戦役指導思想は全体の戦闘空間を一体化された全体としてみている。宇宙空間、電磁波領域、および心理領域が伝統的な陸上、海上、および空中領域に決定的領域として加わる。宇宙および心理戦場が特に重要である。前者は、新たな「戦略高地（制高点）」として記述されている。後者は戦争における人的要因を反映し、また敵の意志を沮喪させるように注意深い活用を必要とする。それらは情報への接近と処理の両方に対して中心的存在である。

初期の指導思想が「戦役局面と行動を統一すること」を指示したのに対して、今の情報化は、まったく新しい作戦上のスタイルと今現在考えられる概念によって、作戦行動とスタイルを変革した。指揮官は情報戦、火力戦、機動戦、塹壕戦、心理戦、特殊作戦、およびネットワーク戦を含むさまざまな種類の戦時作戦を一体化戦役計画に統一することを期待されている。また、それらは通常戦と非正規戦、攻勢と防勢、ハードキルとソフトキル、および心理攻撃を伴う物理攻撃と組み合わさなければならない。多くの異なる方法を適用することによって、敵を均衡から逸脱させ、主導権の掌握が容易になる。しかし、作戦を一体化することは、注意深い計画立案および優先順位付けが必要であり、したがって、指揮統制システムが中心となる。

また、見直された戦役指導思想は特に統合方式による「防護」または「支援」(保障)を重視している。中国の「作戦支援(作戦保障)」の概念は大まかには戦闘支援および後方支援機能に類似している。それは偵察および情報(インテリジェンス)を具体化したものである。すなわち、通信、情報セキュリティと施設セキュリティを含む情報防護、技術活動、輸送、調査、気象と海象支援、電磁波スペクトラム管理、およびその他の活動である。[37] 防護または支援は時々兵站機能を組み込んでいる。すなわち、それは安全性と秘匿性を重視している。

見直された『戦役学』において、部隊、能力、および任務の防護(たとえば、作戦防護、兵站防護、および装備防護)を含む防護の多くの面が論じられている。一体化作戦は、すべての戦闘空間を横断する戦役の進行における各種の防護任務を監督するために、総合的「防護指揮系統」(指揮保障体制)を必要とする。情報の防護は特に重要である。なぜならば、それはデータ自身だけではなく情報ネットワークの物理基盤を防護することを含んでいるからである。

戦役指導理論に従っている中国軍は自軍および作戦の統一化だけではなく敵の統一化行動も攻撃するであろう。敵にその作戦上のシステムを「統一作戦能力」に作り替えさせてはならない。したがって、中国の指揮官は重要なノードを識別し、攻撃することによって敵のシステムアーキテクチャを混乱させようとするであろう。不具合事象を連鎖的に生起させることによって、敵のシステム体系を麻痺させることが可能となる。敵の指揮統制システム、情報システム、武器システム、および肝要な防護システムを攻撃することが、その例として挙げられる。[38]

戦役基本指導思想は、将来の中国の情報化条件下の局地戦における作戦を交響曲に似ているものとして描いている。交響楽団の木管楽器、真鍮楽器、打楽器、および弦楽器のように、民兵と人民武装警察だけではなく人民解放軍陸軍、海軍、ミサイル部隊、特殊部隊を含む中国軍の各構成要素は統一作戦の「戦果」に貢献するであろう。演奏が成功するためには、一体化司令部となる交響楽団の指揮者のもとで一体化計画である楽譜にしたがって演奏することを必要とする。しかし、この類似において、個々の部門と音楽家は隔離区画におりまたは目隠しとヘッドフォンを身に付けている可能性がある。すべての演奏者に適切な点数を獲得させ、また各演奏者がその役割を知りまたテンポの変化に敏感であるようにする能力は、情報優勢を確立することに依存している。

「精密攻撃で敵を制圧すること」[39]

見直された戦役指導思想の他の半分は、「精密攻撃」により敵を制圧することまたは制限することを求めている。そのような攻撃は高度技術の火力および精密弾頭を組み込んでいるが、また「精密作戦」の一部でもある。[40] これらの作戦は、目標、部隊、戦術と技法、および紛争烈度と進行状況についての正確な選択を必要とする。正確で実効性のある指揮統制なしでは、精密攻撃および作戦をすることはできない。[41] 適切な統合戦役指揮系統を確立することが必要不可欠である。それは使用可能部隊を全体として一体化されたものとして扱い、単一の統一作戦計画を策定し、また全使用可能部隊を一体化組織として運用しなければならない。[42]

指揮系統は、特に情報、空中、および海上領域において敵の作戦支援を助長する軍事施設および政治・経済システムを含む「敵重要目標」を識別する必要がある。そのような目標を識別しまたは破壊することは、敵の「戦闘システム体系系統」を麻痺させ、士気を沮喪させせまたシステムとサブシステム間の相互運用性を混乱させる中心的手段である。

敵の情報システムは作戦推進役の中心を担うものであり、したがって、戦役発生時からの優先目標でなければならない。敵の情報システムの早期破壊は全戦闘システムを麻痺状態にしてしまうので、最小コストで最大勝利を達成する。[43] 情報化戦場は非常に複雑であるので、敵の情報管理施設およびシステムを破壊しまたは低下させることは情報資源を活用しまた効果的に作戦するその能力を必然的に削減させるであろう。その効果は部隊を通して伝搬し、相乗効果を拡大させ、人民解放軍による「全面的情報優勢」の達成を可能にするであろう。[44]

精密目標選定は敵のシステムが最も脆弱であるのはどこかを識別するだけではなく「武器コントロール」を含んでいる。すなわち、人民解放軍の見方では、我の消耗を考慮し、あらゆる目標が機能しているだけではなく効率的に機能していることを確認することとしている。これは特に初期目標群を選定する時に重要である。目的とするところは必ずしも初期における破壊ではなく、戦役の進行過程において、無力化を最大にすることにある。

したがって、いくつかの目標は「ハードキル」手段よりもむしろ「ソフトキル」（たとえば、電波妨害）を必要とする可能性がある。他の目標は、それらがインテリジェンス源であり、またはやがてより重要になる可能性が高い場合、引き続いての攻撃が延期される可能性がある。同様に、戦役が進行するにつれて、最終戦役目的に集中している間は、戦役指揮は対応態勢を維持するとともに、ターゲッティングを調整しなければならない。

また、指揮官は、攻撃の有効性を最大にするために、最精鋭部隊を集中させるように教育されている。軍が一般的に質的に相手に対して劣勢であるにもかかわらず、高性能兵器とエリート部隊を集中することによって局所的優勢を構築し、ある期間優勢を獲得することがあり得る。特に、決定的な時間と場所で局所的優勢を作り出すため、最精鋭部隊は「主要方向」に向け、「重点地区」および「決定的時機」を重視されなければならない[45]。

情報優勢の確立

中国の指揮官にとって、情報優勢は「統一作戦、すなわち敵を精密攻撃で制圧すること」によって戦役指導理論を実行する中心的手段である。なぜならば、すべての作戦は情報を必要とするので、情報優勢は各軍がその全潜在力を発揮して作戦することを可能とする。逆に、情報優勢がなければ、航空、陸上、海上または宇宙優勢は存在し得ない。すなわち、情報優勢が明らかに不可能であるならば勝利は困難になる。情報優勢は他の分野の優勢を支援しまた防護する[46]。この目的のために、人民解放軍の分析官は双方が自分のネットワークを保守しつつ、敵の情報ネットワークを弱体化し、また蝕むために常に奮闘していると考えている。

攻勢的行動は必要不可欠である。情報優勢は防勢的な対応手段だけでは達成できない。実際、ある人民解放軍の分析官が述べているように、「情報領域に関して攻勢的であることを重視することは伝統的な陸上、海上、および空中領域よりもさらに重要である[47]」。敵の情報ネットワーク、指揮統制基盤、および緊要な戦闘部隊に対して攻勢的行動を維持することは「情報戦」の中核である[48]。

敵を無力化することだけが我のネットワークおよびシステム体系を防護できる。情報戦の取り組みの成功は、敵の伝統的な戦闘力を工業化時代の能力に低減してしまうであろう。それらは局所的には強力であるが、それらをサポートする情報ネットワークが混乱し、麻痺し、または破壊された場合、限定された戦略的・作戦的影響力を持つだけになる。[49] 湾岸戦争およびコソボ紛争において、イラクとセルビアの最前線部隊は、それぞれ、戦闘犠牲者をほとんど出さなかった。「3つの主要システム」の破壊は、残りのシステムが決定的な影響を持っていないことを意味していた。

これらの紛争において、米国主導の有志連合軍はイラクまたはセルビアが展開できるよりもさらに広範囲の情報資源を含めた圧倒的優位性を持っていた。さらに均衡した戦闘においては、情報優勢が局所化されまたは一時的であったことを中国の分析は示唆している。広範囲で強靱な情報ネットワークは恒久的な情報優勢を確立することを困難にする。それであっても結果として、情報戦資源を常にかつ積極的に集中することによって、弱者側が情報優越および情報優位を最低限達成できる。攻勢におけるこれらの局地条件を最大限用いることによって、敵は麻痺されまた殲滅され続ける。

情報優勢を達成したかどうかにかかわらず、また常に我のシステム体系の完全性を維持するために防御的取り組みを実施しなければならない。技術的に劣っている側にとって、これは困難である。なぜならば、敵はだれも考えていなかったまたは十分には防御の準備をしていなかった手順および方法を巧妙に用いる可能性がある。したがって、弱者側であっても、敵の主導権を拒否しまた我のシステムに対する圧力を軽減するために敵の情報ネットワークを攻撃することは、防勢的な取り組みの一部でなければならない。攻勢をとることは弱者側の背中を押し、より強固な敵との関係を逆転できる。[50]

中国の情報見積もりでは、防御または攻撃にかかわらず、情報戦を実施しまた情報優勢を行使する場合の優先順位の高い目標は敵のインテリジェンス・監視システムであり、それらは高度技術武器プラットフォームおよびそれらが配備されている基地、それらの防護施設、システム、部隊、および指揮統制・通信ネットワークを含んでいる。[51] 比較的より完全なシステム体系群を維持している側、すなわち「3つの主要システム」間の連接をよりよく維持している側が勝利する。

このハードキルやソフトキル兵器および戦術の大混乱に直面して情報優勢を達成することは、唯一または卓越したコンピューターネットワーク攻撃（または防御）によるものではない。実際、戦役レベルの情報戦に関する中国の構想は、電子戦、心理戦、および増加しつつある指揮統制戦と諜報戦を含むいくつかの重要な作戦方針から成り立っている。

電子戦

電子戦は情報戦の最も初期の形態の1つである。それは広く第二次世界大戦において使用され（たとえば、独防空レーダーを見えなくするための連合軍爆撃機によるチャフの使用、敵の裏をかくためのすべての側での暗号分析者の活用）、その後の数十年間にますます能力強化が図られ、重要になっている。

電子戦は敵の電子システムの能力を低下および混乱させるものであり、他方我の側を防護するものである。[52] それは超低周波から可視光を含む紫外線にわたる「電磁波空間」または電磁波スペクトラムで生起する。[53] 中国のアナリストは電磁波空間を陸上、海上、空中、および宇宙に続く第五の戦闘領域としてみている。確かに、電子戦は情報優勢確立のための部分作戦である電磁波スペクトラム支配に向けた現実の闘争である。

電子戦が成功裏に実施される場合、それは情報を収集、伝達、および活用するための巨大で大多数のシステムに影響を及ぼす。電子システムは情報化戦争に浸透している。すなわち、陸上、海上、航空、および宇宙作戦はそれに依存している。電子戦は概念的にセンサー（たとえば、レーダー）、通信システム（たとえば、無線）だけではなく武器管制・誘導システムに影響を及ぼす。したがって、ある中国の評価報告が記述しているように、電子戦をより巧妙に運用できる側が「３つの優勢」を確立する可能性が高くなるであろう。[54]

武器コストに占める電子システムの割合は電子システムの重要性を反映している。現代の戦闘艦および戦闘機の最も高価な要素のいくつかは、胴体または船殻よりもむしろ搭載電子機器である。ある人民解放軍の分析官が述べているように、電子機器は現代の戦闘艦コストの20パーセント、武装戦闘車両の24パーセント、軍用機の33パーセント、ミサイルの45パーセント、および衛星の66パーセントに及んでいる。[55]戦時の電子機器環境は着実にさらに複雑化している。なぜならば、双方がセンサー群、通信システム、およびその他の電子システムを実戦配備しているからである。双方が相手の電子システム能力を低下させようとしなくても、戦闘部隊は相互干渉の潜在力となる大量の電磁波エネルギーを放射する。

電子システム間の干渉によって電磁波戦場を把握することが難しくなる。この干渉は敵の電子システムを妨害する双方の行為だけではなく我自身の部隊および自然効果によって生じるものである。電子戦の不可欠な部分は、統合戦役司令部が各味方部隊間の電子活動を周波数・スペクトラム管理を通して調停した調整することである。[56]

中国が述べているように、いくつかの国は電子戦を狭義に定義している。ある中国の文献は、ロシアが敵の電子システムに対抗するために全面的にソフトウェア攻撃に依存しているとみている。[57]もう1つの評価は米国が攻撃および防御において電磁波手段に集中していると結論付けている。この評価において、米国の方法は次に示すものを含む敵の電子システムを無力化するいくつかの重要な追加手段を無視している。

◉物理的に電子システムを攻撃するための工作員または物理兵器
◉電子システムの認識された有効性を低下させるための宣伝戦および心理戦技法
◉電子装置に対抗するための非電磁波システム[58]

これとは対照的に、人民解放軍はさらに幅広い電子戦の定義を適用している。中国の分析によると、電子戦は電磁波スペクトラムの活用能力を最大にする活動範囲を具体的に示し、また同じことをする敵の能力を減殺している[59]。中国の考え方によれば、電子戦は電子ベース兵器だけではなく電子偵察と対偵察行動、電子情報の妨害と防護手段、および電子システムの破壊と対破壊のすべての行為を含んでいる。電子戦手段には敵の陸上通信回線、無線ネットワーク、マイクロ波伝送ネットワーク、および測位・航法ならびに時刻同期（ＰＮＴ）システムに対する攻撃を含んでいる[60]。それらは電波妨害および電子的な干渉と抑止のようなソフトキル方法だけではなくハードキル方法も組み入れている。後者は重要な電子システムに対して火砲による集中砲火、区域爆撃、およびその他の火力攻撃を含んでいる。

電子戦は歴史的に主に戦術的事項であるが（たとえば、爆撃侵入支援における電波妨害アセットの提供）、中国は電子戦が将来の情報化条件下の局地戦において戦役レベル活動を構成することを確信している。陸上、海上、航空、および宇宙プラットフォームを横断する電子戦ツールと兵器の拡散、ならびにその効果が数十また数百キロメートルに及ぶ電子兵器の開発は大きさの度合いによって影響範囲を拡大させるであろう。特に、宇宙ベース通信、偵察と監視、ＰＮＴ、および気象アセットに対する電子戦を実施する能力は電磁波優勢を確立する重要な手段である。[61]
戦役レベルの電子戦は、中国の見方では、3つの広範な任務領域、すなわち電子偵察、電子攻撃、および電子防御から構成される。[62]

電子偵察

中国の電子偵察の概念は西側の電子情報、またはELINTに匹敵する。電子偵察の重要な目標は通信ネットワーク、レーダー、電気光学システム、およびソナーと水測システムを含んでいる。それはこれらの電子システムについての情報（インテリジェンス）を収集すること、重要施設の識別と監視を含むことおよび部隊作戦と行動のパターンを識別するだけではなく信号と発射の種類を収集しまた識別することを義務付けている。それは部隊および電子戦力組成を確立する。電子偵察により、いつどこで敵部隊が展開するか、またいつどこで敵の電子能力に対する対抗手段を構成する技術および戦術的幕僚行為を支援するのかを幕僚が決定することを可能にする。それは電子攻撃および電子防御の両方の基盤を提供する。電子偵察は基準的情報要求を確立し、意思決定者に適時に情報を提供するため、戦時と同様に平時においても実施しなければならない。

電子攻撃

電子攻撃は混乱、妨害、または破壊によって情報化装備からの支援を減殺し麻痺させるものであり、後者の2つを重視している。妨害はある周波数を効果的に用いるための能力を阻止すること、すなわち、電波妨害、または装備武器の正規運用を妨げることを含んでいる。それは通常、敵の通信、レーダー、電気光学システム、およびソナーと水測システムに対して実施される。また、電子攻撃は敵の電子装備を物理的に混乱または破壊できる。これはより大きなコストを課すという利益があり、通常、さらに長期にわたって効果を持続させることができる。物理的な破壊手段は爆弾、ロケット、および火砲だけではなく対レーダーミサイル（対輻射源ミサイル）および核と非核の電磁パルス（ＥＭＰ）兵器を含んでいる。

ある中国の分析は電子攻撃目標を次に示す４つに大きく分類している。[63]

◉情報自身、それによる欺瞞、対暗号化、およびその他の技法によって情報へのアクセスに使用される。その意図するところは目標にされた情報が変質され、破壊され、またはその他の方法で損傷され得ることである。

◉無線および電気通信ネットワークのような情報を直接伝達する電子システム。これらは各種サイバー攻撃を含む電子妨害および混乱にさらされる。

◉レーダーサイト、サーバーファーム、および司令部施設のような重要な電子システムを収容する施設および物理的インフラ。これらは対レーダーミサイルおよび巡航・弾道ミサイルのような運動エネルギー手段による被攻撃目標となり得る。また、それらは各種タイプの電磁パルスおよび指向性エネルギー兵器に対して脆弱である。

◉各種手段によって攻撃され得る兵器の大集合から構成される情報を用いるシステム。

中国の「電子攻撃」の概念がそのような攻撃を実施する手段よりも攻撃されるものに対してより高い関心を持っていることは注目に値する。すなわち、ミサイル、爆撃機、特殊作戦部隊はすべて電子攻撃の潜在的な面としてみられる。なぜならば、それらは電磁波優勢を確立させ得るものであるからである。

電子防御

電子防御は我の電子システムの運用または実効性を低下させようとする敵の能力を最小にするための行為を具現化したものである。中国の電子防御は敵の電子偵察、電子妨害、および電子破壊に対抗する行為である。それは「対電子対策（ＥＣＣＭ）」の概念を含んではいるが、実体はそれらを超えている。[64]代わりに、中国の電子防御に対するアプローチは敵が電磁波信号と放射、重要な電子戦部隊、または重要な電子装置の技術諸元を探知することを妨げるためのステップを含んでいる。また、それは敵がそれらのシステムを物理的または電子的に破壊しまたは損傷することを防ぐための防護手段を含んでいる。したがって、それは対スパイ活動、情報セキュリティ、および物理的セキュリティだけではなく対電子対策、戦術機動、隠蔽と欺瞞、および物理的防護を含んでいる。

ネットワーク戦

ネットワーク戦は電子戦と同僚である。また「ネットワーク紛争」とも呼称され、それは双方がそのネットワークを維持しながら、それぞれのネットワークを攻撃するようなネットワーク化された情報空間で起こる広範な活動を意味している。[65]電子戦のように、それは攻勢的および防勢的構成要素だけではなく敵および他ネットワークの偵察も含んでいる。

ネットワーク戦は「ネットワーク空間」、すなわち「サイバー空間」におおむね匹敵する用語の領域で起こるものである。しかしながら、コンピューターネットワーク戦は依然としてネットワーク戦の不可欠な要素であるけれども、中国のネットワーク戦の概念はコンピューターネットワークをまさに飛び越えて進展している。戦役レベルでの情報戦の関連において、ネットワーク戦は全体の戦場（それは宇宙空間に広がりまた指揮統制、および兵站・支援の基盤である双方の本土深くに立ち入っている）の一部であるネットワーク内で起こるものである。[66]

ネットワーク戦の目的は「ネットワーク優勢」を確立することである。ネットワーク優勢を享受する場合、すべての範囲のネットワーク（コンピューターネットワークだけではなく）は円滑に運用できる。我方は迅速に変更されまた適用されており、他方、敵のネットワークは同じことをすることを妨げられているとすれば、それらのネットワークに関する情報は防護されている。ネットワーク戦に不可欠であるいくつかのネットワークは指揮統制ネットワーク、諜報情報ネットワーク、および防空ネットワークを含んでいる。[67] いくつかの中国の分析ではネットワーク空間を第六の領域（陸上、海上、空中、宇宙空間、および電磁波スペクトラムに加えて）として考えている。すなわち、中国以外ではそれを電磁波スペクトラムの一部として考えている。

これらのさまざまなネットワークは一体化統合作戦に不可欠であるので、ネットワーク戦は中国によって必然的に将来の情報化条件下の局地戦の中心的な部分として考えられている。それらは弱者が強者の優位を均衡させるための特に実効性のある手段である。中国のある分析によると、１９９０年代のユーゴスラビア紛争において、ＮＡＴＯは一般的にセルビア軍よりも勝っていたけれども、セルビアはそれにもかかわらず繰り返しさまざまなＮＡＴＯネットワークに侵入し、彼らの作戦を低下させたとみている。中国はセルビアが航空母艦セオドア・ルーズベルト上および英国気象局のネットワークに侵入し、航空作戦に影響を与えたことを書いている。[68] もう1つの中国の分析では、同様にＮＡＴＯとセルビアとの間の通常戦の強さの差異はインターネット上においての均衡ではなく、そこではセルビア軍はさまざまなＮＡＴＯおよび参加各国のウェブサイトを成功裏に攻撃したとみている。[69]

ネットワーク戦はネットワーク偵察、ネットワーク攻撃、およびネットワーク防御を含んでいる。これらの3つの任務は密接に相互に連係しており、それらの間に具体的な境界線を引くことは難しい。

ネットワーク偵察

ネットワーク偵察は接続を地図化しまたその運用手順を習得するために、敵のネットワークを偵察する各種方法の使用を含んでいる。また、それはそれらのネットワーク上にあるデータを調査することおよびそれらのネットワークを管理しまた維持する計画作成を含んでいる。さらに、ネットワーク偵察は敵のネットワークが手順および技術レベルでどのように運用しているのかについてのインテリジェンス情報を導き出すために、この情報すべてを分析することを含んでいる。[70]

ネットワーク攻撃

ネットワーク攻撃は情報ネットワークとネットワーク化された情報の両方に対する作戦を含み、さまざまなネットワーク内のデータだけではなくネットワーク自身に対して作用している。それはマルウェア、論理爆弾、ハッカー、および各種のネットワーク化されたシステムを混乱させ、運用を妨害し、またそれらが持っている情報を損傷させ、破壊する等の手段を含んでいる。ある中国の分析が記述しているように、ネットワーク戦の要諦は敵のネットワーク化された情報システムの妨害および混乱であり、またそのネットワーク自身が妨害および混乱方法を伝達する。[71]

皮肉にも、これはシステム・オブ・システムズの根幹を構成するさまざまな情報システムが自分自身の撃破の潜在的要因を包含していることを示している。特に、それらを走らせているソフトウェアは「ゼロデイ・エクスプロイト（ゼロデイ脆弱性を利用した攻撃ソースコード）」、バックドア、またはトロイの木馬サブルーチンのようなさまざまな脆弱性を含んでいる可能性がある。したがって、ネットワークは抜け目のない敵が迅速に効果を拡大し重要システムの混乱または麻痺に導くために利用するという本質的な弱点を持っている。システム・オブ・システムズの相互接続された特性を仮定すると、相乗効果を生み出すことができる相互接続性そのものがカスケード故障（連鎖故障）につながることになり得る。中国の考え方によれば、ネットワーク戦における必要不可欠な部分は、危機または戦争において脆弱性を活用するために平時にそのような脆弱性を探し出しておくことである。[72]

したがって、中国はネットワーク攻撃がネットワーク偵察と密接につながっていると確信している。ネットワーク偵察とネットワーク攻撃の差異は単なる僅差のキーストローク（打鍵）の違いであるかもしれない。いったん、敵のネットワークに侵入してしまうと、データを破壊しまたは接続を中断することが可能である。これはネットワーク戦を電子戦とは異なるものにし、またさらに伝統的な戦いの方法と大きく異なるものである。ネットワーク攻撃とネットワーク偵察を区別することは非常に難しい。なぜならば、最後の瞬間まで区別がないからである。

電子戦のように、中国人はネットワークの物理的および人的要素をネットワーク戦実施の追加手段としてとらえている。実際、中国人は「一体化情報・火力戦」の概念を開発し、情報空間（ネットワーク空間を含む）における作戦と物理空間におけるそれと融合させている。運動エネルギー攻撃および人的ベクター

（人的媒介）が敵の電子システムに対して使用され得るのと同時に、同じものがネットワーク戦にも適用される。したがって、サーバーファーム、重要ルーター、データ融合センターはミサイル、爆弾、および特殊作戦部隊によって攻撃される可能性がある。中国は重要なネットワークノードに対するハードキル攻撃およびハッカーや他のネットワーク活動によるソフトキル作戦の両方を実施できる特殊作戦部隊を編成しつつある。[73]

ネットワーク防御

ネットワーク防御の取り組みは我のネットワークシステムおよび施設の円滑な運用を確実にすることをねらいとしている。それはネットワーク化された情報システムおよびそれらの上に存在しまたは通過する情報の安全を確保するための対策を含んでいる。ネットワーク防御方法は敵が我のネットワークにアクセスし、ネットワーク運用を混乱させ、またはそれらのシステム上の情報の信頼性を危うくすることを防ぐことを含んでいる。[74]

一体化ネットワーク電子戦

将来の情報化条件下の局地戦における中国の一体化統合作戦概念の核心となるものはネットワーク戦と電子戦の融合である。ネットワーク戦は拡大しまた電子戦はネットワーク化されているので、中国人はその2つは密接に結合しているとみている。実際、中国の軍事理論家は「一体化ネットワーク電子戦」構想の最初の採用者グループのメンバーであり、一体化ネットワーク電子戦を情報戦および情報化戦場の基本的特質としてみている。[75]

人民解放軍は一体化ネットワーク電子戦構想（人民解放軍はそれを何度も「電網一体化戦」として翻訳している）を「高度に融合された電子戦とネットワーク戦による敵の情報化された情報システムに対しての情報攻撃」として定義している。[76] それは戦場における情報優勢を維持するために我を防御しつつ、敵のネットワーク化された情報システムを損耗させまた混乱させるために電子戦とネットワーク戦技法を組み合わせた情報戦手段を含んでいる。それは情報戦における主流となる表現である。[77]

ある中国の分析が記述しているように、将来の紛争において、電磁波スペクトラムはネットワーク空間の作戦に決定的な影響力を及ぼすことになるであろう。ネットワーク電子戦は組織的に連携しており、単一の統一指令の下で作戦する。[78] ネットワーク戦は電磁波スペクトラムを支配する行為によって影響を受け、一方電子システムの運用はネットワーク内に侵入しまたそれを損傷させる行為によって直接影響を受ける。ネットワーク電子戦は敵のシステム・オブ・システムズを低下させるための一体化行為を相互に補完するものである。どちらも1つだけではシステム・オブ・システムズを総合的に混乱できないが、攻撃概念、攻撃方法、および作戦環境に関して相互支援状態にあるならば、それらは高度に実効性のある一体化攻撃方法を構成する。

もう1つの中国の文献は次のように述べている。

> 技術的角度から、電子戦とネットワーク戦はきわめて補完的であり得る。電子戦は、目標信号をかき消すために強力な電磁波エネルギーの使用によって信号層を攻撃することを重視している。ネットワーク戦は、攻撃の手段として敵のネットワークシステムに伝達された、混乱を起こさせる情報の流れを用いることによって、情報層を攻撃することを重視している。[79]

一体化ネットワーク電子戦は情報戦の物理的および仮想的な面を一体化する取り組みであり、それらを単一の作戦構想に合体させる。[80] 一体化ネットワーク電子戦は情報を収集・活用する敵の能力を低下させるために電磁波攻撃および防御ならびに情報攻撃を使用することを前提としており、ネットワーク化された情報システムを作戦の領域として扱っている。成功裏の一体化ネットワーク電子戦の実施とは全「戦場情報空間」を優勢に導くものでなければならない。

一体化ネットワーク電子戦は、電子戦技法をネットワーク戦に単純に追加するというだけではない。中国の一体化ネットワーク電子戦構想の中心点は情報ネットワークの物理要素であるターゲッティングと防御をネットワーク戦に組み込むことである。それはデータ主体の仮想世界を超えてセンサー、ルーター、および無線の物理的で実体のある世界に情報戦を拡張している。一体化ネットワーク電子戦は、情報化条件下の局地戦を成功裏に戦うために新しく一体化された統合の原型として描かれている。[81]

心理戦

心理戦は戦略的な政治戦の一部として枢要な地位を占めているが、同時にそれは作戦的なまたは戦術的な役割を持っている。戦役レベルにおいては、人民解放軍は敵の思想、感情、知識、認識、および態度に影響を及ぼすため、全体の戦役計画に一致したさまざまな種類の情報を使用することであると心理戦を理解している。[82] 各種形態の情報を適用することによって、心理戦は関連の文脈と構造を含む情報の敵の解釈を変えさせるだけではなく、その意志を弱体化させることができる。[83] しばしば、この情報は、効果を最大にするために、特別に準備されまたは詳しく開示される[84]。

作戦レベルにおける心理戦は敵の意志と戦闘意欲をゆがめ、敵の指揮および意思決定プロセスに混乱を誘起させ、敵の自信を喪失させ、敵の戦闘の有効性を削減させることをねらいとしている[85]。戦略レベルとは違って、戦役レベルの心理戦は軍の目的達成に役立つ目標と情勢に焦点を当てている（これは政治的および経済的目標を含む可能性があるかもしれないが[86]）。

電子戦およびネットワーク戦と異なり、心理戦は情報化時代によって生み出されたものではない。我を強化している一方で、敵の認識に影響を及ぼしまたその戦う意志を沮喪させることは戦争の古からの要諦である。同様に、欺瞞および誤判断技法を用いる「謀略」は、有史以来戦争の一部であった。それはまた人間心理学の理解と活用に根ざしたものである。

過去の戦争において、心理戦手法は直接的に相対する敵軍のような限られた対象への影響力行使に限定されたものであった。したがって、その影響は通常きわめて戦術的であった。しかしながら、ＩＴの発達によって、心理戦をさらに広域化しさらに効果的にすることにより、心理戦行為は新規の方法で敵の心理を攻撃することを可能とした。ソーシャルメディアおよび情報ネットワーク経由のように情報戦と心理戦を融合することは、敵に影響を及ぼす新しい手段を提供する。特殊心理戦兵器および技法は敵を混乱させたり、迷わせたりする新しい手段を生み出している。同時に、指揮官は敵の心理戦の取り組みに対抗するためにさらなるエネルギーを向ける必要がある。

ある中国の分析が記述しているように、謀略は情報優勢を確実にする技術として重要な役割を果たすであろう。これは情報優勢がＩＴと情報システムだけではなく「認知システム」を含んでいるからである[87]。情報は判断され、意思決定者によって行動に移される。人間の心はすべての情報の最終到達地である。し

中国は、第一次湾岸戦争（1990–1991年）の終結から2003年の戦争までのサダム・フセイン体制に対するゆるぎのない心理戦の取り組みはさらに効果的であったとさえみている。大規模かつ長期にわたる宣伝の使用および圧倒的な部隊による威嚇、拡大された情報封鎖の心理的効果を活用することによって（経済制裁および他の隔離対策に加えて）、米国は抵抗しようとする政権および軍に対する民衆の支援を弱体化させることができた。そのような取り組みは特殊作戦部隊の使用を含め、2003年侵攻の直前では倍増された。[91] 結果として、イラク軍は政権の防衛に失敗した。戦争が始まった時、抵抗は最小であり、したがって、米国は最小コストで主要な勝利を収めた。

心理攻撃および防御

「攻勢心理戦」（心理戦攻撃）とは特別に準備された情報、それに付随したメディアおよびその他の発信源を通常的に使用して、敵の意思決定に影響を及ぼし、敵の戦闘意欲を減ずることである。その目的は勝利のコストを最小にするため、敵軍、その指導者、および国民の意志を動揺させることにある。[92] 理想的には、攻勢心理戦は戦わずして敵に降伏させることであろう。そのための各種各様な手段には心理的宣伝、心理的欺瞞、心理的抑止と威圧、および心理的影響と変質が含まれる。また、それは情報を配布しまたは効果を高めるために電子戦およびネットワーク戦を用いる。

「防勢心理戦」（心理戦防御）とは我の心理防御を強固にしつつ、敵の心理攻撃に反撃しまた回避することである。適切な防御には敵が実施しそうな心理戦手段に反撃することが必要である。敵の心理戦の取り組みはおそらく実際の敵対関係に先立って巧妙に開始されがちであり、また軍だけではなく政治、経済、文化、宗教、技術、および社会的要素を攻撃目標としているので、中国のアナリストは防勢心理戦を複雑なシステムエンジニアリングの一部門であり、長期の詳細なアプローチが必要であるとみている。[93]

電子戦とネットワーク戦が一体化された全体としてみられているのとまさしく同様に、多くの中国の文献が「ネットワーク心理戦」の存在を特記している。部分心理戦、それは心理戦を実施する手段としてコンピューターネットワークを含んでおり、宣伝の配布から心理的欺瞞と威嚇までをカバーしている。[94] 他の種類の心理戦のように、ネットワーク心理戦の究極目的は敵の意志を弱体化させまた敵の陣営に意見の不一致と問題を作り出すことである。同様に、人民解放軍は「電磁波空間」を物理、情報、および認知領域を融合するものとしてみている。[95]

情報戦の新生形態？　指揮統制戦および諜報戦

電子戦、ネットワーク戦、および心理戦に加えて、「指揮統制戦および諜報戦」に関する議論が中国の文献において大きく取り扱われるようになってきた。これは情報優勢の達成方法についての人民解放軍の見方が依然として進化していることを示唆している。

中国の「ハイテク条件下の局地戦」から「情報化条件下の局地戦」への重点指向の変化は、必ずしもすべてのハイテクが等しく重要ではない、すなわち、情報関連の技術は、第一義的に重要であるという人民解放軍の結論に関連している。同様に、成功裏に情報優勢を確立したいのであれば、中国のアナリストは指揮統制および諜報機能を実施するネットワーク、電子機器、および指揮官を高い優先順位に位置付けすべきであると結論付けているようにみえる。

実際、将来の情報化条件下の局地戦をシステム・オブ・システムズの紛争としてとらえる中国の概念を考えるならば、指揮統制戦および諜報戦に集中することは論理的な結果である。双方とも各種多様な他のシステムを一緒に結合し、それら自身がシステム・オブ・システムズである重要なノードを伴っている。したがって、指揮統制システムおよび諜報システムのいずれか一方または両方を攻撃し、低下させることは広範囲にわたる効果を生み出すであろう。

指揮統制戦

一体化統合作戦が将来の情報化条件下の局地戦の要石であるとするならば、各部隊の指揮統制を効果的に実施することはきわめて重要である。これらの部隊は宇宙空間およびネットワーク空間の仮想現実を組み込んだ戦場に拡散していくであろう。さまざまなシステム・オブ・システムズは効果的に指示されまた調整されなければならない。中国の分析では、指揮統制システムおよびネットワークは物理的および仮想的能力および部隊を効果的に使用するために円滑に運用しなければならないと結論付けている。[96]

中国の指揮統制の概念

中国は、「指揮関係」とは指揮官とその隷下部隊およびその指揮官の指揮下で作戦することを命ぜられた部隊との関係であると定義している。[97] 一般的には、それはどのようにして部隊が組織化され、組織上の関係が生じるかに基づくものである。たとえば、上級の指揮官が特定の部下に特定の任務や責任を付与し、組織を変更する場合など、指揮関係がより特定した目的のものとなる可能性がある。

中国は、「統制関係」とは指揮官とその隷下部隊および通常はその指揮官に従属していないが当該作戦領域内で作戦する部隊との関係であると定義している。[98] 統制関係は、作戦を実行する最高レベル当局からの指定に基づいている。『人民解放軍用語集』では、統制関係は、しばしば支援を提供する部隊の活動に関連するだけであると記述している。

中国にとって、指揮統制の最も重要事項は次のとおりである。[99]

◉指揮統制が行使される「最終目的と目標の設定」。
◉指揮統制を効果的に実施するための「情報の収集と評価」。
◉隷下部隊の「任務の決定と責任の明確化」およびそれらの部隊間の関係の決定。
◉設定された目的と目標達成の任務を実施する際の、隷下部隊の活動を律する「規則と制約の決定」。これには、ROE（交戦規則）を確立することが含まれる。

中国の概念は米軍のこれらの用語の定義に明らかに似ているが、一致してはいない。[100] 米軍は、「指揮」を「軍の指揮官が、階級や任務の効力によって合法的に部下に対して行使する権限」として定義している。

「指揮関係」は、「指揮系統上の指揮官によって行使される作戦上の権限と同様、指揮官間の相互関係の責任」と定義されている。さらに 戦闘指揮（指揮権限）、作戦統制、戦術統制、または支援として定義されている。[101]

「作戦統制」とは隷下部隊に対して、司令部および部隊を組織し、運用し、任務を付与し、目標を設定し、任務達成のために直接必要な権威のある任務を付与することを伴う指揮機能を行使する権限であると定義している。[102]

ＩＴの発展によって、現在、指揮官およびその幕僚は情報を共有し、一体化統合作戦に必要な指揮統制活動によりよい状態で従事することが可能となった。しかしながら、同時に、敵、味方にとって、指揮統制系統は優先度の高い攻撃目標になるであろう。

このジレンマは中国の指揮統制戦の概念の根底にある。中国がそれを定義しているように、「指揮統制戦」とは、電子戦、ネットワーク戦、心理戦、軍事欺瞞、および火力攻撃だけではなく我の計画と情報の防護を含む各種多様な手段を総合的に使用して、敵の指揮統制運用能力を攻撃しまた低下させることであり、他方、我に対する敵の同様な行為からそれらを守ることである。[103] 中国のアナリストは指揮統制戦を「情報紛争」を柔らかく表現したものとみている。[104]

指揮統制戦の台頭は統合作戦がもはや部隊が同じ物理空間において相互運用する物理的統合事象ではなく、その代わりに、情報がどのような軍種、指揮レベル、または作戦役割のすべての指揮官の間で共有される情報的統合を必要とするというより大きくなった中国の現状認識を反映している。[105] 実際、広範な情報源から得られる異なる種類の情報が、さまざまな司令部、幕僚、および要員によって結合されかつ相互に分析的に関連付けられるので、統合指揮統制系統内で情報が最も集約されまた融合されることとなる。[106] 指揮官と幕僚は情報化戦争の最終的なノードである。

理想的には、成功裏の指揮統制戦とは、敵が意思決定をし、指揮を実施し、また情報の流れを統制する能力に影響を及ぼし、それを損耗させ、また破壊することによって、敵が保有する情報活用能力を攻撃することである。敵は現場の戦況を理解できないであろう。たとえ、敵が理解できたとしても、その意思決定が遅らされまたその計画立案・通信能力が妨害されるであろう。これにより行動を計画し、状況の変化に対応する敵の能力を無力化する。最小限、主導権の確保のために我の取り組みに対して効果的に挑戦する敵の指揮能力を欠如させる。大成功した場合、指揮統制戦は敵を麻痺させ、屈服させることになる。

多くの方法では、指揮統制戦は情報優勢の確立における次の段階である。最初に述べたように、中国の将来の情報化条件下の局地戦に関する考えを基盤とした中核概念は参加部隊を横断する共有作戦状況図を構築している。これには情報の円滑な流れの確立が必要である。[107] 特に、中国の考えでは、さまざまな意思決定者（たとえば、各級指揮官および指揮系統）が状況を理解し、計画を作成し、またその実行を命令することを可能とするためには、さまざまな指揮統制要素の間でその流れが妨害されないようにする必要がある。このような方法によってだけ、利用可能な全資源を効果的かつ効率的に用いることができる。

指揮統制戦は、OODAループを効果的にするために必要な敵の情報の流れを断ち切ることによって、敵による効果的な指揮統制の実施を妨げることに努めている。指揮統制戦はさまざまなネットワーク戦の面を含んでいるが、それはコンピューターネットワークだけではなくそれ以上のものを攻撃目標としている。[108] むしろ、指揮統制戦の作戦は、国家戦略情報および指揮統制システムから戦場センサーに至る全体の敵の指揮統制システム群を混乱させようとしている。[109] 情報の円滑な流れが拒否された場合、効果的な指揮統制は不可能である。なぜならば、意思決定が正確になされ、迅速に配布され、また適切に実施されることができないからである。個々の部隊は知識の共有も、協同行動もできないし、ほとんど一体化されていない形態となる。それらは各個撃破に直面し、さもなければより大きな戦役に何の貢献もできないことになる。

重要な意思決定者に対する情報の流れを妨げることに加えて、指揮統制戦は正確な意思決定を妨げる。目標は部隊の効果的な統制を妨げることであるので、よい情報が利用できるとしても、悪い決定をさせることが指揮統制戦における成功の尺度である。中国のアナリストが述べているように、効果的な指揮統制能力は武器の情報化特性、長距離攻撃能力を活用し、または正確に判断しその判断を対処に変換するのに必要である。[110] 指揮統制戦はOODAループのすべての構成要素を攻撃する。

中国のアナリストは最近の「情報化条件下の局地戦」はすでに指揮統制戦の勃興を予示したものと確信している。2003年のイラク戦争に関するある人民解放軍の評価によると、米国は情報戦が敵の指揮統制および早期警戒システムに直接的に影響を及ぼし、「敵の統一された戦闘能力」を損耗し、また米国の作戦計画を円滑に実施するための条件を生み出したと認識しているとしている。[111]

その紛争において、米国の取り組みの主要な要素は、標的とするサダムおよび彼の最高顧問を含むイラク軍および政治指導層を斬首する取り組みであったと中国はみている。中国はこれが一般的に情報化紛争の基本的現実を、特に米国がどのようにそのような紛争を実施するかを反映しているものと確信している。「情報戦を企てる方針において……『斬首』の原則に従うべきである」。その原則とは次に示すとおりである。

◉最初に敵の国家指揮系統、統合軍参謀部、および戦域司令部を攻撃すること
◉戦場情報・偵察システム、情報管理センター、および意思決定ネットワークを含む敵の指揮システ

ムを麻痺させること
◉電話、無線およびテレビ放送システムを含む敵のすべての情報チャネルを混乱させること
◉敵が通信衛星を含む第三者の通信ネットワークを使用することを妨害すること[112]

他の中国の評価は同様に、どのような将来の紛争においても、敵は最初に武器管制・誘導システム（たとえば、防空ネットワーク指揮センター）、および兵站・防護システムだけではなく指揮統制ネットワークシステムに対して精密兵器および電子・ネットワーク攻撃を実施すると結論付けている。[113]成功の場合、斬首攻撃は指揮統制システムおよび関連する通信・情報システムを無力化し、また効果的に部隊を麻痺させてしまう。復旧は可能であるが、その間、統制と調整の喪失、および作戦上の有効性の全般的喪失によって大混乱が生じる。[114]

指揮統制戦は電子戦、ネットワーク戦、および心理戦の代役として描かれるものではない。むしろ、それは戦場監視、意思決定および指揮統制活動による情報を収集し活用して敵全体能力を減殺する等の方法と相俟って、我の情報優勢を達成させるものである。[115]

指揮統制戦は、ターゲッティングおよび防御のための指揮に関連する電子機器、ネットワークおよび心理戦を優先しつつ、さらに正確に焦点を当てられている。たとえば、指揮統制戦は依然として一体化ネットワーク電子戦方式を適用するが、敵の指揮官・幕僚を支援するネットワークおよび電子機器に集中して実施される。[116]インターネットによって生じた分散接続、および国家のコンピューターネットワークの一般的デュアルユース性は、ハッカーが論理爆弾を用いて攻勢情報活動を実施することを非常に容易にしていると中国はみている。[117]

同時に、指揮統制戦は、広範な情報戦概念のように、依然として物理的な攻撃と破壊を組み込んでいる。特殊作戦部隊、精密兵器、爆撃機と巡航ミサイルのような長距離攻撃プラットフォームは、電波妨害およびコンピューターウイルスとまったく同様に敵の指揮統制システムを低下させる有用な手段としてみられている。

諜報戦

敵の行動を適切に識別・対応し、対応する友軍部隊を割当・配備し、またその行動を効果的に調整するための指揮官の能力は適時に諜報情報（インテリジェンス）を獲得することに依存している。敵の意図する活動および計画を決定し、その特徴と特性を理解し、またその構成、組織、および人員を正確に分析することによってだけ、効果的に敵の指揮統制システムに目標を定め、効果的な攻撃が実施可能となる。[118] これが諜報戦の要諦である。

また、人民解放軍は「諜報戦」を「諜報闘争」と呼称し、相手から諜報情報を獲得しつつ我の諜報情報を防護する双方の取り組みを含むものとして定義している。[119] 諜報戦は指揮統制戦を補完するものである。なぜならば、諜報戦は指揮官およびその幕僚に適切な戦役計画立案と調整に必要な不可欠な情報を提供するからである。

人民解放軍によると、諜報戦は、狭義の意味で、情報を獲得するための軍事活動に焦点を当てられているが、敵の軍事だけではなく政治および経済状況についての情報も含むかもしれない。[120] 諜報戦は陸上ベース、水上と水中プラットフォームを含む海上ベース、航空ベース、および宇宙ベースであるアセットを含んでいる。[121] それは電子情報、信号情報、敵のさまざまなネットワークについての情報を含んでいる。また、それは収集された情報の正確かつ迅速な分析を含んでいる（より広義の意味では、政治、経済、軍事、科学技術、文化、または外交情報を含むほとんどすべての敵の状況に関する情報を獲得するためのどのような行為も「諜報戦」の一部として考えられている）。

目標とされた情報は、「情報戦」の狭義の意味においても、純粋に軍事を越えて経済と政治に及んでいるので、中国の「軍事活動」に対する言及は、その諜報が支援のために意図されている作戦の性向よりもむしろ従事している人的および手段の性向に関連している。

諜報戦の要素は次のとおりである。

◉敵軍と戦場条件の両方に関する情報の収集と分析
◉主な作戦方針の決定、情報収集の優先順位付け、および欺瞞の発効
◉情報収集の方法と目標の決定および欺瞞作戦の実施
◉誤りと誤解を招く指標と活動に関する計画の策定
◉そのような配布活動の組織的実施
◉そのような取り組み結果の監視および調整ならびに修正[122]

したがって、諜報戦とは、情報化条件下の局地戦に関連する一連の作戦行動の一部として、我のために情報を収集することおよび敵に対してそれを拒否することの双方を含め各種各様の政策、戦略、計画、および活動のすべてを包含したものである。

歴史上の戦争において、双方とも敵の位置、構成、計画、および能力に関してより多くの知見を得ようと奮闘し合い、他方では敵が同じことをするのを拒否することが見受けられる。しかしながら、情報とＩＴの拡散は非常に広範囲にわたってきており、この奮闘が戦争の分離形態の1つになってきたほどに情報の役割が非常に目立つ存在になっていると中国はみている。現在の指揮官は、ニアリアルタイムの諜報の活用によって、戦場を理解し情勢を作為する前例のない能力を持っている。[123] 諜報は紛争に先立って実施される主に支援する機能から進行中の作戦と一体化した部分に変化してきている。[124]

リアルタイムな情報の流れは諜報の迅速な活用、および進行中の統合作戦の中間修正を可能としている。結果として、諜報の獲得と拒否は決定的であり、戦略レベル（長い間問題であったように）だけではなく作戦上と戦術上の作戦支援において激しい戦いが存在することになる。諜報戦の一部であるすべての行動は、中国の見方では、さらに正確なインテリジェンスを適時な方法でよりよく収集し、他方敵が同じことをすることを拒否した上で、他の活動（機動、攻撃、および防御）と協同し、慎重に計画された方法で実行されるべきであると中国はみている。

指揮統制戦と同様に、諜報戦は特別な一連の能力と目標に向けての電子戦、ネットワーク戦、および心理戦に焦点を当てている。実際、諜報戦と指揮統制戦は基本的に補完的であり、密接に絡み合ったものである。

諜報戦は平和と戦争をまたいでいる

情報化戦争のペースは非常に加速され、また諜報要求は非常に大きくなっているので、諜報戦は敵対関係の正式開始まで待つことはできない。脆弱性は、それを十分に活用する場合、事前によく認識されていなければならない。また、敵の指揮系統と意思決定プロセスを明確にしておくことは、重要ノード、意思決定者、および潜在的な情報上の攻撃のための要衝（チョークポイント）を識別するために不可欠である。
敵についての広範な研究とその情報の綿密な分析によってだけ、そのような情報は導き出され得る。驚くことではないが、中国の分析は情報優勢を確立することは敵対関係が始まる前に諜報情報をうまく収集分析し、紛争の全期間を通してこれらの取り組みを維持する必要があると強調している。[125]実際、諜報戦はきわめて激しくかつ絶え間のないものであるので「諜報優位」を獲得するためには不断の情報収集、および偵察と対偵察活動の両方が必要であるとみられている。[126]
興味あることには、また、中国の文献は諜報戦が通常戦に対する抑止として機能できることを示唆している。現在、諜報戦は敵の目標を攻撃するだけではなく他の軍事作戦も支援している。たとえば、敵の意図または活動を暴露すること、その結果その計画を混乱させること、第三国または同盟国に疑いを生み出すこと、成功の見通しについて疑いを示すことによって優位性を創出するために諜報情報を用いる可能性がある。重要なことは、我の優れた諜報能力を明確に誇示することにより、「諜報抑止」または「諜報威圧」を企てることができることである。これは敵および第三者評価に影響を及ぼすための心理的圧力を作り出すことができる。[127]

重要な諜報戦の任務

諜報戦の成功とは敵情報を獲得するため、電子戦、ネットワーク戦、および心理戦を適用し、他方で敵に対してそれをさせないことである。

諜報戦を実施することにおいて、中国の分析では次のような追加的観点を重視している。

適時な形で信頼できる情報を獲得すること。一体化統合作戦に必要な諜報情報は明らかに信頼できるものでなければならないが、また、それはタイムリーでなければならない。諜報アセットは常に多様な条件下で敵の部隊、活動、および計画を見つけ出し、監視しなければならない。すなわち、このことは諜報とは昼夜かつ全天候下で陸上、海上、航空、宇宙およびサイバーを含むさまざまな情報源から収集されるべきものであり、またマイクロ波、赤外線だけではなく可視光、音、水質を含むさまざまな手段を組み込むことを必要とする。さまざまな収集法だけが全天候下での偵察と監視を支援できる。

重要なこととして、各種多様な収集プラットフォームやシステムは、欺瞞し情報を拒否しようとする敵の企てを困難にする。なぜならば、敵は各種多様な全手段を横断する情報を恒常的に拒否しなければならないからである。電子光学センサーに対抗することは1つの事象であるが、合成開口レーダー、赤外線センサー、および電子監視法から対象を隠蔽することはいっそう困難である。

諜報戦は、敵軍だけではなく戦場状況についても信頼できる情報を必要とする。諜報戦の重要な部分は、戦場環境に関する情報を収集し分析することである。気象および海洋情報は最新のものでなければならない。地磁気や重力場のわずかな変化を含む測地学データは、長距離のミサイル軌道に多大な影響を与える。水温の違いは、ソナー探知に影響を与える層と変温層を生み出す可能性がある。大気条件および宇宙の天候は、特に電離層反射ＯＴＨレーダーシステムだけではなく、無線およびレーダーの電波伝搬にも影響を与える可能性がある。

また、ネットワーク空間の仮想環境を把握する必要がある。新しいノードが追加されたり、パスワードが変更されたり、サーバーやルーターがオフラインになったりするため、これは平時でも困難である。敵のネットワーク空間は、いったん危機モードになると、急速に変化し、潜在的に脆弱性を低下させる可能性が高い。それまでの敵の脆弱性は、敵がより広範なインターネットに接続したり、以前に休止していたネットワークを再起させたり、または新しいセキュリティプロトコルを実装する場合には、もはや利用できなくなるかもしれない。

課報情報は迅速かつ正確に伝達されなければならない。諜報が成功するには、情報の迅速な収集と活用が必要である。この情報を適切に評価するためには、分析官がこのすべての情報にアクセスする必要があり、また、その評価結果は関係の意思決定者に迅速に転送されなければならない。この情報の流れは迅速かつ安全でなければならない、なぜならば収集、分析、および配布の間隔が長くなればなるほど、最終評価結果の精度と関連性が低くなるためである。[128]

特に敵の行動に直面した場合において、情報戦を成功裏に実施するためには、諜報ネットワークやシステムは、偵察、早期警戒、指揮、調整、および防護の要求を満たすのに十分な帯域幅を持たなければならない。[129] 収集者から分析官、または分析官から指揮官および幕僚にそれを送信する際に妨害された場合、情報を収集することはほとんど役に立たない。

諜報情報と関連ネットワークは防護されなければならない。諜報戦の要諦は、自分の情報が秘匿されていることを保証することであり、敵のアクセスを拒否することが最優先事項である。情報セキュリティ対策、たとえば、秘扱いの資料を隠蔽し欺瞞する措置は諜報戦の基本的な部分である。

さらに、通信とデータ中継の接続性および完全性を維持することは諜報戦成功の前提条件である。これらのネットワークは、敵の物理的、電子的、およびネットワーク侵入に対して安全でなければならない。同時に、これらのネットワークを介して送信される情報は、傍受だけではなく変更、削除を含む敵の妨害からも防護されなければならない。防勢的な一体化ネットワーク電子戦は諜報戦と密接に関連している。

防諜活動

諜報戦に関する中国の議論では、しばしば防諜活動が強調されている。自分自身に関する情報を阻止することは、敵の情報を得ることと同じくらい重要である。情報収集と阻止措置は調整されなければならないが、それらが協力して取り組む時は相互に支援している。したがって、たとえば、敵についての情報を収集する能力が優れていると、自分の秘密保全上の失敗や脆弱性が明らかになる可能性がある。

軍事情報に関する『中国軍事百科事典』２００７年版は、防諜活動の構成は2つ、すなわち攻勢的なものと防勢的なものがあると規定している。[130]

攻勢的な防諜活動には、敵の情報収集および分析ネットワークとシステムに対する攻勢作戦が含まれる。これの1つの要素は、敵を誤解させる意図的な取り組みである。謀略の概念は、指揮統制と諜報戦の両方において中心的な位置を占めている。確かに、それは2つの要素を結び付ける重要な連接である。

中国の文献によれば、効果的な諜報情報収集を通じて、敵の偏見や認識の盲点を特定することができる。[131] 欺瞞の計画立案と組織は、これらの脆弱性を利用して、欺瞞をより信憑性のあるものにすることができる。これは、ノルマンディー侵攻を支援する連合軍の欺瞞行為の成功の一環であった。ヒトラーとドイツの参謀の双方が、あらゆる侵攻は適切な港の確保を必要とすると確信していたため、最終的な侵攻目標地としてカレーに指向した連合軍の欺瞞行為は容易に受け入れられた。[132]

いったん敵の情報収集計画と活動が特定されると、攻勢的な防諜活動は、収集機材、諜報センターとネットワーク、および通信システムを攻撃することによってそれらを積極的に混乱させようとする。これには火力攻撃、一体化ネットワーク電子戦、工作員などが含まれる。しかしながら、これらと同じ行為、ネットワーク、およびシステムは、偽の情報と不正確な情報を敵の指揮官に伝える道であるので、このような混乱と攻撃は、注意深く調整されなければならない。

防勢的な防諜活動は、我の情報の保全、施設の防護、およびその他の敵の諜報情報収集の失敗を確実にするための手段から構成される。その目標は、自分の能力と意図について敵を誤解させることである。場合によっては、これによって過大評価され、他の場合には過小評価される可能性がある。ステルス、欺瞞、偽装は、伝統的な物理的隠蔽や迷彩と同様、電子放出や熱シグネチャの隠蔽に限界がある防勢的防諜活動のすべての側面を持っている。

敵が情報にアクセスしてそれを活用するのを防ぎ、それにもかかわらず敵が成功した場合、その被害を局限することは、防勢的防諜にとってきわめて重要なことである。したがって、中国は、データの暗号化と同様に電子とネットワークの欺瞞を防勢的防諜活動の重要な部分と考えている。[133] ネットワーク戦は、敵の社会全体に影響を与える可能性があるため、特に強い力を持っている。

攻勢的および防勢的防諜作戦の双方は敵の軍事意思決定者とより広範な社会を誤解させるために共に適切に協調行動をとらなければならない。[134] それらは相互に支援し合い、反駁しあってはならない。また、それは、より大規模な軍事作戦を支援し、最終的には紛争の作戦目標および戦略目標を達成させるために貢献しなければならない。

中国の情報戦の見方の評価

人民解放軍にとって、情報戦は第一次湾岸戦争以来出現したさまざまな異なる動きを持ち込んできている。それは工業化時代から情報化時代への進化を反映している。複数領域を横断して統合的に作戦し、さまざまな高度技術特にＩＴを組み込み、また大量の情報を同時に処理するために、統合的に作戦する必要性は、中国軍指導者に怖気づくような課題を突き付けている。これは、人民解放軍は１９７９年以来戦争を経験していないという。戦闘経験の欠如によってさらに拡大している。

人民解放軍はそれ自身を近代化しまた戦争の実施における主要な変化に対応するように努めてきたので、変化のペースに追従していない自分自身をしばしば認識してきた。人民解放軍は第一次湾岸戦争を評価してきたが、コソボにおけるＮＡＴＯ介入は、将来戦がどのように実施されるかという非常に異なるモデルを提供した。同様に、米国のアフガニスタン侵攻およびタリバンの掃討ならびに２００３年の米国のイラク侵攻は、それぞれ第一次湾岸戦争またはコソボ紛争において生起したこととは異なるパターンで推移した。

それにもかかわらず、これら以前の「情報化条件下の局地戦」の間での共通の特徴の周到な調査に基づいて、中国は情報優勢を確立することがそのような戦争に勝利することの鍵であると結論付けた。これらの紛争を結び付ける共通の特徴は情報優勢であると中国は考えている。情報の収集、伝達、および活用を最もよく支配できる側が勝利を獲得する側である。結果として、中国は情報優勢（たとえば、一体化ネットワーク電子戦）を確立する多様な行為を徹底して分析する実質的な取り組みに没頭しただけではなく、また戦時にそれらを行使することを念頭に置きつつ、平時において各種多様な情報作戦を実践している。

第5章

情報作戦——理論を実践へ

情報化戦争および情報戦に関する中国の概念は情報優勢を確立することを重視し、他方で同じことをする敵の能力を拒否することである。まず情報優勢は人民解放軍自身の軍事活動のための情報支援を必要とする。また、人民解放軍は敵に対する攻勢情報作戦を実施し、彼らが情報を活用する能力を拒否しなければならない。同時に、人民解放軍は自軍に対する情報支援の継続的利用を確実にするために防勢情報作戦を実施している。最後に、人民解放軍は情報作戦の範疇の一部としての情報抑止行動も実施できなければならない。

これらの情報作戦のすべては、陸上、海上、空中、および宇宙で相互におよび他の軍事活動と協力した形で実施される電子戦、ネットワーク戦、および心理戦の要素を組み込んでいる。情報作戦は兵站と防護作戦だけではなくより広範な攻勢および防勢行動を支援する。同様に、それらは陣地防御からゲリラ戦または機動作戦の範囲の人民解放軍活動に組み込まれるであろう。

情報支援作戦

情報優勢を確立するためには、中国のアナリストは高度の電子機器およびセンサーネットワークによって入手されまた作成される大量の情報を管理することが重要であると強調している。情報化条件下の統合戦役は円滑かつ効果的な情報の収集および活用を必要とする。これには意思決定者が使用できる包括的であるが正確な情報が必要である。

したがって、情報支援作戦はセンサーおよび通信装備を含む多方面にわたる一連の情報の収集、伝達、および活用手段を必要とする。また、すべての参加部隊と兵員が情報源にかかわらず利用できる情報にアクセスしまた使用できるように、それらは標準化されたデータベースの作成と情報蓄積および管理方法を必要とする。迅速な情報の審査と適用は統合戦役において不可欠であるので、このことはきわめて重要である。

戦況は変化するので、情報管理は柔軟かつ迅速に応答する必要がある。より陳腐化しやすい情報については、それが依然として戦闘の動向に関連している間に迅速に伝達する必要がある。同時に、入ってくるデータを混乱させ、不明確にしないため、古い情報を当該システムから除去しなければならない。情報の迅速な吸収と補充は情報優勢の確立と維持のための中心的なものである。[1] したがって、すべての参加部隊と兵員が情報源にかかわらず情報を使用できるように、統合戦役情報データベースの標準化が必要不可欠である。

軍事情報システムの構成要素[2]

人民解放軍の文献は人民解放軍が「軍事情報システム」をいくつかの異なる方法で分類していることを示唆している。1つは情報の流れの過程におけるシステムの位置による分類である。これには情報収集システム、情報伝達システム、情報管理システム、および情報表示システムがある。

情報収集システム

情報収集システムは指揮官に戦場展開を評価しまた適切な意思決定を行うための手段を提供する。これは陸上、海上（水中を含む）、空中、宇宙およびネットワーク空間領域を傍受する諜報（インテリジェンス）ネットワークを構成する。これは固定の情報収集サイトとレーダーから偵察移動体、情報収集艦・航空機、無人機、および偵察・ミサイル早期警戒衛星に至るまで広がっている。[3]

情報伝達システム

情報伝達システムは収集システムを分析官ならびに意思決定者および運用者と連接する。このシステムは通信ネットワーク、防空システムのデータネットワーク（地対空ミサイル、迎撃機、および対空砲を含む）、および兵站支援組織を含む。軍の政治的信頼度を監督する責任と同様に、人民解放軍を管理することも総政治部（総政治部は、2015年〜2016年の軍改革によって中央軍事委員会直属組織の政治工作部に改編された）の所掌であるので、総政治部は専用の離散情報伝達システム（連続信号を離散信号（デジタル信号）に変換して伝達するシステム）を持っている可能性がある。

情報管理システム

情報管理システムは生データを指揮官および運用者がそれに基づき行動できる有用な情報に変換する。このシステムは、さまざまな情報収集システムから得られた情報を結合、分類、蓄積、更新、分析、および調整する。また、情報管理システムは意思決定中の指揮官および幕僚を含んでいる。このシステムは軍事情報システム・オブ・システムズの中核である。これの円滑な運用は情報優勢を獲得する上で決定的なものである。

情報表示システム

情報は分析官と利用者の双方にとって有用な方法で表現されなければならない。したがって、情報をどのように表示するかを知ることは情報管理の重要な一部である。情報表示は言語だけではなく図形、表計算、および画像を含んでいる。民衆に依存して、また情報表示は情報配布の面（すなわち、政治戦行為に関連する）を含んでいる。したがって、情報表示はテレビ番組、映画、新聞、およびインターネット・コンテンツを含んでいる。

これとは別に、人民解放軍の分析官は支援を受ける任務と行動の種類によって情報システムを分類している。これらは指揮統制、情報（インテリジェンス）、監視、偵察、軍事通信、航法と測位、戦場支援と防護、および情報セキュリティを含んでいる。前章で詳述したように、指揮統制戦と諜報戦を実施する能力は、結局正常に作動しているこれらのさまざまな情報システム上に存在している。

指揮統制システム

これは軍事情報システムの最も重要なものであり、指揮官と幕僚が部隊を統制し戦闘を実施することを可能にするものである。一体化統合作戦に必要な指揮統制システムは指揮施設、戦闘支援と戦闘業務支援機能、および軍機能を補完するための民間アセットとの軍民連携を含む一連のサブシステムを含んでいる。心理戦だけではなく電子・ネットワーク戦も含む情報戦のさまざまな要素は、最終的には指揮統制システムとそれを補佐する人間に指向されている。

情報・監視・偵察システム

中国のアナリストは情報（インテリジェンス）指向の偵察システムと早期警戒監視システムを区別している。共にそれらは指揮官と幕僚に敵と戦況に関する情報を提供する。この情報には敵の配置と行動、その指揮所の位置、武器数と能力、および電子的・物理的特徴が含まれている。現代情報技術は、敵を監視し、多くの「戦争の霧」を取り払うために、諜報、監視、および偵察システムの新しい機会を提供していると中国は考えている。「諜報戦」の構成要素として、そのようなシステムは正確な指揮と意思決定のための中心事項であり、それの円滑な運用は一体化統合作戦を成功させるための要諦である。

軍事通信システム

通信システムは軍事作戦において長く中心的な役割を果たしてきたが、より広範囲にわたる作戦のペースを伴うより複雑な現代の戦場は通信の重要性を高めている。指揮官と部隊は、前者が意思決定するために十分な情報を受信し、また後者が命令を受けて作戦を調整する場合には通信回線を維持しなければならない。実際、一体化統合作戦の中核は部隊間の情報共有であり、部隊は通信ネットワークの円滑な運用を必要としている。

測位・航法・時刻同期システム

米国のＧＰＳおよび中国の北斗のような衛星航法の出現は全天候下、昼夜において航法と測位における先例のない精度を可能としている。これらのシステムは友軍と敵の位置を高精度で決定することによって中国の戦略指導思想において求められている精密攻撃および作戦を可能とする。重要なこととして、またそれらは周波数ホッピングの無線および他の安全な通信手段のような広範な機能のための時刻信号を提供する。驚くことではないが、中国は独自の衛星航法システムを実現することを決定した（２０２０年までに全地球規模で即位可能を目指して整備中である。すでに一部は運用している）。

戦場支援システム

戦場支援システムは物理的および電磁波戦場に関する気象、海象、およびその他の情報を提供する。変更の迅速な通知を含む物理戦場の完全な理解は、作戦上の決定に決定的な影響を及ぼすことができる。ナチスの計画者はシステム的にドイツの気象観測船と観測局を除去することによって、正確な気象予察をすることができなくなった。北大西洋および北米にわたる気象局にアクセスしている連合国の気象学者は英国海峡を襲っている嵐の発生を予測でき、それにより6月6日のアイゼンハワー大将のノルマンディー上陸敢行によるドイツ奇襲が可能となった。

防護・兵站システム

一体化統合作戦の迅速な作戦テンポを維持しまた参加部隊を高烈度の戦闘態勢に保つために、兵站支援および防護システムは全体の情報ネットワークと一体化されなければならない。人民解放軍は一体化統合作戦が医療、警察、輸送、および技術支援を含む情報化された兵站インフラを必要とすることを認識している。利用可能な文献から、総後勤部がそれ自身のネットワークを維持しているかどうかは不明である。総後勤部がする場合、人民解放軍作戦のために実質的な抗堪性を提供する（総後勤部は、2015年～2016年の軍改革によって中央軍事委員会直属組織の後勤保障部に改編された）。

情報セキュリティシステム

情報化戦争は情報システムとデータが安全に維持されることが必要である。中国のアナリストは、彼らの情報ネットワークがハードキルとソフトキルシステムの両方によって常に攻撃されているものと全面的に考えている。したがって、我自身の情報ネットワークとデータが敵の攻撃から防護されることを確実にするために情報セキュリティシステムは不可欠である。

情報支援システムは現代の能力のある情報装置およびネットワークだけではなく大量の人的資本を必要とする。中国のアナリストはたいていの指揮官が加工していない「生の」情報を見る必要があることはめったにないことを承知している。その代わりに、指揮官の幕僚は偽および関連性のないデータを除去しつつ最も不可欠な情報を見つけ出し、それによって指揮官に関連性のある行動可能な情報を提供するようにしなければならない。重要性を評価せずに、単純に事実を提供することは、役に立たないものと認識されている。[4]

したがって、情報（インテリジェンス）支援を含む成功裏の情報作戦の実現には適切に訓練された要員を幅広くプールしておく必要がある。情報分析官は情報優勢に必要な人材の広範なプールの一部としてのハッカーとサイバー民兵とともに人民解放軍のために勤務するであろう。

情報優勢の確立

人民解放軍はたとえ自分自身の作戦を必要な情報で支援したとしても、敵が情報を収集しまた活用することを防ぐために各種多様な攻勢および防勢情報作戦を実施する。これらの取り組みには、中国の取り組みへの妨害行為に対抗する防御だけではなく潜在的な敵に関する情報の収集、分析および活用も含んでいる。

中国の面からみると、情報優勢の確立を目的とした情報作戦は一体化統合作戦の一部である。情報作戦は陸上、海上、空中および宇宙の伝統的領域における作戦とも調整されなければならない。情報作戦は陸、海、および空軍だけではなく特殊作戦軍と宇宙軍を組み込んだものにしなければならない。情報作戦は政治戦行為を含んで、より広範な戦略レベル観点と一貫したものでなければならない。

人民解放軍は情報優勢を獲得するために多くの情報作戦を実行しようとしている。情報作戦は次に示すものから構成される。

◉情報偵察作戦

◉攻勢情報作戦
◉防勢情報作戦
◉情報防護作戦
◉情報抑止作戦

これらの任務のすべてについて、人民解放軍の責任はおそらく西側のアナリストが「軍事」と考えているものを越えて拡大している。これは特に攻勢と防勢情報作戦および情報抑止の目標形態を包括する情報偵察作戦に関しては事実である。これは「総合国力」という中国の概念の一端である。

中国は彼らの包括的国家安全保障をただ単なる軍事的要素ではなく経済的、政治的、外交的、および文化的能力さえも含む機能とみなしている。国家安全保障は敵の軍事的能力（武器性能、軍事ネットワークを含む）だけではなく経済的能力、ならびに政治的、軍事的、経済的、および外交的意思決定プロセスを理解することを必要とする。したがって、必要な場合、情報作戦はすべての範囲の目標に対して計画されなければならない。

人民解放軍は、共産党の軍隊および国軍として、中国の物理的な領土保全を守るだけではなくそれ以上の責任がある。人民解放軍は支配権力である中国共産党の役割に対する情報領域から生じる脅威を抑止し打破する責任もある。さらに、人民解放軍は総合国力を推進することを含む中国の安全保障を向上させる責任がある。

重要なこととして、情報作戦は「情報化条件下の局地戦」の準備を統一化した部分であるので、これは情報作戦がスタンドアローン行為ではほとんどないことを示唆している。すなわち、各種多様な種類の情報作戦での行動、特に情報偵察に集中されている限り、情報作戦はより大きな、より調整された行動の一部として計画される。

情報偵察作戦

現代戦は短時間または宣戦布告なしに生起可能であるので、中国のアナリストは平時と戦時の分離は漸次不鮮明になりつつあると確信している。戦闘準備はもはや戦争の前日まで待つことは不可能であり平時の活動の一部でなければならない。将来の統合作戦を支援するために、話題になっている軍情報の保全はきわめて重要である。ある中国の文献は情報偵察作戦が対応しなければならない5つの分野を次のとおり列記している。

- ◉情報作戦に関する敵の指針、計画、活動および配置
- ◉型式、配置、能力、および運用技法を含む敵の偵察監視システム
- ◉位置、幕僚要務、および能力を含む重要な敵の情報システムノード
- ◉攻勢および防勢情報作戦のための敵の方法、戦術、部隊、および手順
- ◉それぞれの側によって動員される可能性のある民間情報施設、装備、および要員[5]

その文献は必要に応じて国力の他の面に関する情報偵察だけではなく特に中国の統合戦役情報作戦に対する可能反応の積極的分析も必要としている。この後者の任務はしばしば中国の軍隊に帰属している中国の

経済スパイ活動に関する長期および広範囲に及ぶ報告と一致している。これは多くの「APT攻撃」（持続型標的攻撃）が中国のネットワーク攻撃部隊と関連している1つの理由である。そのような部隊は広範囲に及ぶ侵入および攻撃を実施している。すなわち彼らは必ずしもお金を盗み取る必要はないが、企業秘密または他の情報を窃取し、スパイ技法を実行している。[6]

非軍事目標に対する中国の軍事サイバースパイ活動

中国のサイバースパイ活動に関する多くの告発は中国軍と政府サイバー部隊が明らかに軍事や保全関連事項の情報に関連のないものについてもしばしば標的としていると述べている。報道されているように米国法務省は人民解放軍の61398部隊に所属する5名の中国の将校を（コンピューターセキュリティ会社マンディアントによってAPT1と命名されている）「コンピューターハッキング、経済スパイおよび米国の原子力、金属、および太陽パネル会社の6名の被害者に向けられた攻撃」で告発した。その将校は特に「国営企業を含む中国の競合企業に有益となる」情報の窃取で起訴された。[7]

米国だけが中国の経済スパイ活動の目標ではない。英国当局は銀行家およびビジネスマンに中国軍が積極的に彼らに対する電子的スパイ活動を実施していると警告している。[8] 2014年に発生したカナダ・コンピューターセキュリティ国立研究委員会への攻撃は人民解放軍の61486部隊によって実施されたものとある専門家は分析している。[9]

経済および技術スパイ活動のための軍用コンピューター専門家の明らかな関与は驚くべき

ものではない。なぜならば、それは国家安全保障上の人民解放軍の役割と一致しているからである。さらに、共産党の軍として、人民解放軍は中国を防衛するだけではなく中国共産党の指導的役割を維持する責任がある。発展する中国の「総合国力」が中国共産党の正当性を維持する必要不可欠な手段であるとすると、人民解放軍は自然に商業および科学領域における競合的優位の確立のために用いられるであろう。同様に、米国の「商業」機関の戦略と脆弱性に関する洞察を得ようとする行為は、法務省が告発しているように、人民解放軍が軍事的また政治的目標について得ようとしている同種の情報と目標以外はほとんど異なることはない。どのようなまたあらゆる敵の「戦略と脆弱性」を明確にすることは人民解放軍の仕事である。

　中国の見方では、他国との大戦略的競争を含む将来の紛争に勝利するための諸々の行動に不可欠でその前提条件となるものは、軍事と非軍事要素の両方を含む敵の総合国力をよりよく理解することから始めることである。また、中国のアナリストは民間および軍の情報ネットワークが「結合」または「融合」されたものであると確信しているので、情報優勢を確立するどのような行動も単に軍事ネットワークを含んだものではないことは明らかである。

　現代経済の相互に作用する性質は情報を収集することに対する広範なアプローチをさらに強く要求している。米国の二大航空会社であるアメリカン航空とユナイテッド航空のコンピューター予約システムに侵入した中国の行為に関する報告は、商業上の関心（たとえば、外国のコンピューター化された予約発券システムがどのように作動しているかを学ぶこと）、ヒューミントの関心（ある個人の旅行パターンを追跡すること）、または戦略的空輸の関心

（特に、民間予備航空隊の一部として起用される可能性のある旅客機の可用性を監視すること）によって動機付けされた可能性があるとしている。

同様に、心理学的なまた他の情報を必要とする場合、中国がアンセムおよびプリメーラ・ブルークロスのような保険会社を含むヘルスケア会社を標的とすることは、他の家族構成員に影響を及ぼす恐れのある不安定さだけではなく重要な個人の健康に関する機微な情報も提供するものである。出会い系サイトアシュレイ・マディソンのハッキングはリクルートまたはブラックメール関係者、軍人、およびメディア人物に関する情報を提供するであろう。

いくつかのケースにおいて、その目標は軍事情報でない可能性があるが、国家安全保障の明確な構成要素である。２００９年3月に、カナダのセクデブ・グループおよび情報戦モニター（ＩＷＭ）は「Ghostnet」を特定した。これは明らかに中国にあるコンピューターから統制された１００ヶ国以上のほぼ１３００台のコンピューターを使った大規模サイバースパイ活動であった。標的にはさまざまな国の外務省および大使館のコンピューターだけではなくダライ・ラマのような政治的人物もあった。[10]

中国のコンピューター運用者に関連するその他の集団および活動状況は次に示すとおりである。

Deep Panda

これは、また「Shell Crew」として知られるコンピューター運用者集団（ＡＰＴ）であり、それは少なくとも２０１１年以来米国のシンクタンク、財務機関、および国防業界を標的としている。また、それらは米国の健康保険会社であるアンセム、およびイラクの安全保障情勢を分析している米国の専門家を攻撃していると特定されている。[11] また、その集団は彼ら自身の使用のために世界中のサーバーに侵入し、それらを乗っ取ることによって大規模な仮想プライベートネットワーク（VPN）を作り出していると信じられている。これは、すなわち、正規の組織またはネットワークを装いながら各種のネットワークへの侵入を仕掛けるためにVPNを使用することを含んでいる。[12]

Icefog

これは多くの台湾、韓国、および日本のコンピューターを感染させたと信じられているコンピューター運用者集団（APT）である。それらの標的には政府機関、マスメディア、ハイテク会社、通信運用者、衛星運用者、造船所および海事関連会社、ならびに軍契約者が含まれている。フィッシングメールおよび感染した添付ファイルによって、Icefogのコントローラーは感染したシステム上でコマンドを実行させることを可能とした感染コンピューターの基本システム情報をアップロードすることができる。攻撃者は、ファイルを盗み取りまたあるタイプの（データベースコンテンツにアクセスすることを含む）サーバー上でコマンドを実行することが可能である。いくつかの他の攻撃と異なり、Icefogによって感染したコンピューターは自動的にファイルをダウンロードせずにその代わりにその都度指令される。さらに、Mac OS Xを走行しているアップルマシンの感染は数百件記録されている。Icefogの活動は2011年に最初に特定された。[13]

NetTraveler

このプログラムは40ヶ国にわたり少なくとも３５０の被害者に感染させて発見された。これら被害者には、チベットおよびウイグルの活動家だけではなく、政府機関、シンクタンク、石油・ガス業界、航空宇宙会社、大使館、および軍契約者も含まれている。フィッシングメールおよび感染した添付ファイルによって、NetTravelerプログラムはバックドア取り付けの標的とするコンピューターにアクセスし、そして米国、中国、および香港の指揮統制サーバーに圧縮データファイルを定期的にダウンロードしている。それが２００４年の明確な運用開始以来、少なくとも22ＧＢのデータが密かに抜き取られている。[14]

Night Dragon

これは２００８年または２００９年に始まった石油および石油化学を標的としていると確信されるコンピューター運用者集団である。その構成員はギリシア、カザフ、台湾、および米国の指導者層のアカウントに対するアクセスを獲得したものと確信されている。攻撃者は市場インテリジェンス報告および生産システムの詳細だけではなく、企業データベースに対するアクセスも得ようとした。また、彼らはネットワーク内のすべてのコンピューターのコンテンツへ完全にアクセスできるシステム管理者と彼らとを等価にしてしまう遠隔管理ツール（ＲＡＴ）をアップロードしようとした。[15]

Operation Aurora

２００９年12月に、グーグルはアドビを含む20～30の会社とともに、企業ネットワークを標的としたきわめて高性能化された攻撃を受けた。攻撃者はこれらの企業からグーグルのGmailサーバーに対するアクセスを含む特許情報を獲得しようとしていた。この攻撃は、グーグルの中国におけるさまざまな運用制限（国民がグーグルの中国版を使用したインターネット検索結果を検閲することを含む）と関連付けて、当該企業を中国市場から撤退するように仕向けた。[16]

Operation Shady RAT

２０１１年にマカフィーセキュリティシステムによって特定されたものである。このマルウェア侵入は、東南アジア諸国（ＡＳＥＡＮ）同盟の事務局だけではなく、国際オリンピック委員会、および西側シンクタンも含む多様な標的集団から情報を獲得するためのＲＡＴの使用も含んでいた。[17]

Titan Rain

これは広東省を基地としているコンピューター運用者集団であり、彼らは報道されているように米国および他の政府コンピューターを標的とし、２００３年に開始して少なくとも２００５年は年間を通して運用している。２００４年のある晩に、これらの攻撃者は報道されているように米陸軍情報システムエンジニアリング司令部、国防情報システム局、米海軍海洋システムセンター、および米陸軍宇宙戦略防衛設備に攻撃を仕掛けた。[18] それはByzantine Hadesとして知られる一連の侵入におそらく結び付いており、明らかに米軍事プログラムを標的としていた。

もう1つの中国の文献は、次の10項目にわたる情報偵察部隊の主要任務を列挙している。

◉敵の情報作戦の計画、原則、技法、および部隊を理解することならびにその位置および展開を確定すること
◉敵の情報作戦部隊、情報資産、およびサーバーファーム（多数のサーバーを集積したもの）のような重要なノードを含む関連ネットワークの組織、配備、および最大の脆弱性を確定すること
◉敵の対システム戦闘部隊、早期警戒システム、指揮所、および通信ネットワーク・支援部隊の情報能力（および一般能力）を追尾すること
◉気象、電磁波、海象、および他の条件を含む潜在的な戦場の自然条件を測定すること
◉動員できる可能性のある民間の情報組織、情報資産、および情報施設を確定すること
◉敵の軍および民衆の心理的姿勢を理解すること。特に重要であることは情報作戦部隊および指揮官の考え方、趣味、および特徴・性格である。[19]

人民解放軍はこの一連の目標に対する情報偵察活動を実施する任務を与えられているので、潜在的な敵の軍事ネットワークおよび施設の単純偵察よりもより重い責任がある。この拡大された一連の情報偵察目標は「総合国力」を反映した情報化戦争とさらに相互に作用する性格を反映している。

国力は軍事能力だけではなく、経済、政治、および他の要素にも依存しているので、人民解放軍がそれらのすべてについての状況認識を維持し、必要な場合にはそれらに対して行動することが不可欠である。

戦略的には中国が敵の広範な国家組織を情報攻撃（たとえば政治戦）のきわめて重要な目標とみなしているように、戦術的には人民解放軍は軍事ネットワークおよびシステムを危険状態以下に維持する責任がある。

敵の財務ネットワークを混乱させることは彼らの長期の持続性を弱体化でき、その結果生じる混乱への一時的な対処のために敵の軍事および政治資源を振り向けさせることになる。専用の軍事ネットワークは情報化戦争が必要とする大量の情報を取り扱うことがほとんどできないので、民間の通信基盤にある程度依存することになる。これは中国が必ず敵の財務または民間通信ネットワークを攻撃するであろうということを意味していない。しかし、それは、人民解放軍が必要な場合そうすることを準備しているということを示唆している。すなわち、このことは、そうするための命令を出すべきであるならば、人民解放軍はそのようなネットワークに対する成功裏の攻撃に先立って必要な情報（インテリジェンス）を集めなければならないことを意味している。

２０１０年4月の事象は非常に大規模な情報偵察の可能性を生起させた。中国の最大の電気通信事業者の1つである中国テレコムは電子的にそのシステムがインターネット・トラフィックに関して優先権を与えられた中継路であることを発表した。18分間、およそ3万７０００の中継路、すなわち世界合計の約10パーセントは中国テレコムのネットワークに従ってリダイレクトされた（いくつかの最新の報告が示唆しているように、これは世界のトラフィックの10～15パーセントが中国テレコム経由であることを意味しているのではない。ある中継路は非常に重く、またある経路は軽いトラフィックであった可能性がある）。そのネットワークを通過するどのような情報も脆弱であったであろう。「それらのサーバーの運用者はその時刻にそれらのサーバーを通過する暗号化されていない電子メールおよびその他の通信を読みとり、削除し、または編集することが可能であった」[20]。この事象は間違いであると評価された一方で、中国の情報戦士が情報にアクセスできる手段の1つであることを示唆している（それは認識されているけれども）。

それにもかかわらず、人民解放軍に対する軍事的挑戦および情報化条件下の局地戦を戦う必要があるならば、伝統的な軍事目標は依然として優先度が高い。したがって、軍事作戦の支援における情報偵察活動は依然として軍事関連ネットワークおよび情報という狭い範囲のものを含んでいる。

中国のアナリストはこれらの情報偵察の取り組みを収集されたデータの型式よりもむしろ用いられる手段によって主に分類しているようにみえる。したがって、情報戦が電子戦、ネットワーク戦、および心理戦に分けられるのと同時に、中国の文献は情報偵察を広義に次のように分類している。すなわちレーダー主体の偵察を含む電子偵察、通信とデータ偵察行動およびコンピューターネットワーク偵察を含むネットワーク偵察、および心理または人的要因偵察である[21]。

「電子偵察」は敵の電子放射の運用周波数を特定しまたそれらの能力を評価するために、各種多様な探査および傍受を含んでいる。また、それは潜在している戦場における電子的手段による情報収集を含んでいる。電子情報偵察は敵の通信システム、すなわち電気・光学、赤外線、およびその他のセンサー、敵の潜水艦および水上戦闘艦のソナー特性のような水中音響情報およびその水中武器能力も標的とする。

また、電子偵察は位置、周波数、システム能力、および戦術的運用ドクトリンを含む敵のレーダーシステムに対して特に注目しているようにみえる。中国の各種教材において、レーダー特性は情報偵察に関して特に優先度が高い。

同時に、中国はレーダー主体偵察を最も重要な電子偵察の要素の1つとして扱っている。これは、航空機レーダー、超水平線（OTH）レーダー、地上監視レーダー、対砲迫レーダー、および陸上、海上、および空中環境の全天候、リアルタイム偵察・監視を実施するものも含む各種のレーダーを使用している。遥感衛星（地球観測衛星）シリーズのような合成開口レーダー（SAR）利用の増加は中国の沿岸からさらに遠距離へのレーダー主体偵察を支援している。高解像度画像衛星と対になった強力なセンサーとの組み合わせはインフラ、軍隊等を分析するために作成されている。

「ネットワーク偵察」活動は敵に関するインテリジェンス情報を収集するためにコンピューターネットワークおよび戦場センサーネットワークを用いる。中国はこの活動を最も共通的かつ最も重要な情報偵察活動の形態の1つとして評価している。[22] 通信およびデータ偵察は特に重要であり、無人航空機（UAV）を含む、航空、宇宙、海上、および陸上プラットフォームによって収集される電子情報（ELINT）、信号情報（SIGINT）、およびマジント（MASINT）データを含んでいる。中国の文献はその目的によって通信とデータ偵察を電子偵察と区別している。電子偵察は特定のプラットフォーム特性を識別するのに対し、通信とデータ偵察の行為は指揮統制システムの構成を特定し、部隊がいつ、どこに展開しつつあるかを特定し、さらに各種多様なプラットフォームを管理する広範な組織構成の図表化に方向付けられる。

また、ネットワーク偵察は敵のコンピューターネットワークに侵入し、それを地図化するものである。これは、信頼されている内部者を通してであれ、またはハッキングであれ、暗号解読であれ、実際にコンピューターネットワークに侵入するだけではなく、敵のコンピューターのハードウェア、ソフトウェア、およびネットワークについてのオープンソース情報を活用することも含んだものである。コンピューターネットワーク偵察は重要な敵のコンピューターネットワーク、通信プロトコル、ネットワーク管理技法と手順、ネットワーク調整メカニズム、セキュリティプロトコル等を識別している。また、それは調査、代替、または除去のために文書および他のデータを特定しまた抽出している。

ネットワーク偵察活動はオープンソース情報を組み込むことができるが、コンピューターネットワーク偵察は公に利用できない情報に集中している。[23] 特に、これはコンピューターウイルス展開を含む戦時のコンピューター攻撃を支援するために、敵のコンピューターネットワークの特性と脆弱性を明確にしようとする。「これらのタイプのインテリジェンスを把握することによってだけ、敵のネットワークを攻撃しまたは防御の実施に焦点を当てた『ウイルス』の研究開発に集中できる」[24]

また、中国の情報偵察作戦は「心理偵察」を含んでいる。これは攻勢心理作戦によって用いられ得る個人および集団の心理的態度における弱点を特定する。これは詳細な経歴、家庭環境、および経歴上の主要事項についての基礎情報を収集することを含んでいる。さらに、重要な敵の将校および政治指導者についての心理偵察は、彼らの自尊心、政治的見識と信頼度、および戦闘行動を特定しまた評価しようとするであろう。

また、心理偵察はこれらの将校のさまざまなソーシャルネットワーク内での立場と習癖および意思決定構造を特定しようとするであろう。これは彼らが執筆した個々の本および記事の公開報道を読んで分析し、私的な文書と他の情報（たとえばソーシャルメディア）を調査するだけではなく彼らが提供してきたインタビューを見る必要がある。また、それは、可能ならば、彼らの心理的特質に関してよりよい「感触」を得るために、特定の人物と交流することを含んでいる。

個人が属しており、各種の情報と電子ネットワークのもととなり、支援している広範なソーシャルネットワークの特徴を特定することにより、個人についての心理的情報を補完できる。「ビッグデータ」とデータ分析の組み合わせは、だれがだれを知っているか、まただれがだれに報告するかのような人間関係ネットワークをアナリストが特定することを可能とする。

また、心理偵察は心理的防御を構築するための行動を含む敵の心理戦訓練を理解しようとしている。特に、平時の心理偵察は注意深く主要な事象に対する敵の反応を分析している。それらの事象には、政策だけではなく、民衆の考え方、慣習、論法、および一般認識を含んでいる。平時においてこれらの要素を識別することは戦時において効果的に攻撃ラインを展開するのに不可欠である。

攻勢情報作戦

攻勢情報作戦、または情報攻撃は、あらゆる統合作戦の開始行動であり、情報戦の主要な技法である。[25] それらは、敵を盲目にし、聞こえなくし、また口のきけない状態にするために特に指揮統制システム、情報システム、および諜報システムに関連した敵の情報資源に対する攻撃を含んでいる。

攻勢情報作戦は敵の情報収集、伝達、および管理システムを阻止し、混乱させ、低下させ、または破壊する。その目的は敵の意思決定能力を低下させ、それにより軍事作戦実施能力を妨げ、遅滞させることにある。[26] 人民解放軍の分析官は攻勢情報作戦を情報優勢の確保、主導権の獲得・維持および最終的勝利獲得のための必要不可欠な手段であると考えている。

敵の情報資源はシステム・オブ・システムズの一部であるので、攻勢情報作戦は全体論的にみられている。それらは伝達手段、データベース、および鍵となる意思決定者と意思決定組織（たとえば、幕僚）に対する攻撃だけではなく、情報収集システムに対する攻撃も含んでいる。したがって、それらは敵の情報システムを攻撃するために電子干渉、電子欺瞞、コンピューターネットワーク攻撃、物理的攻撃、および心理的攻撃を含む広範な活動を含んでいる。

攻勢情報作戦を実施する時に、最も重要な任務はすべての敵の情報作戦を混乱させることである。優先事項の1つは効果的な情報の収集、伝達、および活用のための敵による情報ネットワーク活用を妨げることである。特に重要なことは偵察・早期警戒ネットワーク、指揮統制・通信システム、および防空・弾道ミサイルシステムである。電子・ネットワーク攻勢作戦は、相乗効果を最大にするために心理的攻勢作戦と火力攻撃との組み合わせでなければならない。また、各種攻勢情報作戦は宇宙、空中、および海上領域の取り組みを支援して、全般統合戦役の部分作戦を補完しなければならない。

理想的には、中国の攻勢情報作戦は敵の周辺に情報封鎖を強いるものである。敵の情報の収集、分析、伝達および活用の能力は、たとえ個別システムがほぼ正常に機能していても、その全体的な状況認識がひどく損なわれるほどのシステム低下が生起するであろう。同様に、個別部隊が依然としていくらかの実効性を維持しても、中国の行動に対抗するための協同作戦能力を持つことなどは、さらに情報優勢または戦場主導に関して人民解放軍に挑戦するのではないが、はかない望みである。

攻勢情報作戦のための重要考慮事項

中国の文献は、攻勢情報作戦の実施において、指揮官は確固たる考慮事項を堅持すべきであるとしている。[27]

攻勢情報作戦はより大きな統合作戦において指導的役割を果たすであろう。統合作戦はさらなる情報支援を必要とするので、情報優勢を確保することは最優先事項でなければならない。したがって、統合戦役司令部は情報優勢を獲得しまた維持するために完璧な準備をしなければならない。攻勢情報作戦を実施することは将来の一体化統合作戦における開始行動になるであろう。攻勢情報作戦は情報戦の一部である電子戦、ネットワーク戦、諜報戦、心理戦、および指揮統制戦のような攻勢作戦を含んでいる。

攻勢情報作戦は紛争の全経過期間を通して必要である。攻勢情報作戦は、成功を確実にさせるその他のすべての戦役活動を支援するのに必要である。実際、「すべての作戦活動および作戦環境は攻勢情報活動の支援と保証を必要とする」と言い得る。[28]さらに中国は、情報優勢は動的であって静的なものではない状態であると確信している。この2つの側面が相互に絡み合うので、敵との不均衡を維持し、敵の情報作戦を低下させる正規の情報作戦を立ち上げることによって、情報優勢を達成しようとする敵の試みに対抗することが常に必要となる。

攻勢情報作戦は将来の情報化条件下の局地戦のすべての要素に浸透していくであろう。中国は攻勢情報作戦が特定目標、特定武器、特定戦場地域、または特定期間に限定されるとは考えていない。その代わりに、そのような作戦は一体化統合作戦の基盤的部分であり、またそれ故、電子戦、ネットワーク戦、および心理戦活動はその他のすべて戦場活動に統一化されるであろう。したがって、攻勢情報作戦はより広範な攻勢および防勢作戦の一部であり、陣地防御、機動作戦、ゲリラ戦または非正規戦作戦に組み込まれ、また前線での戦闘だけではなく兵站および防護活動の一部でもある。逆に言えば、中国は情報作戦が単独で生起するとは考えていないようである。すなわち、人民解放軍はそれに付随する動的活動を伴わないで、攻勢情報作戦だけを実施するという証拠はない。攻勢情報作戦が優勢である作戦の局面が存在するとしても、最初に敵が迅速に譲歩しないならば、その他の軍事作戦がまた生起するであろう。

これらの考慮事項は、敵の情報システムに対する攻勢電子作戦、攻勢ネットワーク作戦、攻勢心理作戦、および情報・火力一体攻撃を含むすべての攻勢情報作戦の一部であるべきである。

攻勢電子作戦

情報優勢を確立するための初期行動の1つは攻勢電子作戦であろう。中国はそれが紛争の方向と成果を決定する上で決定的であると確信している。[29] 電磁波スペクトラムを支配する能力は友軍が敵よりも情報をさらに自由に収集、伝達、および管理することを可能にし、結局、陸上、海上、空中、および宇宙領域の支配に導くものである。

攻勢電子作戦は強烈で、優勢を確立し、友軍部隊と活動との間の干渉を最小にするために、全参加部隊（電子戦部隊だけでない）間の広範囲にわたる調整を必要とするものである。攻勢電子作戦における重要な活動は、電子干渉、敵重要システムの物理的破壊および電子欺瞞を含んでいる。

攻勢電子作戦を企図する中国の指揮官はある指導原則に従っているようにみえる。[30] 中心的テーマは統一指揮の下での注意深い、広範囲にわたる計画の立案である。電子戦攻撃行動は少なくとも初期においては統合作戦計画の他の要素と一体化された、注意深く策定された計画に従うであろう。中国の電子システムは敵のシステムが攻撃されると同時に作動すべきであるので、電波妨害システム（特に帯域妨害）および友軍への放射は相互干渉を排除しなければならない。同様に、いくつかの敵の電子ネットワークは友軍ネットワーク戦部隊によって侵入される可能性がある。そのようなシステムを物理的に破壊することはインテリジェンスの情報源を閉鎖することになるか、または攻勢ネットワーク作戦を用いることよりも役立たない可能性がある。純粋の電子戦に焦点を当てたアプローチよりも一体化ネットワーク電子戦および情報・火力一体戦を適用することが不可欠である。

中国の見方によれば、電子システムとは放射アレー（アンテナ、レーダーディッシュ）、すなわち、送受信装置および信号管理技術（主としてソフトウェア）を含んだものである。攻勢電子作戦はこれらの要素のどれかまたはすべてに影響を及ぼすそのものである。[31] それぞれのケースにおいて、中国はアクティブまたはパッシブ手段の組み合わせを企図し、ハードキルおよびソフトキル技術を敵の作戦能力を低下させまた混乱させるためのそれぞれの構成要素に組み込んでいる。[32]

中国の攻勢電子作戦は自分自身を防護しつつ、敵のレーダーネットワークに集中する。敵のレーダーネットワークに対抗することは、それらを妨害するだけではなく破壊することも含んでいる。中国はロシア製のＫＨ－31（ＡＳ－17クリプトン）の中国版であると信じられているＹＪ－19、およびＣＭ－１０２のような一連の対レーダーミサイル（ＡＲＭ）を製造している。後者は報道されているように国産で設計された、7メートルの精度を持つ超音速ミサイルであり、固定陸上サイトだけではなくイージス・システムのような艦載レーダーもターゲッティングできる能力を持っている。[33]

また、敵のレーダーシステムに対抗する行動は、まず、最初に敵のレーダーシステムによる探知の回避手段を含んでいる。中国の戦闘機および水上戦闘艦の両方はそれらの設計にステルスを漸次一体化しており、またそれらの製造に低観測可能材を組み入れているものと信じられている。また、対レーダーシステムには、欺瞞経路設定、それらのレーダーシグネチャが変更される目標プロファイルの修正、またはその目標識別、方位、および意図について敵のレーダーネットワークを欺くような戦術が含まれる。

攻勢電子作戦のもう1つの優先度の高い目標は敵の通信ネットワークである。指揮統制戦および諜報戦の中心となるものは円滑な通信であるので、それらを混乱させることは最重要事項である。それらのネットワークに対する攻勢作戦には、帯域妨害および抑圧的な行動、すなわち物理的と電子的手段の両方を含む個別サイトとノードに対する集中攻撃や、ある通信経路を阻止してしまうような全体ネットワークを低下させる広範にわたる行為が含まれる。

精密に目標を攻撃するだけではなく、広大な区域にわたる部隊移動を調整する能力は、常時、正確なデータを提供する現代の航法システムに依存している。正確な航法情報に対する敵のアクセスを拒否または妨害することによって、武器の運用ならびにより広域の戦術的および作戦的機動の両方を混乱でき、それらの実効性を顕著に低下させる。

航法システムに対する攻勢情報作戦は、偽の航法情報を提供しまたは航法データ源を破壊することによって航法システムを妨害し、作動不良にすることを含んでいる。中国はさまざまな商用ＧＰＳ妨害器を販売している。２０１４年に、米国連邦通信委員会（ＦＣＣ）は瀋陽のＣＴＳ技術会社が米国内だけでも３００のＧＰＳ妨害器のモデルを販売しているとしてこの会社を告発した。[34] また、中国は追跡、テレメトリ、およびコマンド（ＴＴ＆Ｃ）ネットワーク、またその衛星ミッション管制センターなどの敵の航法衛星群に大量の攻撃を仕掛けることができる。

そのような優先度の高い目標に対して、人民解放軍の文献は最適利用可能部隊に委ねる必要性を強調している。中国は電磁波スペクトラムにおける恒久的な優位を確実にすることを期待していない。その代わりに、彼らは、部隊が侵入でき、または他の方法により無妨害で作戦できる隙間帯を獲得する枢要な優勢期間を作り出すことを望んでいる。これは最適な部隊、武器、および能力の集中による局地優勢状況の生成に依存するであろう。[35]

攻勢ネットワーク作戦

一体化ネットワーク電子戦と呼応して、攻勢ネットワーク作戦は攻勢電子作戦を補完する。中国の攻勢ネットワーク作戦の概念は米国のコンピューターネットワーク攻撃の概念とは完全には一致調整していない。米国は、コンピューターネットワーク情報窃取、すなわちサイバースパイ活動はしばしばコンピューターネットワーク攻撃とは別のものであると考えている。後者はデータまたはオペレーティングシステムの破壊または改竄を含むものと仮定され、盗聴またはスパイ活動とは異なるものである。しかしながらこの差異は最後の瞬間まで区別できない可能性がある。

一方、また中国のアナリストは、ネットワーク偵察作戦と攻勢ネットワーク作戦との間の区別は単純に2～3の重要なキー入力またはコード行の事象に過ぎないものであるかもしれないことを認識している。しかしながら、そのアナリストは、ネットワーク偵察活動と攻勢ネットワーク作戦との間の絶対的な区別をしないで、一般的にさらに複合的にコンピューターネットワーク作戦をみている。いくつかのタイプの偵察活動（たとえば、重要な人物の識別、ネットワーク地図化）は攻勢ネットワーク作戦のために必要であるかもしれないし、一方敵のネットワークに侵入する積極手段のような攻勢ネットワーク作戦は、さらなる偵察活動への道を切り開くものである。

ある中国のアナリストは攻勢ネットワーク作戦が4つの明確な目標を含み、それぞれが異なるアプローチを含んでいることを示唆している。[36] 第一はセキュリティの「壁」に侵入し、指揮統制システムのような重要な情報ネットワークを防護するファイアウォールおよび他のセキュリティ障壁を破ることである。パスワードを奪取するためにフィッシング攻撃を実施すること、すなわちトロイの木馬、バックドア、およびセキュリティシステムに移植された脆弱性を活用すること、またはファイアウォール経由またはその下でトンネルする仮想プライベートネットワーク（VPN）を利用することは潜在的にはさらなる確固とした方策のための基礎となるネットワーク攻勢作戦ポートフォリオのすべての部分である。

もう1つの方法は、全体として統合・一体化されて運用される敵のネットワークを阻止するため「ネットワーク」を切断することである。ネットワーク運用を阻止することによって、敵の戦闘部隊および戦闘活動は効果的に情報を共有しまたは活動を調整できない。異なる国軍（多国籍軍を立ち向かわせる場合）または異なる軍種（たとえば、統合軍司令部に仕える軍種）を連結するノードは特に脆弱である。そのようなネットワーク構成要素を妨害することは戦術隊形の構成要素を妨害することよりもより大きな衝撃を与えるので、高い優先度にすべきである。[37]

また、システム・オブ・システムズ構成はネットワークの「資源」を弱体化することによって攻撃され得る。通信支援、電力、その他の関連するシステムを攻撃することによって、より大きなシステム・オブ・システムズは電気、通信回線等を奪われ、潜在的には停止してしまう。同様に、敵の偵察および早期警戒システムを攻撃することによって、敵は情報を得ることができず、状況の進捗を指揮官が関知させないようにしてしまい、それ故対応に対する調整ができない。

またネットワーク制御のための「ポイント」を確保することによって重要な戦果を得ることができる。敵のネットワーク部分をあらかじめ停止または制御できる場合、その時点で全体システムを停止することが可能である。すなわち、システム・オブ・システムズ全体に影響を及ぼすことになる。理論的には、アクセスを獲得後ネットワークのすべておよび一部を直接制御できることになる。制御のレベルに依存して、これはネットワークの正常機能のいくつかまたはすべてを自分の思いのままに効果的にしてしまうことができる。これらの一部は停止させられ、特にシステム・オブ・システムズ構成内の他のネットワークを攻撃するために使用される。

外国のネットワークを制御し、少なくともそれに影響を及ぼすことが2010年に誤って立ち上げられた。3月3日〜25日に、中国の検閲規則に従って、中国を基地とする中継サーバー（インターネットをサポートしている基幹サーバーの1つ）は、フェイスブックおよびツイッターのような禁制サイトの問い合わせに対して不正確なアドレスを返した。これはおそらく中国のインターネット利用者に影響を及ぼす一方、最終的にそれは多くの韓国、豪州、およびインドネシアの利用者にも影響を及ぼした。[38] フェイスブックおよびその類の計画の外国利用者は実効的に彼ら自身の国々において中国の検閲下に置かれた。この事案は一般に事故として扱われているが、それが攻撃可能方法の1つであること、すなわちこのようなリダイレクションが故意に実施されたに違いないことを暗示している。

また、さまざまな「ポイント」のハードウェア構成要素を損傷するためにネットワークアクセスを活用することが可能である。たとえば、イランの核再処理施設に対するスタクスネット攻撃は、遠心分離器を次々と故障させるソフトウェアを監視制御データ取得システム（SCADA）に挿入することを含んでいた。[39]

そのような行為はさまざまなタイプのコンピューターマルウェアを使用することによって容易に実施され得る。1980年代のコンピューターウイルスの出現以来、コンピューターマルウェアは着実にさらに危険なものになってきている。人民解放軍のある評価によれば、マルウェアを単一機械またはネットワーク全体を破壊および麻痺できる「破壊兵器」として記述している。これは大まかに次の4つに分類できる。

◉ネットワークを麻痺できるワーム
◉部外者をネットワークに侵入させるトロイの木馬
◉ウイルスを放出しまた他の負の効果を作り出すことができる論理爆弾

◉パスワードおよびその他の対敵データを含む機微な情報を迂回または複写および転送が可能な妨害[40]

コンピューターの全体ネットワークの作成または運用することは分散型サービス妨害（ＤＤｏＳ）攻撃、すなわち長期の攻勢ネットワーク戦を可能とする。標的ネットワークに同時にメッセージを送信するために数百、数千、またはそれ以上のコンピューターに命令することによって、広域妨害に匹敵するものをコンピューターに実施することができる。急激な大容量のメッセージは、正規の問い合わせ受信やより大きなインターネットまたは他のネットワークとの相互交換を標的ネットワークにさせないことによって、標的ネットワークの応答能力を圧倒してしまう。

中国のコンピューターネットワーク専門家による最近のイノベーションの1つは、西側アナリストによって「巨砲」と呼ばれているサイバー攻撃計画を用いている。これは特定のコンピューターおよび目標に対する正規の問い合わせをリダイレクトするために中国のグレートファイアウォールと連動している。初めに述べたように、グレートファイアウォールは中国のインターネット利用者がインターネットの一部にアクセスすることを禁止するために用いられている。巨砲はさらに進んでおり、特定のインターネットアドレスに対して本来は〈百度〉（中国製検索エンジン、中国最大の訪問サイトの1つ）に行くべきトラフィックのあるものをリダイレクトしている〈百度〉がそのウェブサイトに対して巨砲の問い合わせのリダイレクトを必ずしも認識しているとの証拠はない。西側アナリストはリダイレクトのために巨砲がどのウェブサイトも使用可能であると指摘している）。

中国の巨砲[41]

GreatFireはそのウェブサイトであるGreatFire.orgが『ニューヨーク・タイムズ』の中国語版のような検閲済み情報へのアクセスを中国の利用者に提供する組織である。GreatFireはオープンソースプロジェクトのためのリポジトリおよび全インターネット上のトップ100サイトの1つであるGitHub.comに「ミラー」サイトを立ち上げている。したがって、GreatFireサイトが輻輳または阻止されても依然としてアクセスを得ることができるであろう。なぜならば、中国を含むおよそ1000～1200万人のGitHub利用者がいるので、それに対するアクセスを全部阻止することは、（外国の反対だけではなく反対の中国人による）中国の政府の能力さえ超えている。

しかしながら、2015年に、GreatFire.orgサイトおよびGitHub上の具体的なミラーサイトは大規模な分散サービス不能（DDoS）攻撃を受けた。この攻撃は最終的には第三者のコンピューターを乗っ取りまたそれらを意図した標的を攻撃するようにリダイレクトする新しい中国の実体に属していた。この実体は「巨砲」と呼ばれた。

スウェーデンおよびカナダのサイバーセキュリティ会社NetrsecおよびCitizenLabによると、巨砲はおそらく次の手順に従っている。

◉典型的な中国外のウェブ利用者は、インターネットをブラウズしまた中国のサイトを訪問する。

◉中国のサイトをブラウズしている間、ウェブ利用者のコンピューターは〈百度統計〉の訪問者追跡スクリプトのようなある組み込みＪａｖａスクリプトにアクセスする。これらのスクリプトは多くのウェブサイト（たとえば、グーグル、アマゾン）の正規の部分である。なぜならば、それらは広告レート（典型的に訪問者ヒット数に基づく）を設定するのに役立っている。

◉〈百度統計〉スクリプトの利用者の要求（利用者自身は典型的にそれを認識していない。なぜならば、それは単純に正規ウェブブラウジングの一部であるからである）は巨砲によって検知される。なぜならば、巨砲はグレートファイアウォールを横断しているからである。このケースにおけるトリガーは〈百度〉によって使用されているＪａｖａスクリプトであったが、理論的には、中国のどのようなサイトのどのようなスクリプトからもこの方法で活用されることができたであろう（いくつかの報告書はGitHubおよびGreatFireに対する初期攻撃が〈百度〉スクリプトから〈新浪〉スクリプトに遷移したと示唆している）。

◉〈百度〉スクリプトの要求を続行させるよりもむしろ、巨砲は自分自身をそのプロセス（「中間者攻撃」を構成する）に挿入する。巨砲はその要求を落とし〈百度統計〉が決してそれを受信しないように）また代わりに不正応答を送り返す。

◉この巨砲からの応答はウェブ利用者のコンピューターを固定の要求ページに

GreatFire.orgまたはGreatFireによって使用されている具体的なGitHub.comミラーサイトにリダイレクトする。

その後の分析は、巨砲が中国連合通信（中国の主要電気通信提供者の1つ）によってホストされ、またグレートファイアウォールに密接して「配置されている」ものと結論付けた。

これらの分析によると、〈百度統計〉のあらゆる要求が乗っ取られたことはない。その代わりに、ほんのおよそ要求の1～2パーセントが明らかにリダイレクトされていた。それにもかかわらず、これは数百万件の問い合わせを生み出すのに十分であり、高効率なDDoS攻撃を構成している。理論的には、さらなる拡大攻撃のために問い合わせのより高い割合がリダイレクトされ得るであろう。同様に、この攻撃は中国の検閲をバイパスしようとする非政府組織に集中されている間、将来の攻撃はどのようなウェブサイトまたはコンピューターネットワークに対しても標的とすることができるであろう。

民間研究所のカナダ・コンピューターネットワーク研究グループによると、2015年の2ヶ月間、非中国の問い合わせが中国の〈百度〉検索エンジンによって用いられるあるスクリプト（たとえば、訪問数を記録するスクリプト）にアクセスした時はいつでも、巨砲は時々正規のスクリプトを非中国の問い合わせのコンピューターを繰り返し特定の異なるサイトに訪問させる命令列に置き換えたであろうと言っている。

初期には、それらはGreatFire.org、すなわち中国のネット市民がグレートファイアウォールを迂回し

『ニューヨーク・タイムズ』の中国語版のようなサイトにアクセスするのに役立つサイトにリダイレクトされた。GreatFire.orgはグレートファイアウォールを迂回することに関する命令のためのミラーサイトの場所を提供するためにホスティングサービスGitHubを用いており、巨砲の管理者は結果としてそれらの攻撃をGitHubに移した。これによってGitHubの管理者が報告したことがそのサービスの歴史上最大のDDoS攻撃になった。

その高さでは、GitHubは伝えられているように1時間当たり26億回の要求を記録した。[42] 巨砲のプログラムによって、これらの要求の多くは非中国のコンピューターに誘導された。実際には、巨砲は中国のアドレスを問い合わせた大量のインターネット利用者の一部を北京の選択している標的に対するDDoS攻撃に無意識に参加するように変換した。あるコンピューターセキュリティ会社が観測したように、巨砲は、グレートファイアウォールと連動して、中国市民のインターネット・トラフィックを検査しまた検閲するための技術そのものであるだけではなく、中国のウェブサイトを訪問する無邪気な利用者のお陰で世界規模の標的に対してDDoS攻撃を実施するためのプラットフォームである。[43]

攻勢ネットワーク作戦におけるもう1つのイノベーションは、攻撃の双方の布陣およびだれが責任を負うべきかについて、侵入活動を隠蔽しまた被害者を欺くためにVPNを使用している。中国のAPT攻撃「Deep Panda」は、また「Shell Crew」としても知られており、TerracottaVPN、すなわち最初の中国ベースのVPNを作り出したものであると信じられている。Deep PandaはVPNを世界中の正規のサーバーだけではなく主要な国際ホテルチェーン、海外大学、外国政府コンピューターネットワークさえも含んでいる企業や機関から乗っ取ったサーバーに寄生させてきた。[44]

この取り組みはDeep Pandaが料金の節約に役立つだけではなく、それに隠蔽された攻撃線を提供している。乗っ取られたサーバーを用いることによって、「Deep Panda」による侵入攻撃が発見された場合、Deep Panda は疑義のない正規のネットワークである非中国のコンピューターに対して追跡される。これは対応を遅延させまた実際の脆弱性から資源を回避させるであろう。

要するに、中国のネットワーク戦士は典型的に防勢ネットワーク技術（侵入に対して防御するためのファイアウォール、安全な通信をさせるためのVPN）として考えられているものを攻勢兵器に変えつつある。巨砲および Terracotta ネットワークは、純粋無垢な第三者が活用する間に中国がさまざまな目標に対して攻勢ネットワーク戦を実施できることを示している。その攻撃源を特定するのが難しい限りにおいて、紛争の際には、そのような攻撃は非常に破壊的であることは明らかである。

攻勢心理作戦

人的要因は情報作戦を含む情報化戦争の中心要素である。中国の情報作戦は敵の考察および認識の枠組みに影響を及ぼすために多大の努力をしている。したがって、攻勢心理作戦は攻勢電子作戦および攻勢ネットワーク作戦が並行して実施される場合、それらを補完しまた強化するものである。

中国の攻勢心理作戦は相互の利害関係、民族の結束（たとえば海外の中国人の間の）、および友好関係と親族関係に対する働きかけを含んでいる。そのような行為は紛争理由の正当性欠如を強調するであろう。また、敵を威嚇するために、心理的な威圧と欺瞞行動が典型的に存在する。

電子戦およびネットワーク戦の作戦は攻勢心理作戦を強化する。電子システムが故障しており、各種ネットワークへの明確な侵入を経験している敵は心理的圧力に対して脆弱である。レーダーネットワークおよび通信システムの低下は安全性と脆弱性に関して疑念を生起させる。特に軍事活動に関する中国の報道または中国の動員行動のニュース放送によって補完される場合、電子戦は圧倒されたという意識を作り出すことがある。また、心理作戦は経済および外交チャネルを含むことができる。中国のアナリストはイラクに対する米国および西側の経済制裁を隔離の意味を含む重要な要因とみなしている。それらの影響はイラクの接近拒否のように大きい。『戦略学』2013年版の著者が述べているように、ネットワーク戦闘関連における有利な位置を確実にして、主導権を確保することは、敵に巨大な「心理的な衝撃と畏怖」を生じさせるであろう。[45]

同様に、火力と情報戦の一体化は心理戦の重要性を含んでいる。1つの例は、中国のアナリストによると、それは砂漠の嵐作戦中のB-52の爆撃攻撃目標の発表であった。イラク部隊は彼らが次の目標であることを警告され、また降伏するように勧奨された。[46]そのような「共同部隊」攻撃はさらに強力である火力攻撃の実施と相俟って敵の士気を沮喪させた。反対に、心理的衝撃を高めるためにある目標を物理的に攻撃することを選択することもあり得る。

情報・火力一体化戦

中国の情報攻撃の概念は、敵の情報資源とアセットを破壊することによって電子・ネットワーク攻撃を補完するために、巡航ミサイルから砲兵一斉射撃までの通常火力を組み合わせることを強調している。中国の文献ではこれを「情報・火力一体戦」と呼んでいる。一体化ネットワーク電子戦のように、これは一体化統合作戦の一形態である。

情報・火力一体化戦は情報化戦争の典型と考えられており、「すなわち敵を制圧するために精度を用いる一体化作戦」の基本的な作戦上の指導概念を具現化したものである。[47]それは火力攻撃能力とハードキルとソフトキル攻撃を補完的に実施するための情報作戦能力とを融合させたものとして定義される。ネットワーク化された情報システムによって支援されまた武器とセンサーの優越性を活用して、きわめて精密な火力攻撃および一体化ネットワーク電子戦の作戦は両々相俟って、特に敵の指揮統制と諜報ネットワークに対して長射程、精密、およびリアルタイムな攻撃を実施する。

このハードキルとソフトキル方法の結合は防御するのが難しい。一体化ネットワーク電子戦によって引き起こされる攪乱は物理攻撃に対する対策を混乱させ、他方物理攻撃を用いることはさまざまなネットワークシステムの有効性を低下させる。さらに、物理的に破壊または損傷されたものは簡単に修理できないが、妨害されるか、さもなければソフトキルに影響を受けやすいシステムはそのソフトキル効果を克服して再使用できる可能性がある。さらに、物理攻撃は即時かつ計測可能な効果を持っている。したがってその攻撃評価は適切に実施される。

情報・火力一体化戦は新しい概念ではない。多くの方法において、情報戦の古い形態にマイクロエレクトロニクスを加えることにより、伝統的な秘匿、隠蔽、および欺瞞（CC&D）方法を最新のものに更新している。CC&Dはしばしば防勢と考えられているが、またそれは攻勢目的にも役に立つことができる。連合軍の指導者は、たとえば、D－Dayがどこで起こるであろうかについて、ドイツを欺くためにCC&Dを活用し、それがノルマンディーの場合にはそれはフランスのカレーであるであろうという考えを宣伝した。1990年の湾岸戦争では、米国の司令官達は、クウェート沿岸の海上侵入に関してイラクの計画立案者を欺くために情報作戦を実施した。[48]

同時に、また情報・火力一体化戦は新しい方法をとることができる。たとえば、中国軍のサイバースパイ活動部隊はイスラエルの「アイアン・ドーム」ミサイル防衛システムの関連情報の窃取に関して非難されている。[49] そのような行動は中国・イスラエル紛争を予測するものではない。しかし、最先端のロケット・ミサイル防衛システム関連仕様を獲得することは米国が遠征軍の支援のため実施するかもしれない各種の防衛を中国が回避するのを可能とする。重要なことは、各種の防衛行動がどのように中国の火砲ロケット・ミサイル設計に組み込まれるかを理解することである。それらの設計が「アイアン・ドーム」を使用しているか否かにかかわらず、台湾、日本、およびインドをも含むさまざまな国家との対抗においてさらに実効性のあるものにする。

しかしながら、情報・火力一体化戦は、情報作戦がより伝統的な部隊による方法で戦術的に実施され得ることを意味していない。電子戦システム（電波妨害装置、眩惑兵器）は迅速に適用されまたリダイレクトされ得るが、コンピューターネットワーク戦は開発と配備に先立つ時間と取り組みに特に巨大な投資を必要とする。伝統的な意味において、それらは「機動力」ではない（「事前に何の準備もなく、その場で」コンピューターウイルスまたはバックドアを作り出す「起動する」能力はハリウッドの定番であるが現在のところ九分九厘不可能である）。

その代わりに、コンピューターおよびコンピューターネットワークへの攻撃には脆弱性を識別し、その脆弱性を活用するための適切なコードを書くことが必要である。これは敵に先んじての長期にわたる絶大な努力が必要である。さらに、平時の脆弱性は危機または戦時には除去されているかもしれない。ひとたび脆弱性が利用されると、その存在が明らかにされる。すなわち、それを再度利用する機会は制限されるであろう。

十分な時間と労力が与えられると、新しい攻勢電子・ネットワーク対策が作り出されまた配備される。これらは情報作戦と伝統的な軍事手段との間での新しい相乗効果を生み出すであろう。しかし、紛争がより短期になればなるほど、そのような新しい能力が適時に開発されまた配備されることは少なくなる。

防勢情報作戦

防勢および攻勢情報作戦は相互に排他的ではなく相互に補完し合うものである。情報戦に関する中国の指導原則は攻撃および防御は双方ともに重要であると述べている。攻勢電子・ネットワーク戦はきわめて重要であるが、情報優勢を確立しまたは維持するためには自分自身の情報アセットと能力の実質的な防御が依然として必要である。これは、情報システムのどのような損傷に対しても迅速に対応するために、物理的防御および技術的対策だけではなく部隊を防御する適切な訓練を含んでいる。敵の攻勢情報能力に対抗し、攻撃し、また破壊することは、一方では、敵の攻撃を回避しまた受け流す行為を向上させることになり、自分自身の情報資源を防護するのに役立つことになる。ある中国の情報筋が述べているように、「攻撃と防御は連結されており、攻撃は防御を支援する」[50]

中国のセキュリティの確立において、防勢情報作戦は対サイバースパイ活動に限定されていない。防御対策は情報にアクセスする公共の一般的能力を制限すること（それらに影響を及ぼす敵能力の制限）から特定の情報およびそれに関連した軍民インフラ目標に対する攻撃を防ぐことまでを含んだ幅広いものである。したがって、第2章において記述されているように、中国の指導部はインターネットの管理と統制のための行為の多くを防勢情報作戦の戦略的形態とみなしている。

同様に、ネットワークセキュリティを維持することは戦時の活動と同じく平時の活動でもある。中国は、戦時は無論のこと、平時においても、コンピューターネットワークへの侵入行為を十分に予測している。

情報セキュリティは国家安全保障と密接不可分の関係にあるので、情報セキュリティおよび情報システム安定性の平時における確保はネットワーク優勢およびネットワーク紛争における主導権の保持の戦時における確保と同一に位置付けられる。[51]

成功裏の防勢情報作戦とは、敵の行動に直面しても、全体のシステム・オブ・システムズをできるだけ正常に近い状態で確実に作動させることである。分散化された情報システムは会戦または紛争期間中における絶対的な情報優勢を不可能にすると中国は考えている。したがって、ある情報システムにおける攻撃と劣化は避けられないものである。しかしながら、成功的な防勢情報作戦は、たとえ個々のプラットフォームやシステムが相当期間混乱したとしても、効果的な攻勢情報作戦とともに、ある情報システムおよびネットワークの全体としての効果的な運用を可能にする。

このために、防勢情報作戦はネットワークだけではなく情報およびデータのセキュリティも確実なものにしなければならない。中国の見方によれば、防勢情報作戦は多層防御を作り出すことも活動の範囲に含めている。このことは全能力を持ってシステムを運用させないことおよびある種の部隊の存在を隠蔽することを含む我の欺瞞と隠蔽能力を行使して、敵に情報とネットワークを発見させないようにすることから始まる。これはデータ、ネットワーク、および運用者ならびに意思決定者を敵の行動から防護することによって支援されている。また、防勢情報作戦は施設とシステム双方の物理的防護対策も含んでいる。

軍事情報システムの防護

現代情報ネットワークの一体化された性質を考えれば、防勢情報作戦はより広範な民間インフラまでに拡大しなければならない。しかしながら、また軍事作戦および指揮統制の完全性を維持するための専用の防護対策を必要とするきわめて重要な軍事システムがある。指揮統制戦および諜報戦を含む情報戦が成功するためには、各種指揮所、軍事通信ノードとネットワークノード、および重要な軍事情報伝達中継プラットフォームは防護されなければならない。

中国の情報作戦に関する指導原則の1つはステルスと奇襲を維持することである。そこで執務する意思決定者だけではなく各種施設とセンターの位置を特定しようとする敵の行動を打破することはきわめて重要である。[52] 電子戦部隊を隠蔽し、また戦術的および技術的欺瞞を実施することによって、我の配備と意図する目的について敵を欺くことができる。同様に、戦術および術科レベルにおける全範囲にわたる能力を隠蔽することによって、我はこれまで予想もしなかった能力を突如暴露し、敵に不意打ちをくらわすことができる。短時間内でそのような奇襲に対抗するには難しく、比較的優位な期間を作り出すであろう。

また、ネットワーク特に指揮統制ネットワーク監視を実施する敵の能力を制限することはきわめて重要である。協同関係にある部隊におけるそれぞれの役割調整のために、これらのネットワークはしばしば停止できない多くの電磁波放射を行う。さらに、指揮所および通信ノードは、それらを欺瞞し隠蔽するための格段の注意が払われない場合、識別するのを比較的容易にする電子的な特徴だけではなく物理的な特徴もしばしば持っている。

中国は危機と戦時の事象だけではなく平時の監視対策においても裏をかこうとしている。偵察に対抗する常続的な計画の実施は紛争の直前だけに実施されるよりもさらに成功裏に敵を欺く。さらに、前兆なしの紛争の可能性はあり得るので、我は対監視作戦実施のための十分な準備期間をとることはできない。中国沿岸における米国の空海からの偵察活動の中止に向けて政治的圧力をかける中国の行為および米国の航空機と艦船の周辺における危険な中国の行動は対監視行動の一部である。

監視手段が拡散したことにより、中国のアナリストは対監視が単純に外国の艦船と航空機を中国の沿岸から離隔させておくことよりも多くのものを巻き込んでいると認識している。敵は指揮統制能力を地図化しまた追跡するための信号情報および電子情報のような多様な技法を用いるだけではなく、電気光学および赤外線センサーも広く航空機および宇宙ベースシステムに搭載している。したがって、対監視行動はすべての潜在的な行為に対抗し、また危機と戦時にのみ実施されるのではなく、平時の運用手順、装備試作試験、現地演習および訓練においても一体化されるべきものである。

人民解放軍の著者は敵の偵察および監視行動を制限できる「戦術的防御法」および「技術的防御法」があることを示唆している。戦術的防御法は我がアセットおよびシステムの敵による発見を妨げまたは欺くことを強調している。1つの重要な方法は、厳密な電波管制（ＥＭＣＯＮ）、すなわち、すべての種類の電子伝達を排除しまたは少なくとも削減させることである。[53]これは無線とレーダーだけではなく、たとえば、移動体集合、携帯電話呼出し等を含むすべての波長とフォーマットの電磁波放射を制限しなければならない。また、あるアドレスまたはローカルでの双方向電子メールも制限されなければならない。人民解放軍の著者はそのような行為が訓練およびその他の作戦活動を阻害する可能性があることを認識している。したがって、競合するセキュリティと即応要求を調和させる電磁波放射の常続的計画立案と調整がなければならない。

もう1つのきわめて重要な方法は、カムフラージュしてシステムを物理的に隠蔽するか、トンネル、洞窟およびその他の物理的地形内にシステムを配備することである。偽の不正確な情報を配布することと連携させると、これにより敵の情報（インテリジェンス）収集活動を格段に混乱させることができる。我が方の残存性は向上するが、他方、敵は誤目標を攻撃して時間と資材を浪費することになる。中国のアナリストはこれに関してイラク軍は有志連合軍の注意を成功裏に欺き、いくつかの航空攻撃を実際のイラク部隊から離れたところへ偏向させたいくつかの成功例を持っていたと述べている。[54]

隠蔽はシステムの追跡を困難にさせて、迅速な移動を可能にするために機動性を強化するだけではなく、予備とバックアップシステムを含む複数のプラットフォームを配備することにより補完され得るものである。[55] 他のシステムの隠蔽を維持しながら特定の時点であるシステムを暴露することは、隠蔽した予備と正規の再展開とを組み合わせるならば、敵が我の位置と数を特定しようとする試みをさらに困難にさせることができる。

また、いくつかの中国の文献は、正常かまたは最適能力よりも低い平時のシステムの運用を提案している。敵が全体システムの最大能力を正確に判断できないようにするため、特別なサブシステムを他のものの代行にしておくことである。[56] 囮と複数のプラットフォームを加えて、これは完全かつ正確な中国の能力状況図を作成しようとする努力を台無しにしてしまうことができる。

隠蔽および欺瞞は敵の偵察方法に対抗する重要な戦術的な手段だけではなく技術的な手段でもある。技術的な防御手段に関する中国の文献は、先進技術手段により我の部隊の位置を局限し監視する敵の能力を制約できることを示唆している。たとえば、可能な限り指向性アンテナまたは光ファイバーケーブルが通信に使用されるべきである。すなわち、電磁波漏洩または探知や盗聴等の機会を削減するために送信は管理されるべきである。

危機または戦時においては、より直接的手段が使用され得る。中国の防勢情報作戦の概念は敵による情報収集妨害のための敵インテリジェンスおよび偵察システムへの攻撃を含んでいる。中国が明示した対衛星攻撃能力はオーバーヘッド偵察システム破壊の選択肢を提供している。同様に、我は積極的に空気吸い込み式偵察システムを妨害しまたは阻止できる。

興味深いことに、中国の文献は、技術的または戦術的防御対策の一部としてのレーダー網を維持することを盛んに強調している。レーダーシステム対策に関する対抗策は電子システムの残存生を維持することの重要性についてのある人民解放軍の分析において最初に述べられている話題である。[57] また、他の文献ではレーダー網と防空網防護の必要性を強調している。これは中国の防空が優先度の高い関心事であることを示唆している。

防勢心理作戦

防勢心理作戦は防勢情報作戦のもう1つの不可欠な部分である。中国の意思決定者にとって、紛争の開始後にその行動を継続するのと同じように、敵対関係生起前から根本的な心理的脆弱性を識別しその対策を講じておくことは緊要である。敵は中国の意思と士気を沮喪させるためにそのような弱点を平時、戦時を問わず利用する。

これらの中で一番のものは、政治的教化の弱さである。中国は戦争を政治的レンズを通して見ている。したがって、戦争への心理的準備に必要不可欠な部分は紛争の政治的根源と政治的権威（たとえば、中国共産党）に浸透する忠誠を教え込むことである。戦闘理由についての混乱、我の正当性についての疑義、および潜在的な社会の脆弱性と弱点はすべて敵の情報利用を助長させるものである。

もう1つの潜在的な心理的脆弱性は軍隊の敗北主義である。最近の20年間にわたる近代化努力の進展にもかかわらず、人民解放軍は依然として自分自身を全体としては半機械化、半情報化された軍隊とみなしている。米軍と比較して、中国軍はそれ自身を質的に欠如しているものとみなしている（これは特定の領域によってまたその程度において変わるけれども）。米軍のより大きな戦闘経験、および過去四分の一世紀における空中波やインターネットに精通した米欧の戦闘力の誇示は、これに拍車をかけている。人民解放軍の分析官は、紛争事案において、いくつかの部隊がより経験のある敵を凌駕するために自軍の能力に疑いを持っていることを懸念している。

さらに、もう1つの関心事は一般大衆の心理的受動性である。軍隊が心理的に防御されたとしても、紛争および抵抗は広範な一般の支援なしではそんなにも長く持ちこたえられない。防勢情報作戦のどのような行動も、心理的であれ、またはその他のものであれ、より多くの大衆を防護し影響を与える手段を含まなければならない。これは、敢闘精神を維持し（敵の憎悪を含み）、また敗北主義または敵に関する恐怖を抑え込むとともに、大衆の関心を確保したことが私的利益（不当利益行為を含む）によって元の木阿弥になってしまわないようにすることも含んでいる。

そのような心理的脆弱性に対抗するために、人民解放軍の分析官は敵の攻勢心理戦方法を理解しまた対抗するために諜報工作強化の必要性を強調している。異なる敵は異なる方法を追求するので（また異なる優位を享受するので）、これは非常に複雑である。米国、ロシア、およびインドは異なる心理戦方法を持っているようにみえる。したがって、防勢心理戦に対する画一的方法はあり得ない。敵の攻勢心理戦方法を理解することによって、それらに対抗する中国の将校および部隊向けの教育および訓練が実施可能となる。人民解放軍はその政治的認識を強化し、それにより兵士と将校は疑惑と嫌疑を持って敵のメッセージに相対するようになる。

同時に、２０１６年の時点で依然としてより過重な損失を被りまた多くの潜在的な敵に対して技術的劣勢の条件下で戦うことになると人民解放軍は認識している。したがって、防勢心理戦において枢要なことは軍民の指導者間および軍隊と人民のより広範部分において共産党指導への信頼を維持することである。防勢心理戦への一体化とは上司および中国共産党制度ならびに中国の大義の正当性を信じさせるための軍民教化である。[58]

他の心理戦活動のように、防勢対策は敵が開始するまで待つことができない。その代わりに、防勢心理戦は外国の影響力と内部の疑惑の両方の病原体に対して軍隊に予防接種をすることに匹敵する。したがって、それは軍隊の訓練日課、並行しての武器慣熟訓練または保守整備活動と一体化されなければならない。防勢心理戦は人民解放軍の総政治部の重要な任務である。すべてのレベルの政治将校は戦時だけではなく平時においても政治教育と政治戦を実行する責任がある。一番の任務は将校と部隊の政治的信頼を強化することである。これは敢闘精神を繰り返し教え込みまた現代戦によって生じる心理的ストレスを未然に防ぐのに役立つ。

これらの対策は教育および宣伝活動の問題だけではなく情報と情報の流れを統制することである。中国の文献は風評および敗北主義者の話を徹底的に抑圧する必要性を強調している。ニューメディア、ソーシャルメディア、およびインターネットは一般に厳格に統制され密接に監視されなければならない。これはメディア（新聞や放送だけではなくインターネットサービス提供者を含む）の国家所有権と易々とした情報の流れを防止する中国のグレートファイアウォールやその他の障壁の両方によって簡単に実施される。

情報およびネットワーク防護

敵の監視偵察手段を妨げる、または制限するための最善の行動であっても常に成功するとは限らない。

中国のアナリストはネットワークとデータの防護が防勢情報作戦のもう1つの緊要な部分であると認識している。そのための対抗手段はネットワークを偵察し、情報を窃取する企みおよびデータとネットワークに対するより破壊的な攻撃の両方に対抗するものでなければならない。

広範な脅威……

中国の情報セキュリティ専門家は広範で多種多様な脅威に対抗している。米国は常に中国のネットワークに対するマルウェアおよびその他の攻撃の主要な発信源として糾弾されるが、他の国家レベル脅威の中での台湾、インド、ロシア、および日本からの潜在的または現実的脅威にも対応しなければならない。また北京はさらに、ウイグル族やチベットの民族主義者、法輪功宗教活動、およびイスラム国のような可能性のあるテロ組織といった国内および非国家脅威に対応しなければならない。

このような脅威を与える活動家は、多様な手段を用いることができる。中国の情報およびネットワーク防護設備はネットワーク自身の電子妨害、さらにネットワーク上のデータへの集中攻撃、コンピューターマルウェア、組み込まれた脆弱性、およびこれらの発信源から生じる非意図的情報漏洩に対抗しなければならない。[59]

電子妨害はさまざまな電子システムの運用を低下させる行為を含んでいる。それはレーダーおよび通信システムの電波妨害、電気光学センサーのレーザー眩惑、および円滑なデータの流れの妨害を含んでいる。DDoS攻撃は、いくつかの方法で、電子とネットワーク両方の攻撃プロファイルを用いる一体化ネットワーク電子戦攻撃の形態である。

中国の「ネットワーク侵入」の概念は、いくつかの異なる脅威を具体化している。ハッカーはネットワークを地図化またはネットワークから情報を抽出するためにネットワークへ不当な侵入をする。（ＤＤｏＳ攻撃のような電子妨害と重畳できる）正常なネットワーク運用を混乱させる意図的な企てである。

マルウェアに関する中国の関心はあらゆるコンピューターセキュリティ専門家の関心事を反映している。中国の文献はコンピューターワーム、電子メールの添付ファイルに隠蔽されたマルウェア、コンピューターウイルス、およびその他の脅威の危険性を述べている。[60] これはネットワークワーム、ランサムウェア、およびモバイル端末に対する脅威についてだけではなくコンピューターウイルス（たとえば、ファイル感染、ブートセクターウイルスおよび複合感染型ウイルス［ファイル感染型とブートセクターウイルスのようなシステム領域感染型双方の特徴を併せもつウイルス］）についても西側専門家が持つ関心事と異なるところはない。[61]

いくつかの中国の情報源はソフトウェアおよびハードウェアに組み込まれた内在する脆弱性を異なる脅威範疇のものであると考えている。電子システムとプログラムの増大する複雑性は内在する欠陥と弱点を生み出している。中国のアナリストは、マイクロソフト社の Windows コードが、Windows 3.1 の３００万行コードから Windows 95 の１５００万行コード、Windows XP の３５００万行コード、および Windows Vista の５０００万コードに着実に成長してきたことに注目している。[62] そのような大規模なコードは単にそれらの複雑性と潜在的にずさんなコーディングのために潜在的な脆弱性を含んでいる。ハッカーはしばしばこれらの未検出のセキュリティ欠陥（「ゼロデイ攻撃コード」と呼ばれる）を用いている。

同様に、電子ハードウェアは盗聴され得るさまざまな周波数の信号を放射している可能性がある（テンペスト）。無線ルーター信号は、特にそれらが暗号化されていない場合、傍受されまた情報窃取され得る。同様にいくつかの型式のディスプレイは情報窃取可能な信号を放射し、その信号はかなりの遠方からでもアクセスされ得る。[63]

組み込み機器とソフトウェア欠陥の問題は、大規模コード内の脆弱性の計画された組み合わせと思われるものによって悪化させられ、しかもその組み合わせは検知することを一層困難にしている。これはバックドア、トロイの木馬、および「論理爆弾」を含んでいる。特に、中国の情報源は、グローバルコンピューティングにおいて支配的地位を占めるマイクロソフト社のWindowsによって引き起こされた脆弱性に注目している。いくつかのWindowsセキュリティ問題は技術的な欠点によるものであるが、中国のアナリストは「いくつかは計画的なものである」と結論付けている。[64] 中国は中国の利用者に対してサイバーセキュリティ脅威を引き起こしているグーグル、アップル、およびシスコのような企業を告発してきた。[65] 米国の国家安全保障局（NSA）の活動についてのエドワード・スノーデンによる暴露はさらにこれに対する懸念を確かなものにしている。

同様に、マイクロプロセッサとマイクロチップのような物理的ハードウェアは、外部操作、アクセス、またはある隠蔽されたプログラムを実行することを可能とする組み込まれた指令を含んでいる。中国の文献はハードウェアとソフトウェアの両方のサプライチェーンから生じている脆弱性についての懸念を表明している。それらの文献は、たとえば、輸入された武器のハードウェア内に関連情報ネットワークを機能停止させる隠蔽プログラムを含んでいる可能性に注目している。[66]

これらの脆弱性は相互に排他的ではない。すなわち、実際それらは相互に強化している。ハッカーは、DDoS攻撃を実施しまた多様なネットワークの運用妨害用に使用可能なロボットネットワーク（ボットネット）作成のためにマルウェアを挿入し、バックドアを用いることができる。衛星追跡・テレメトリシステムに対する攻撃は衛星が自己防護操作を実施するのを妨げる。自己防護操作とはすなわちセンサーに対するレーザー眩惑攻撃の有効性を高めるものである。

……広範な対応を必要とすること

正確な意思決定のため必要な情報を軍民指導者に提供するだけではなく各種ネットワークの円滑な運用を確実にするためには我のネットワークとデータに対する敵のアクセスを制限することが必要である。これは防勢情報作戦の中心的任務である。人民解放軍の観点によれば、情報は戦略的資源である。[67] したがって、情報の円滑な流れの防護は燃料または弾薬のような死活的資源の妨害を受けない移動の確保と何ら変わるところはない。

ネットワーク防護対策は各種ネットワークを横断する情報の円滑な流れの維持だけではなくそれらの完全性と安全性を確実にする。そのような対策の中国の議論はしばしば西側の概念を反映している。どちらもファイアウォール、侵入検知システム、侵入防止システム、およびハニーポットを含んでいる。[68]

ファイアウォールはネットワークにアクセスしまた問い合わせる行為を制御し、ネットワークを防護する最も一般的技術の1つである。ファイアウォールはネットワークから相互に異なる部分を分離しまたより広範なインターネットからネットワークの内部機構を分離することによって、ある型式の情報へのアクセスを制限している。また、ファイアウォールはそれを横断するすべてのトラフィックを頻繁に記録しており、それにより、侵入試みの追跡およびネットワーク内の情報にアクセス可能な人物の識別を容易にしている。

ファイアウォールは、内部および外部ファイアウォール間の「非武装地帯」または「境界ネットワーク」に匹敵するネットワークを組み込むことができる。これらは公共サービスを提供するものの主要ネットワークから分離された非信頼システムと連結するスタンドアローンのサブネットワークである。興味あることに、中国の「巨砲」はより広範なグローバルインターネットと中国のインターネットの部分との間の「非武装地帯」と同等の位置にいるようにみえる。

中国の文献はファイアウォールが完全なものではないと認識している。特に、それらは内部脅威に対する限定されたユーティリティである。ある中国の評価では攻撃の70パーセントは内部発信源からのものであることを結論付けている。[69] したがって、ファイアウォールを回避しあるいはネットワークにアクセスする攻撃者による被害を限定するためにネットワークは侵入検知システムおよび侵入防止システムを組み込むべきである。

「侵入検知システム」はネットワークまたはコンピューターセットの承認済みおよび非承認利用者を識別するハードウェアとソフトウェアの組み合わせである。それらは、外部攻撃または非承認入力の即時通知を提供することにより、システム管理者に攻撃入力の警告を与える。「侵入防止システム」は「侵入検知システム」に基づき構築され、リダイレクトまたは攻撃を無力化するための自動対応を組み込んでいる。

このような取り組みは性能費用を負担させる。中国のネットワークセキュリティに対する方法の明白な特徴はより大きな安全のためには性能低下を受け入れようとする意思である。インターネットの中国部分の全体速度は、特に、それがグローバルインターネットの残りの部分と相互交流するところでは、グレートファイアウォールを介在しているために、もっと遅いものであると信じられている。

また、中国のアナリストは欺瞞行為をネットワーク防御の一部に含めている。当該ネットワークの役割と重要性について敵を欺くことは防護の多層化である。高優先度利用者のための専用ネットワークは、その機能と目的を偽装するために、平時においてはそれを横断的に移動する低レベルの情報または無意味なメッセージを常時流している。ハニーポットは欺瞞のもう1つのタイプである。それによって攻撃者は主要目標からネットワーク迷路にはまり込む。既知の脆弱性を用いようとすると、それらは攻撃者を「トラップ（罠）」に引き込み、そこには有用なデータがないだけではなく、攻撃者は結局時間を消費してしまう結果となる。このような敵の資源の偏向は防御者に対する追加的利益と考えられる。

中国が一体化ネットワーク電子戦を強調する場合、またネットワーク防護は広範な対電子対策（ECCM）を含んでいる。たとえば、レーダーおよびその他の送信機は電波妨害およびその他の干渉を抑圧してしまうより高出力設定で作られている。無線の周波数ホッピング、または防空網の複数のレーダー周波数は、さらにそれらを無力化しようとする企みを複雑にしている。さらに、いくつかの電子システムは、電波妨害を除去するソフトウェアを組み込んでいる。また、さらに高度な技術的代替がある。たとえば、レーザー通信は検知するのが困難でありまた妨害するのも困難である。[70]

ネットワーク防護手段は、暗号およびデータ完全性保証のような情報防護手段によって補完されている。ある中国の分析はデータ暗号化を情報および通信保全を防護するための中核「武器」として記述している。[71] そのような手段は何が有用でありまた何が背景雑音かあるいは何が重要な情報でないかを特定することをより困難にしてしまい、敵の情報偵察活動を無力化してしまう。

中国の情報防護技法の議論は対称および非対称暗号（符号器および復号器が同一または異なる暗号鍵を持っている場合）のような伝統的な暗号法の分析を含んでいる。また、それらは電子迷彩技術のようなより高度な方法を含んでおり、それによって重要な情報はその価値を隠蔽するために大量の低い価値の情報の中にまたは「雑音」内に覆い隠されるであろう。[72]

公式には暗号のタイプではないが、北京は外国ソフトウェア製品を国内ソフトウェア製品に置き換えることによってデータ保全をさらに向上させようとしている。外国のソフトウェアに依存することは重要な脆弱さになると中国はみている。なぜならば、それはコンピューターおよびネットワークへのアクセスを潜在的に容易にしているからである。2014年の時点で、マイクロソフト社はWindows XPのセキュリティ更新付きサポートを実施していないにもかかわらず、中国のコンピューターのおよそ70パーセントは、報道されているようにそれを使用している。[73] 外国のスパイ活動に関する関心事でなくても、もはやサポートされていないオペレーティング・システム（OS）に広範に依存しているようなことはトラブルを招くものである。

それに替わる中国のOSの開発は報道されているように高い優先度であった。2001年に、中国軍の国立国防技術大学は国内OSを作り出そうとしていた。同時に、国家出資会社紅旗コンピューティングは紅旗Linuxとして知られるオープンソースのLinuxソフトウェアの派生版を作成した。紅旗コンピューティングは明らかにビジネスから撤退したが、その成果は国立国防技術大学によってKylinプログラムを生み出すために用いられた。国立国防技術大学はKylinを向上させるため他の国有会社の子会社である中国標準コンピューティングと協働し、その結果NeoKylinにつながった。[74]

明らかに依然としてUbuntuを含むLinux派生版に基づいているが、NeoKylinはWindows XP（マイクロソフト製品のどのような移行も容易にしている）のさまざまな面をエミュレートしているようにみえる。[75] 政府コンピューターネットワーク上でのNeoKylinの使用の増加は少なくともバックドアまたはトロイの木馬がそのシステムに容易に利用される蓋然性を削減するであろう。報告書はそのOSが実行性を試験するために2014年に市平市全域にインストールされ、また明らかに成功したものとされたことを示している。[76] 一方では、中国で販売されているデル・コンピューターのおよそ40パーセントはNeoKylinをプリロードされるようになってきている。

ネットワークおよび情報防護のもう1つの要素は物理的セキュリティである。これは錠前とセキュリティガードを提供することだけではなく非意図的な物理的情報漏洩に対応することを含んでいる。1つの要素は電磁波的にコンピューターディスプレイ等から漏洩されている情報を盗聴するための敵の能力を制限することである。ある中国の分析は20の情報源からの信号漏洩は1キロメートル離れたところからでも観測され得たことに注目している。[77] 作業場所を設計する場合、コンピューターディスプレイと潜在的盗聴者との間に追加物理層および障壁を据え置くことが必要である。

情報セキュリティを維持するために、中国はセキュリティ計画および手順を定期的に見直し、検査することを強調している。これは情報施設とネットワークの他の物理構成要素双方の物理的セキュリティ手順の見直しばかりでなく情報セキュリティソフトウェアおよびその他の製品の定期更新も含んでいる。あるタイプの情報およびその他のネットワークに対する異なるシステムのアクセスは厳格に管理すべきである。そのような行為は平時に実施され、危機または戦時においては倍増されなければならない。[78]

また、情報基盤の人的構成要素も防護されなければならない。これは情報アクセスを制限するための「行政防護法」を含んでいる。潜在的なハッカー攻撃に対抗するために、たとえば、人的署名、識別認証、パスワードおよびその他のデータ入力手段だけが承認された個人アクセス許可のために用いられるべきである。[79]

ネットワークおよびデータは電子およびサイバー攻撃からだけではなく情報・火力一体化戦から防護されなければならない。人民解放軍の文献が強調しているように、攻勢情報作戦は要人の殺害および指揮統制ノードとネットワークを妨害するための火力使用を含んでいる。したがって、防勢情報作戦は一般的な航空、海上、および砲兵攻撃だけではなく遠隔精密弾および特殊作戦部隊に対する物理的な防護手段も組み込んでいる。宇宙ベースのシステムについては、中国の文献は指向性エネルギー兵器がセンサーまたは太陽電池パネルアレーをねらっているかにかかわらず、それに対する防御手段の必要性を論じている。また、地上施設はさまざまな配置の円滑運用を確保するために防護されなければならない。また、物理的防護は自然災害（たとえば、地震および太陽フレアー）においても運用を継続するための手段を含んでいる。

物理的防護の中心部分は防御エンジニアリング手段を実施することである。その例には欺瞞と隠蔽手段を新しい建築に組み込むことおよび施設の強靭化が含まれる。施設を破壊に対してより強靭にすることに中国は一般的に関心が高い、すなわち１９６７年の６日間戦争および１９７３年のヨム・キープル・ウォー（第４次中東戦争）に遡って中東戦争から得られたさまざまな教訓がある。１９６０年代において、中国は報道されているように数千マイルのトンネルを構築した。中国のテレビ放送は最近ごく最近のトンネルの映像を提供していた[80]。ごく最近のトンネルは人民解放軍ロケット軍（以前は第二砲兵部隊）と関連があるので、それらは主として核関連任務を持っていると推定される[81]。しかしながら、これらの施設はより広範な指揮統制およびその他の支援任務を持っているであろう。

強靭化および隠蔽化を新しい建設プロジェクトの設計の中に一体化するためのより広範な活動は中国の民間防衛および動員法に組み込まれている。たとえば、中国の民間防空法のもとで、防空シェルターをすべての主要な建設プロジェクトに組み込むための強制がある。拡張可能な基盤を持つ建築物は爆弾シェルターとして対応するために地下駐車場および地下室を控置しておくことが期待されている。さらに、その法は具体的な施設が指揮統制および医療支援利用者のために控置されることを要求している[82]。

物理的強靭化は物理的防御によって補完されている。主要な指揮所、電気通信ノード、データネットワーク、および施設のようなものは、センサーおよび即応セキュリティ部隊から空海防衛までの範囲の物理的防護対策を含んでいる。人民解放軍の文献は航空攻撃および敵の特殊作戦部隊による攻撃および襲撃は特に要警戒であると示唆している。

防勢情報作戦は、敵の脅威だけではなく不利な自然条件下での作戦準備も含んでいる。すなわち、物理的セキュリティ対策は自然災害が発生した時に実施される。地震、嵐、洪水、または他の自然災害の発生時において、ネットワークおよび指揮所は迅速な運用再開が可能でなければならない。多くのネットワークの物理構成要素がある温度範囲、無菌レベル等で維持されている運用環境を必要とするような場合、このことは特に強調される。

情報抑止

情報作戦の枢要任務は情報抑止である。人民解放軍は「情報抑止」を抵抗の強さに対抗しまたは減少させようとする意思を敵に放棄させるために我の情報優位を誇示するかまたは情報抑止を知らしめるための「情報作戦行動」の一形態であると定義している。[83] それは、あるレベルでの敵の情報システムに対する脅しを含んでいる。そのねらいは、たとえば、敵の情報システムを攪乱しまたは混乱させ、敵の行動を制約しまたそれにより我の政治目標達成に寄与させることにある。

情報抑止および抑止権限に関する中国の文献は情報空間における行動の抑止をあまり強調していない。すなわち、中国は彼らの情報システムに対する行動の抑止に焦点を当てていない。むしろ、情報抑止に関する中国の文献は抑止を実効的なものにするための情報作戦の使用を論じている。情報抑止は情報作戦を通して抑止目標を達成しようとすることである。

中国の抑止に関する広範な概念、および情報抑止の具体的概念は、思いとどまらせることおよび威圧の両方を組み込んでいる。中国の情報抑止行動は、それらの費用対効果計算に影響を及ぼすことによって敵の意思を沮喪させることを目的としたものであり、その選択行動方針がその情報ネットワークとシステムに対する攻撃から被る推定被害に値するかどうかを問題にしている。理想的には、中国の抑止行動は従わないことの費用があまりにも高すぎるということおよび中国の提供する実施方針に従うことがより容易になるという目標を掲げそれを説得することである。本質的に、中国の情報抑止の概念は、情報システムとネットワークに対する攻撃であれ、あるタイプの情報そのものの形態であれ、敵の抵抗意志を沮喪させるための情報手段の利用である。[84]

中国の観点によれば、戦争における情報の発展的役割は情報アクセスの兆候を示すことが情報的に匹敵する敵を抑止しまた威圧できることを意味する。軍事的、政治的、および経済的事象におけるインターネット侵害能力は外国基盤に対する前例のないアクセスを可能としている。敵の全体社会を大規模に混乱させる潜在能力は抑止機会を作り出している。

威懾——中国の抑止概念

たいていの西側のアナリストにとって、抑止とは敵を特別な方法で行動することまたは特別な実施方針に従うことを思いとどまらせることである。トーマス・シェリング（Tomas Shelling）は、『武器と影響力（Arms and Influence）』において、「抑止」を「敵が何かをするのを阻止しようとする脅し」として定義している。[85] シェリングは具体的に抑止を「敵に何かをさせようとする脅し」と定義し「強制（compellence）」と区別している。[86] グレン・シンダー（Glenn Synder）は抑止が「威圧または強制する力に反対することを思いとどまらせる力である」と記述することによって同じ意味のことを述べている。[87]

これは抑止と強制の両方を含ませている中国語の威懾（weishe）と著しい相違である。用語に関する人民解放軍の文献は、たとえば、「抑止戦略（威懾戦略）」は、「敵に服従させることを強制するための軍事力の誇示、または軍事力使用の威嚇」として定義している。[88]『戦略学』2001年版の英語版（2005年版）において、その著者の彭光謙上将と姚友志は、次のように述べている。

威懾は2つの基本的な役割を果たしている。すなわち、

1つは敵が何かをするのを威懾によって阻止することであり、他方は敵になすべきことを威懾によってさせることであり、またどちらも相手が抑止者の意志に服従することを要求する。[89]

したがって、彭光謙と姚友志は、中国語の威懾の意味におけるシェリングの抑止と強制の定義を結び付けた。

別の中国の文献は抑止の目的が相手による紛争開始を防ぐことであるか、または「それが相手の抵抗意志をくじき、もともと相手が紛争により獲得しようとした国益と利益を取り上

げてしまう」ことのどちらかであると証言している。[90]もう1つの中国の分析は戦略的抑止とは心理学的に敵の行動を制限するかまたは敵を服従させることであると述べている。[91]この同じ文献は、続けて具体的に防御側が侵略者に攻勢意志の破棄を強制するために抑止を用いるだけではなく、防御側に抵抗コストが高すぎると納得させ、攻撃側が戦略的抑止を実現できることも可能であると述べている。[92]

中国の抑止概念が、いくつかの目標を達成しているにもかかわらず抑止された側の見方を排除しないことは重要である。どのような達成も抑止側の目標を損なうものではないことは明白である。[93]

実際、それをしなければ、勃発する混乱の規模は確実に巨大なものになるので、国家は日々すでに情報抑止を実施している。国家防衛がそのような混乱を防ぐことができると確信している国家はほとんどない。[94]

しかしながら、情報能力において明確な不均衡がある場合には、より弱い側が情報抑止を達成することはさらに難しいことである。反対に、通常戦軍事力は劣勢であるが、高いネットワーク戦能力を持つ側はそれにもかかわらずより通常戦能力を持つ側を麻痺させまた混乱させることができる。より弱い側は高い失費を与えることができ、通常戦的にはより強い相手を打ち負かすことさえできる。[95]

中国の見方では、攻勢情報作戦を実施することは情報抑止実施の鍵となるものである。情報利用の能力の示威、特にコンピューターネットワーク攻撃の実施能力は、当面の危機において行使されなくても、それでもなお敵を用心深くさせる。

ネットワーク攻勢作戦は情報抑止の基盤である。[96]それらはさまざまな目標を攻撃するために使用できて、敵の社会、経済、および軍事に多くの脅威を与えている。それらは通常戦力、核、または宇宙攻撃よりも難しい何らかの方法によって防御するのを困難にしている。危機に際して、情報攻撃の脅威（たとえば、コンピューターウイルス）は敵の意思に影響を及ぼし、敵に抵抗を止めるように説得することもあり得る。また、大規模ネットワーク攻勢作戦の経験の欠如は抑止を高める。中国の見方では、ネットワーク攻撃の最終的効果の不確実性は大規模ネットワーク紛争を先んじて制する要因である。[97]

他方では、中国のアナリストは我の情報資源およびシステムの防御と防護は、情報優勢を確立しようとする敵の能力を限定することによって、敵を抑止できると信じている。情報優勢なしでは、彼らの広範な戦略目標達成費用が高騰してしまい、敵は他の領域で（たとえば、空中、宇宙空間、海上）の優勢を確立することができない。したがって、彼らは攻撃開始を抑止されるか、または屈服を強いられる可能性がある。

可能な情報抑止の梯子

宇宙および核領域における抑止行動についての中国の文献は情報作戦のために考えられる「抑止の梯子」を示唆している。これが存在する場合、それは次に示す「梯子の段」から構成される可能性がある。

◉平時文脈において示威される能力　中国の平時情報作戦の実施は潜在的な敵に中国の能力を思い出させることを所望している。これには潜在的な敵ネットワークに対する侵入、電子妨害（さまざまなセンサーの電波妨害または眩惑を含む）、および心理的に公的な人物を威圧しまたは影響を与える行為を含んでいるであろう。これらの手段は破壊的または顕在的なものではないが中国が紛争事象において用い得る高度な能力を有していることを示威している。これはすべての潜在的な敵の計算と意思決定の枠組みに影響を及ぼし始めるであろう。

◉ウォーゲームと演習　人民解放軍およびその他の中国の情報作戦部隊は攻勢情報作戦に関する技術的能力だけではなくその実施を左右するドクトリンを明確にして定期的にウォーゲームと演習を実施するであろう。また、そのような事象は人民解放軍が情報作戦を水陸両用攻撃および一体化統合作戦のようなより大きな軍事行動と一体化させたことを示威するのを可能とするであろう。また、それは人民解放軍部隊に訓練機会を提供するであろう。

◉高められた作戦　宇宙と核領域の両方の文脈において、中国の文献は危機の時の作戦テンポの増加が敵を威圧し、思いとどまらせることを示唆している。より高いレベルの行動は中国の指導者が彼らの関心事を発信することを可能とし、また、一方において、中国の有利なように（たとえば、展開部隊を増強することまたはそれらの配置を換えることによって）軍のバランスを変更する。情報抑止の文脈において、これは情報活動の増大した範囲を必然的に伴う可能性がある。それのいくらかはより防勢的指向であるかもしれない。たとえば、グレートファイアウォールを横断するトラフィックは、中国の人民は敵の影響に対して脆弱でないことを示威するために非常に制限されるであろう。代わりに、それは、最近の情報をできるだけ獲得し、敵のネットワークへの我の侵入を示威するために、必然的に情報偵察の増加を伴うことになるであろう。

◉限定された実際の攻勢情報作戦　宇宙と核の文脈において、抑止の梯子の最も高い段は解決のための最終的示威行動として、武器の使用を含んでいることである。同じことは、攻勢情報作戦の実施を通じての情報の文脈においても真実である。しかしながら、初期の目標は敵を武装解除してまた壊滅させることではなく、中国の要求に応じるように敵を威圧しまたは思いとどまらせることにある。このレベルでの可能行動は、たとえば、おそらく巨砲によるインターネット・トラフィックのリダイレクトを介した拡大DDoS攻撃を含んでいる、すなわち、インターネット・トラフィックのリダイレクト（事実上の「情報封鎖」の一部として）、あるいは、衛星、宇宙状況認識システム、またはミッション管制施設等の敵の全宇宙情報システムに対する妨害である。これらの行動は軍の均衡を向上することに寄与することとなり、敵は抑止されないであろう。

そのような情報抑止行動は孤立しては生起しないであろうが、他の領域でそれに匹敵する多くの行動と調整されるであろう。これは軍隊（たとえば、海軍演習および宇宙演習）だけではなく外交的および政治的決定、経済的対策、および法律戦対策を含んでいる。これは特により高い梯子の段にあるようにみえる。

中国の意思決定者にとって、この状況はさらに複雑にされている。なぜならば、中国は多くの潜在的な敵に対峙しているからである。したがって、彼らは常に複数の抑止に従事しなければならない。中国は米国または日本に対して、それらの国を含む危機に際しても抑止行動に専念することはできない。中国はロシア、インド、および他の国がどのように反応を示すかについて当面と長期の両方において考慮しなければならない。抑止の文脈において、高められた作戦または限定された攻勢情報作戦は、第三国（たとえば、フィリピン）に対して実施される可能性があり、そのねらいはおそらく彼らに対して能力を示威し、主目標（たとえば、米国）に対して決意を発信し、または依然として中国が相手を低下させるべき十分な能力を持っている他の国（たとえば、ロシアおよびインド）に発信するためであろう。

第6章 宇宙と情報戦——情報優勢に対するきわめて重要な戦場

1990年代を通じて、情報戦および将来戦に対する人民解放軍の見解が徐々に進化したように、人民解放軍の宇宙戦に関する評価も進化した。他の人民戦争を分析検討することにより、中国は宇宙戦が将来の戦時作戦の必要不可欠な部門になるであろうと結論付けた。現代のハイテク条件下あるいは情報化条件下のいずれであろうとも、将来の局地戦を成功裏に実行するのに必要な情報の支援には、宇宙ベースの情報源を含まなければならないであろう。

確かに、米国とロシアの軍事作戦に関する人民解放軍の評価は、宇宙ベース情報が1990年代の紛争できわめて大きな役割を果たしていたと結論付けている。したがって、人民解放軍は、最小限、敵に宇宙を自由に使用する能力を与えないようしなければならない。中国人の考えでは、以前から宇宙戦と情報戦を密接に関連付けている。

軍事的宇宙空間に関する中国の思考の進化

中国の宇宙計画は、国防部の第五研究院（現在の中国航天科工集団公司）の1956年における創設に遡るが、軍事目的のための宇宙利用能力は、ごく最近のものである。中国は、1970年に自国の最初の1機の衛星を打ち上げ、20年以上の間は一握りの通信および偵察衛星を軌道に乗せただけであった。宇宙活動は経済的または軍事的分野のきわめて重要な部分というよりもより政治的なジェスチャーに過ぎず、したがって鄧小平からは軽視されていた。鄧小平は1978年に毛沢東の後継者となった後、中国の宇宙計画は威信や話題の中心になることに集中せず、それよりも「緊急に必要とされ、かつ実際に利用できる衛星に集中しなければならない」ということを明らかにした。[1]

中国の全般的な宇宙計画に対する支援は、鄧小平が公式に「国家先端技術研究開発計画」と呼称されている計画863を認可する1986年までは改善されなかった。[2] 現在継続中である計画863は、経済を近代化するために不可欠な問題に関する科学技術研究を支援してきた。IT（情報技術）に加え、航空宇宙、およびその後の電気通信は、大量の継続的資源投資を正当化する経済成長を維持する先端技術の重要な領域であるとみられていた。

現代のハイテク条件下の宇宙戦および局地戦

1990年から1991年の砂漠の盾および砂漠の嵐作戦における対イラク有志連合（作戦）の成果は、人民解放軍に対して宇宙への関心を引き起こさせるできごとであった。その戦いは将来戦に影響を及ぼす非常に重要な軍事技術として宇宙の重要性を際立たせた。

人民解放軍の分析は将来の統合作戦はかなりの距離・空間にわたって一体となって作戦する複数の軍種を含むことになるであろうと結論付けた。たとえば、機甲部隊から空母および長距離爆撃機まで参加した湾岸戦争は、140平方マイル（約260平方キロメートル）わたって不規則に広がった。[3] したがって、さまざまな領域で作戦する多様な部隊を調整するには、両方の部隊および増大する一連の精密兵器・弾薬のために、広範囲にわたる通信ばかりではなく正確な航法および位置決定の情報が必要になるであろう。統合作戦には伝統的な陸上、海上、および空中領域だけではなく次第に宇宙空間にわたる作戦の指揮統制が必要になるであろう。

したがって、「現代のハイテク条件下の局地戦」を遂行するには、宇宙能力が必要である。人民解放軍の推定によれば、最終的にイラクに対して持ち込まれた70個の衛星が、米国に対して戦略情報の90パーセントを提供し、有志連合軍に対して発信された全データの70パーセントを伝達していた。[4] これらのアセットは、その後のすべての戦役を成功させるのに不可欠であったために、始めて使用された。ある中国の分析が述べたように、「軍および騎兵（馬）が動く前に、衛星はすでに動いている」[5]

それにもかかわらず、宇宙の重要性については依然としていくつかの疑問があった。1997年版『中国軍事百科事典』の中で、「宇宙戦」に関する議論では、宇宙は決定的な戦場ではない、すなわち戦時の勝利で非常に重要なものは依然として陸，海、空領域であるであろうと明白に述べている。「それ（宇宙戦）は決定的戦果を及ぼさない。戦争における勝敗の非常に重要な決定要素は、依然として紛争の本質と人的要因である」[6]。宇宙は脇役であり主役ではなかった。

『中国軍事百科事典』に対する2002年の増補では、宇宙の重要性に関して非常に異なった評価が行われている。「宇宙戦場」の解説に関して、記載事項は、陸上、海上、および空中領域に対してその影響はますます大きくなり、宇宙戦場は「将来の紛争の主要な構成要素になるであろう」と結論付けている。[7] 5年間で、宇宙に関する認識は明らかに変化しており、またその時点では軍事作戦にとって実際的により重要な領域としてみられていた。

この進展はバルカン半島におけるNATOの紛争介入によるものかもしれない。外見上は空軍力それ自体によるものとみられたベオグラードの敗北は、明らかに北京の注目を引くことになった。中国の分析結果は宇宙力の役割を非常に大きく扱った。NATO軍は約86個の衛星を使用したと判断された。[8] 他の中国の分析は、NATOの宇宙システムは、戦場通信の70パーセントを、戦場監視と偵察の80パーセントを、また気象データの100パーセントを提供し、かつそのことをあらゆる天候状態で1日24時間を通じて実施したとの結論付けた。[9] これらの宇宙システムはリアルタイムのデータを高密度で継続的に提供した。NATOは、宇宙システムが持続的な調整攻撃のために正確な位置を提供したことから、宇宙ベースの情報を用いる精密誘導弾薬の98パーセントを使用してセルビア軍を攻撃することができた。[10] 空軍力は十分な宇宙力が支援したという理由だけで目的を達成することができた。

将来の「現代のハイテク条件下の局地戦」で勝利するためには、自軍のための宇宙への自由なアクセスが必要になるだけではなく、また敵の同様な能力を拒否する必要がある。敵が必要とする情報量の獲得を阻止することによって、敵の部隊および作戦の調整はますます困難になる。重要なことは、敵が慣熟している（訓練している）方法で作戦するのを阻止することによって、敵の効率性と柔軟性は非常に低下し、その結果、敵は中国の行動に対してより脆弱になるであろう。事実、敵の宇宙能力を低下させることによって、敵のOODA（observe［監視］-orient［情勢判断］-decide［意思決定］-act［行動］）ループは妨害されることになる。攻勢宇宙作戦は宇宙情報支援活動を補完し合うものとしてますます認識されてきた。

情報化条件下の宇宙戦および局地戦

また、この変化は将来戦に関する中国の概念が進化しつつあることを反映している。人民解放軍の「新歴史的使命」の一部として、胡錦濤は２００４年に、人民解放軍は電磁波スペクトラムだけではなく宇宙空間においても中国の権益を確保しなければならないということを明確にした。[11] 人民解放軍の責任に宇宙領域を明確に組み込んだことは、情報優勢の確保に関係する宇宙優勢をますます重要視していることを反映したものであった。

確かに、人民解放軍が「現代のハイテク条件下の局地戦」に対する準備から「情報化条件下の局地戦」に変化したので、宇宙はますますその「情報化条件（情報化された状況）」の一部とみなされるようになった。人民解放軍の文書が記述したように、「情報化条件」とは単にコンピューターおよびサイバー戦を指すものではない。それはすべての種類の情報の収集、伝達および活用を含んでいる。宇宙はこれらの全任務において中心的な役割を果たしている。『戦役学』２００６年版の中で、「宇宙領域は日毎にきわめて重要な1つの戦闘空間になりつつある……宇宙はすでに新しい戦略的高地になっている」ということが明確に述べられている。[12]

このことは「戦役基本指導構想」の改定文書の中で例示されている。「統合作戦および敵を制する精密攻撃（整体作戦，精打制的）に関する新しい構想は、改訂前の「統一作戦、要点攻撃」よりも宇宙ベース・アセットからのより多くの情報支援を必要とする。一例としては、きわめて重要な目標に対して精密兵器・

弾薬を用いることである。その目的は重要な目標を破壊するだけではなく紛争の進行と烈度を正確に統制することである。[13] また、それは敵のシステム（およびシステム・オブ・システムズ）の正常な機能を混乱させることも必然的に伴っている。その焦点は、敵の兵器または部隊を正確に破壊することではなく、麻痺に導く混乱に置かれている。[14] 宇宙システムからの情報はそのような精密作戦を容易にする。「紛争において、宇宙優勢を確立すること、情報優勢を確立すること、および航空優勢を確立することは、大きな影響力を持つことになる[15]」

同様に、2013年版『戦略学』の中で、宇宙は、きわめて重要な将来の戦場としてのネットワーク空間と電磁波スペクトラムにおける戦いに関連付けられた「情報化戦争における戦略的高地」だと考えられている。[16] 中国の概念では、宇宙は、それ自身のためではなく、情報を収集し、伝達し、また活用する能力に関して、優位性を与えるという点で重要である。他の中国人アナリストが結論付けているように、「宇宙作戦は情報の優位性を確立する中心となる手段となるであろう[17]」

中国の宇宙に関する能力――簡潔な概観

中国の全体的な宇宙に関する能力は、これまでの20年間で著しく向上している。計画863の結果として、中国の上級指導者は、政治的および資源的な表現で、宇宙活動に対する支援を再開した。江沢民（1992―2002）の下で、中国は低軌道衛星と静止軌道気象衛星（風雲シリーズ）を展開し、静止軌道通信衛星（東方紅3号シリーズ）、およびさまざまなペイロード（有償荷重搭載量）の回収可能な衛星

（返回式衛星シリーズ）を改良した。

中国の地球観測衛星もこの間に進歩している。ブラジルと協力して、中国は1999年に直接地球に映像を送れる最初の電気光学画像衛星である中国・ブラジル地球資源衛星（CBERS）を展開した。その後、中国はブラジルを関与させずに数個の同様な衛星を打ち上げた。それらの衛星は、CBERS衛星と区別して、地球観測リモートセンシング衛星シリーズとして知られている。

2000年に中国は航法衛星システムを展開する三番目の国となり、2機の北斗地域航法衛星を静止軌道に打ち上げた。このシステムは、通信機能も有しており、2008年の四川地震の間に使用された。[18]

江沢民の後継者である胡錦濤は中国の宇宙計画に対する支援を継続した。胡錦濤が指導した期間（2002-2012年）に、中国はリモートセンシング（遠隔探査）衛星（遥感シリーズ）、実践シリーズのような超小型衛星、および改良型の風雲と資源衛星を含むさまざまな新しい衛星システムを展開した。胡錦濤の下で、中国は数機の有人宇宙船（神州）を軌道に乗せ、月面開発計画

表　6.1　中国の衛星群

衛星群名	中国語	機能
Beidou(Big Dipper)	北斗	位置評定、誘導、計時、通信
Fenghuo（Signal Fire）	烽火	軍事通信
Fengyun（Wing and Clouds）	風伝	気象
Gaofen（High Resolution）	高分	高解像度地球観測
Haiyang(Ocean)	海洋	海洋監視および偵察
Huanjing(Environment)	環境	環境監視
Shentong(permeating)	神通	軍事通信
Shijian(Practice, or Implementation)	実践	技術実験、おそらく軍事的利用
Shiyan(Experiment)	実験	技術実験、おそらく軍事的利用
Tianlian(Sky Link)	天鏈	データ中継
Yaogan(Remote Sensing)	遥感	リモートセンシング（遠隔探査）
Ziyuan(Resource)	資源	地球観測

に着手して嫦娥1号および2号月面探索機を打ち上げた。

習近平が2012年に政権について以来、彼は中国の宇宙計画に対する高レベルの政治的支援を減らしたことはない。中国は2013年に自国の高解像度地球観測衛星（高分シリーズ）を就役させた。二番目の中国の宇宙実験室である天宮2号（2016年9月15日に打ち上げ成功）は、2016年に打ち上げられると予想されており、中国の有人宇宙任務の次の段階の一部となるであろう。中国のロボット月面探査車玉兎は（米国の）アポロ17号以来の最初の月面着陸を記録することになった。また、中国は月の裏側に対する最初の着陸は2018年になるであろうと公表した。中国の最新の衛星群を表6・1に示す。

中国の宇宙計画はより幅広い国家経済発展の目的に役立たなければならないという鄧小平の勧告を遵守して、多くの中国の衛星は、軍だけではなく都市計画や農業計画を支援する二重使用（デュアルユース）の目的を持っている。地球観測衛星、測位・航法衛星、および気象衛星を含む多くの中国の衛星計画に関する重点は最先端の能力を生むことよりも中国の経済発展をより支援することにある。

このことはまた互恵的な関係にある。中国の宇宙産業複合体は資源への着実な投資で利益を得ている。中国の宇宙技術の多くは国産で開発されている。中国の衛星、打ち上げ用ロケット、および地上の支援装置は国内で生産されている。2つの主要な航空宇宙複合企業体である中国航天科技集団公司（CASC）および中国航天科工集団（CASIC）が、打ち上げロケット、地上装置および関連するサブシステムならびに支援品目などの宇宙システムのすべてを製造している。

同様に、強力な国家宇宙インフラは軍のためにも役だっているようにみえる。軍の宇宙システムは、その素晴らしい特性と最先端の能力により、高価格であり、したがって数に限界がある。民間の宇宙アセットは、数が非常に多いようでありまた多くの場合、軍のものよりも早く開発されている。したがって、中国のアナリストは広範囲に及ぶ民間宇宙システムは、少なくとも情報支援と宇宙監視のために、軍の宇宙力（部隊）を効果的に増強できると結論付けている。[19]

中国軍の宇宙作戦に関する構想

しかしながら、中国の宇宙計画は単に民間使用だけに向けられているのではない。それは同様に人民解放軍に、「ハイテク条件下の局地戦」および「情報化条件下の局地戦」の双方に必要不可欠と考えられる情報の重要な要素を与えている。さらに軍は、人民解放軍が中国の宇宙施設を運用しているように、中国の宇宙活動において特に大きな役割を果たしている。[20]

胡錦濤の下で、人民解放軍は宇宙戦闘能力を公に誇示し始めた。人民解放軍は2017年1月に、動的（運動エネルギー）撃破型の対衛星システム（対衛星攻撃兵器［ＡＳＡＴ］）の直接上昇実験を行った。西昌（四川省西南部の市）衛星打ち上げセンターから発射された中国のＡＳＡＴは低軌道上の機能停止した風雲－1Ｃ気象衛星を破壊した。その過程において中国は大量の宇宙ごみを発生させた。[21] ほぼ3年後の2010年1月に、中国は対ミサイル実験と呼ぶものを行った。米国国防総省によれば、その実験には「宇宙ベースのセンサーによって観測された大気圏外衝突を伴う2つの地理的に離隔したミサイル発射の事象」が含まれていた。[22] また、この実験は中国の科学者が自分たちのＡＳＡＴを向上させるのに役立った。2012年8月に、2機の超小型衛星はきわめて接近するように巧みに誘導され、明らかに相互に「衝突」させられた。[23]

この衛星攻撃（対衛星）開発の取り組みは習近平の下でも継続されている。2013年5月に、中国は他の攻撃衛星の実験を行った。しかしながら、この兵器は上空2万6000マイル（約4万1600キロメートル）以上の地球静止軌道帯までの目標に脅威を及ぼすと評価されている。[24] これは、ある国がその（静止）軌道内の衛星を危険な状態にすることを明白に意図した兵器の最初の実験である。ある上級の米軍将校が「最も貴重な軌道」と記述したように、静止軌道帯は大量の通信衛星だけではなく戦略的早期警戒衛星および気象衛星が密集しているところである。[25] そのようなシステムを破壊することは情報優勢を確立するための大きな一歩となるであろう。

他の中国の軍事活動と同様に、人民解放軍の宇宙に対する取り組みは、「指導的な考え」すなわち宇宙を支配することは「積極防御、すべての面の一体化、重点は宇宙を支配すること（積極防御、全維一体、重点制天）」であると記述されている趣旨の範囲内で行われている。[26] それぞれの表現は多くの重要な考え方（概念）を具体化したものである。

「積極防御」の概念（考え方）は、中国の全軍事戦略に不可欠なものであり、また前記のような宇宙関連の作戦に限定されるものではない。「積極防御」に関する人民解放軍の考え方は戦略的には防御を前提としているが、戦術または作戦レベルでは主導権を握ることを強調している。宇宙作戦の文脈においては、積極防御は、侵略を抑止しまた国家の安全と利益を維持する間でさえも、より戦略的に防御の立場をとっている。中国の軍事文献は、宇宙では地上のようには、中国人は戦争を突然引き起こすことはないであろうと仮定している。しかしながら同時に、「積極防御」の考え方は、人民解放軍が宇宙関連の作戦において主導権を握ることを含み、宇宙戦闘への準備をすることを求めている。特にそれ（積極防御）は、「防御の目的を戦略的に確保するために、戦役および戦術レベルでの攻勢的行動を前提としている。[27]

「全面一体化の概念」は、宇宙作戦の多義にわたるものを一体化する考え方に関係するものである。まず、第一に、その概念は、軌道上にある衛星だけではなく地上のミッション管制、すなわち打ち上げならびに衛星が機能するのを可能にする追跡、テレメトリ、およびコマンド（TT&C）施設および全組織を一緒に結ぶデータリンクを含み、宇宙を全体的な環境とみなしている。宇宙優勢を目指して、中国は三要素すべてを攻撃しかつ防護しようと考えている。ミッション管制施設の破壊、TT&C回線の妨害、または重要な時に衛星を止める指示の入力は、特定の衛星に対してASATを打ち上げるのと同じくらい効果的である。

また、「全面一体化」の概念は、宇宙空間だけではなく陸上、海上、空中、および電磁波スペクトラム（たとえば、サイバー戦および電子戦の作戦）を含む軍事活動の各種領域を、統合の形態で、他の領域に寄与しまた他の領域からの支援を受けるそれぞれの領域における作戦としてみることを要求する。宇宙作戦は統合作戦、特に情報作戦の一構成要素であることから、統合の見方がきわめて重要になる。各構成要素が他を補い有機的に総合（統合）された全体を創出することが必要である。[28] 宇宙作戦は地上作戦を助長し、一方で陸上作戦、航空作戦およびコンピューターネットワーク作戦は宇宙優勢の獲得を促進させることができる。これらの作戦のすべては最終的にはあらかじめ決定された政治的な目的に指向される。

同様に、全面一体化の概念は、攻勢および防勢作戦、情報支援および火力（射撃）支援の準備、および「ハードキル」と「ソフトキル」の手段を含むさまざまな戦時の活動を、個々の段階、任務、また手段としてよりも、統合されたまたは一体化した形態としてみる必要がある。宇宙作戦を適切に実行するには、直接上昇、動的破壊ロケットのハードキル手段と連携して、眩惑させ、あるいは妨害するようなソフトキル手段の利用を必ず含めなければならない。宇宙作戦は、宇宙システムからの気象、測位と航法、通信情報の提供だけではなく、敵の宇宙打ち上げおよびミッション支援施設に対する空中、陸上、海上からの攻撃などの、地上作戦と調整する必要がある。

この目的のために、宇宙作戦の指揮統制は中心的な役割を果たす。攻勢および防勢作戦を含む宇宙活動は密接に調整される必要があるだけではなく、偵察、早期警戒、通信、航法およびさまざまな他の宇宙情報支援アセットに対する競合する要求も管理されなければならない。このことには軍事的な宇宙アセットだけではなく、同様に民間および商用のシステムも含まれる。したがって、宇宙作戦は全般的な統合戦役計画の中に統合されなければならい。宇宙作戦の指揮統制は、宇宙関連の要求、時刻同期、および組織を全般的な統合戦役のそれらと調整しなければならない[29]。この一体化指揮系統ネットワークは、軍、民間、および商用の資源を利用することができ、またすべての側面を一体化するために必要不可欠な手段である。「重要な点は宇宙優勢を確立することである」という概念は、人民解放軍が重視する「敵の要点」攻撃、特に敵の「戦闘システム・オブ・システムズ」（作戦体系）部分のノード（ネットワークシステムの接続中継点）攻撃（重打要害）に一部基づいて作られている。重要な点は宇宙優勢を確立することであるので、人民解放軍の司令官は、敵を麻痺させるために、重要な目標をハードキルとソフトキル兵器を組み合わせて精密攻撃するために、隷下の最良の部隊と能力を集中することになる。

ＩＴの大きな進歩は、陸上、海上、空中、宇宙、および電磁波・サイバーの領域を横断して、部隊と兵器をますますネットワーク化させることになる。このネットワーク化はさまざまな部隊を全体にわたって相乗効果を生み出すことにより戦闘効果を著しく向上させるが、ネットワーク化はまた新しい一連の脆弱性をもたらしている。中国の文献は、測位、航法および時刻同期（ＰＮＴ）のための宇宙システムの重要性を考慮した場合、それに関連するネットワークの混乱はそのＯＯＤＡループを混乱させることになる。

したがって、統合作戦における重点攻撃は、敵の情報収集と伝達のノードおよび指揮統制ネットワークだけではなくそのPNTの一群（衛星群）を混乱させるように努めなければならないと記述している。中国の見解では、そのような攻撃は、敵の統合されたシステム・オブ・システムズにそれらの情報の喪失（デコヒーランス）を引き起こすことになる。

したがって、「重要な点は宇宙優勢を確立することである」という概念は、敵の宇宙関連システム（地上施設およびデータリンクを含む）の干渉、妨害、攪乱および破壊を含むさまざまな戦術と部隊を多様な方法で包括的に利用する宇宙優勢の確保を重視する。その目標は、敵が宇宙システムを運用するのを阻止すること、および自分たちの宇宙作戦を防護・維持することである。また、宇宙優勢を確立することは、地球上作戦に対して情報支援を与えるか、宇宙抑止に着手するか、あるいは残存する敵の宇宙アセットに対する作戦を実施するかどうかにかかわらず、宇宙の活用を含んでいる。[30]

「重要な点は宇宙優勢を確立することである」という概念は、いくつかの潜在的重要性を持っている。1つは宇宙優勢の確保を優先させる必要性である。

人民解放軍の指揮官は敵の宇宙システム（地上施設、軌道周回プラットフォーム、データリンク）に対抗して資源を配分する必要があり、かつこれらの作戦を不当に扱うことはできない。これらの攻撃は紛争の経過全体にわたって維持されなければならないが、紛争の全経過に影響を及ぼしそうな緒戦には特に留意すべきである。

重要なこととして、敵が同様に宇宙優勢を追及している以上、自分たちの宇宙インフラの防御も優先する必要がある。このことは敵の直接攻撃に反撃する堅固な防御だけではなく、敵を誤った方向に導く欺瞞手段を含むハードとソフトの両防御を組み込むことを必然的に伴うことになる。

意のままになるあらゆる国家の宇宙アセットをもってしてもなお、限られた資源基盤しか残っていない。中国のアナリストは、宇宙システムは壊れやすいと認識している。すなわち、重要なことは、宇宙システムは非常に高価であるため、富裕な国でさえ、プラットフォームの十分な予備を持てそうにはないということである。多くの国は重複する余分な地上の宇宙打ち上げ施設およびミッション管制のネットワークを持ってはいない（4つの打ち上げ施設を持つ中国は、普通ではない）。したがって、「重要な点は宇宙優勢を確立することである」という概念に関する最後の側面は、宇宙作戦は、焦点を合わせる必要があり、かつ手当りしだいではないということである。敵の宇宙インフラに対する攻撃は他の作戦と注意深く調整する必要がある。その攻撃は、効果を最大にするために、全戦役においてきわめて重要な時機に開始されるべきである。

宇宙優勢および情報優勢

第一次湾岸戦争以後の数十年間に、宇宙優勢と情報優勢の関係に関する中国の評価は進化した。中国の文献においては、情報優勢を支援するために宇宙優勢を確立するということをますます重視するようになっている。いくつかの人民解放軍の分析は、たとえば、宇宙は情報化戦争における「戦略的高地」（戦略制高点）であるとみている。同分析は、宇宙領域を支配することは、どのような他のものを支配するよりも情報化戦争により大きな影響を持つことになるであろうと結論付けている。なぜならば、それは宇宙アセットが次に示す能力を提供するからである。

◉重大な軍事活動が発覚せずに生起することがないような、リアルタイムの世界的な監視および早期警戒

◉安全な長距離大陸間通信

◉水平線超え目標に対するものを含む長距離精密攻撃を支援する測位および航法情報

これらのすべての能力は政治的な国境、物理的な地形、または気象条件および日時によって制限されることはない。[31]

宇宙優勢があれば、中国は情報支援を得ることができまた敵に対する情報支援を拒否することができる。米国の宇宙システムへの依存が特に注目されている。ある中国の評価は、米国の、軍事通信、航法、偵察・監視、弾道ミサイル早期警戒、および環境監視に対する衛星支援への実質的な投資について記述している。[32] 中国の宇宙優勢は、それらの能力すべてに影響を及ぼすことになる。

中国の見解では、宇宙に対する依存は米国だけの特徴ではない。人民解放軍の文書は他国の宇宙開発に関する詳細な所見を明らかにしている。ロシアの宇宙開発は特に中国の注目を集めている。中国の軍事教本『軍用航空宇宙』はロシアおよび米国の航空宇宙戦力について論じている。[33]『戦略学』2013年版は、ロシアが宇宙を国軍刷新活動の主要な焦点にしており、またモスクワはロシア経済が改善するにつれて宇宙分野に対する投資を増大させていると述べている。[34] 中国はロシアもまた宇宙に大きく依存していると考えている。ある中国の文献は、「もしロシアが宇宙において有利な立場をとらないならば、その時は信頼できる通信・偵察（能力）を持てなくなり、その場合、ロシアは現代化された情報システムを欠くことにな

り」、ロシアは見えなくまた聞こえなくなるであろうというロシアの論評について説明していた。[35]

情報と宇宙優勢との関係は、より多く指摘した後者のための争いとなるであろう。中国の文献は、宇宙優勢なしでは、情報優勢および航空優勢を獲得することができず、そのために中国は地上優勢および海上優勢を達成できないと信じている。敵の自由な使用を拒否するだけだとしても、宇宙は必然的に戦場になるであろう。[36] どちらの側も、この戦域が情報優勢を確保する中心的な決定要素となるので、この戦域を無視できない。[37]

宇宙作戦に関係する任務領域

人民解放軍の分析官は、軍の宇宙作戦は、必然的に5つの大まかな「様式」あるいは任務領域、すなわち宇宙抑止、宇宙封鎖、宇宙攻撃作戦、宇宙防御作戦、および宇宙情報支援の提供を必然的に伴うと信じている。[38] 中国の宇宙作戦は、単独ではなく、情報優勢を支える大規模な統合戦役の一部として実施される。

宇宙抑止

宇宙抑止は、敵を抑止あるいは強制するために宇宙における部隊と能力を使用し、紛争の勃発を防止し、紛争が起きた場合にその範囲を限定することである。宇宙抑止は、宇宙で得られた情報がますます軍事だけではなく経済および社会分野にも影響を及ぼしていることから、実行可能である。強力な宇宙能力を誇示し、また決意と意思を示威することによって、人民解放軍は、宇宙からまた宇宙を通じて得られた情報へのアクセスの喪失および結果として生じる反動に関して、敵に疑念と畏怖を引き起こそうと努めている。敵は、目的を断念するか、または作戦の規模、深さ、および種類を制限することになり、人民解放軍と中国に利益をもたらすであろう。[39]

宇宙抑止に関する中国の概念は、中国の宇宙のインフラに対する敵の攻撃を抑止することに焦点を当てて「いない」。その代わりに、中国は、敵を思いとどまらせるため、あるいは敵を中国の目的に従わせるために、敵の全般的な認識に影響を及ぼす手段として宇宙システムを使用することに焦点を当てている。したがって、宇宙抑止の中国の概念は、宇宙における抑止というよりも、宇宙を手段とする抑止である。

宇宙能力はさまざまな方法で全般的な抑止効果に寄与するとみられている。1つは他の軍を強化することである。通常戦力と核戦力は、航法、偵察および通信情報を提供する宇宙ベースの基盤によって支援される場合、さらに有効になる。核戦力および通常の抑止力はさらに有効になり、それ故さらに信頼できるようになる。

また、宇宙システムは、それ自身で敵を強制あるいは思いとどまらせることができる。宇宙システムは取り換えるのに非常に高価でかつ厄介である。宇宙システムがリスクにさらされている敵は費用対効果を考えなければならない。中国の抑止または威圧的な行動の焦点（たとえば……）は、大きな損壊を受けた、あるいはさらに破壊された宇宙インフラの修復や交換のための予想されるコストに値するであろうか？

さらに、宇宙システムは軍事だけではなく、経済、政治、および外交分野にも影響を及ぼすので、宇宙システムに対する被害は広範囲にわたって影響を及ぼすであろう。[40] 他の軍事作戦または金融活動およびその他の活動に対する宇宙ベースのシステムからの情報の損失は、中国の要求に応じることよりもさらに悪い結果を引き起こすだろうか？　中国は明らかに、敵の見積もりが中国の目的に挑戦しない方がより有利であると結論付けることを望んでいる。宇宙システムに対する妨害および混乱の脅威でさえ、「国家の意思決定者および関連する戦略的な意思決定に対して、あるレベルの心理的な恐怖を与え、かつ衝撃を引き起こすことになるであろう。[41]

　人民解放軍の教材はいくぶん「エスカレーション・ラダー」（抑止の梯子、多層的な抑止の概念）に似た宇宙抑止行動における階層の認識があると示唆している。これらの階層は、宇宙部隊と兵器の展示、宇宙軍事演習、宇宙部隊の配備と増強、および宇宙兵器の運用を含んでいる。

「宇宙部隊と兵器の展示」は、平時また危機開始の初期時に行われる。これらは敵に、危機を段階的に拡大（エスカレーション）させることを、あるいは紛争に至る行動の実行を思いとどまらせるための警告である。このような展示はある宇宙部隊を目立たせるためにさまざまな報道機関を用いることを含んでおり、また理想を言えば、外国の駐在武官を兵器の実験および実演に招待するというような政治的および外交的な意思表示および行動によって補完される。

「宇宙軍事演習」は、宇宙部隊と兵器の展示が敵に対して行動の変更を十分に強制できない場合、平時にまたは危機が高まる時に実施される可能性がある。それらには実際の戦力およびコンピューターによるシミュレーションが含まれる。その演習は自らの能力を示威し、また実施中の準備も展示する。また、そのような演習は軍の宇宙部隊の即応態勢も向上させることになる。その例には、弾道ミサイル防衛の試験、対衛星部隊の試験、「宇宙攻撃」（空間突撃）対衛星能力の実演演習、および宇宙システムからのリアルタイムおよびニアリアルタイムの情報支援の展示がある。

「宇宙部隊の配備」は宇宙抑止の取り組みの重要な段階的拡大だとみなされる。これらは、宇宙部隊の配備の迅速な調整を含んでおり、また一方が、敵が戦争を準備していると結論を下すと開始される。宇宙軍事演習のように、この方法は、敵を抑止しようとするだけではなく、抑止が失敗した場合は、自らの戦闘準備を向上させることになる。軌道上のアセットを移動させること、または追加のプラットフォームおよびシステムの展開を含むことになるかもしれないこの段階をとることは、敵に対して部隊の局地的な優勢をもたらすであろう。それはまた、宇宙部隊の配備を維持しまたそれらが新しい任務に備えるのを可能にするために、ある宇宙アセット（たとえば宇宙シャトルバス）の復活を必要とするであろう。このことは、切迫した紛争の兆候のように、危機が差し迫った地域からの扶養家族の避難に類似するかもしれない。

宇宙抑止の最終段階の中国用語は、「宇宙空間の衝撃および畏怖させる打撃」である。前3つの、暴力性がより低い抑止の方法が不十分であるならば、人民解放軍は、敵に対して中国は国家防衛のために本格的な広範囲に及ぶ紛争に対する準備（覚悟）ができていると警告するために、懲罰攻撃（打撃）を実施するであろう。そのような攻撃は、敵の抑止および諫止に関する「最高かつ最後の手段」（最高形式和最后手段）としてみられている。これらはハードキル手段、ソフトキル手段、またはその組み合わせを伴うことがある。成功した場合、敵対する意思決定者は心理的に動揺させられ、自分たちの行動を止めるであろう。失敗した場合、敵部隊はそれでもなお、相当の被害および損害を被ることになるであろう。

宇宙封鎖

宇宙封鎖は、敵が宇宙に侵入するのを、また宇宙を通じて情報を収集しまた伝達するのを妨害するために、宇宙および地上部隊を使用する。それにはいくつかのさまざまな異なる宇宙封鎖活動がある。その1

つの方法は打ち上げ施設、TT&C施設、およびミッション管制センターを含む地上の宇宙施設を遮断・封鎖することである。それらの施設は動的（運動エネルギーを利用する）手段（たとえば特殊部隊、ミサイル）によって、または電子戦とネットワーク戦の取り組みによって混乱、途絶させられる可能性がある。

他の方法は、軌道を妨害することである。これには、宇宙デブリ（ごみ）の雲を作り出し、あるいは宇宙機雷を配備するようなことによって、軌道周回衛星を破壊し、あるいは軌道を妨害することが含まれる。脅威を及ぼす衛星は、その機能を（たとえば衛星にフィルタをかけさせる、または新しい軌道へ移動させることを強いることによって）制限する可能性がある。しかしながら、そのリスクには、いずれの前記の方法も、第三者の宇宙システムを損壊する可能性があり、その結果として戦略的な結果を引き起こす可能性がある。したがって、中国の文献は、宇宙封鎖には精密な管制すなわちきわめて詳細な宇宙状況認識と兵器の高度に集中した限られた配備のために、非常に高い要求を課していると強調している。

もう1つの代替案は、打ち上げの時間帯の妨害である。もし一方が、搭載システムを妨害し、あるいは別の方法で計画を混乱させるいずれかの方法によって、打ち上げを遅延させるならば、衛星は適時に正確な軌道に到達しない可能性が高い。かつて、いくつかの米国の宇宙への打ち上げは、漁船およびプレジャーボートが打ち上げの予定飛行経路に沿って存在したために、遅延したことがあった。[42] もう1つの妨害方法は、打ち上げ宇宙飛翔体の加速（ブースト）段階における迎撃である。

最後に、だれでも情報封鎖を行うことができる。1つの方法は地上管制所と衛星間のデータリンクを妨害しまた混乱させることである。衛星の管制システムを乗っ取り、あるいは地上管制所が指令を出すのを妨害することによって、衛星は事実上無力化される。まただれでも衛星が収集している、あるいは伝達しているデータを妨害することが可能である。衛星の管制を不正に変更するよりも、衛星によって中継されるデータの品質を低下させ、またはそのデータを遮断することが可能である。情報封鎖の第三の方法には、センサーや他のシステムに対して低出力の指向性エネルギー兵器を用いて、衛星を「眩惑させること」が含まれる。いずれの場合においても、その意図は、「ミッションキル」を達成することであり、そのことにより（敵の）衛星は必ずしも破壊されないが、その機能を果たせなくなる。

宇宙攻撃作戦

宇宙攻撃作戦を実施する能力は宇宙優勢および宇宙封鎖にとって不可欠である。これらの作戦には、軌道上、陸上、海上および空中の目標を含む一連の敵の宇宙関連目標に対して攻勢作戦を実施する宇宙および地上部隊が含まれる。一般的に、宇宙攻撃作戦は、きわめて重要な戦略的および作戦的な宇宙関連目標、すなわち「要点」を攻撃する。[43]

宇宙攻撃作戦は、中国の見解では、「一体化作戦、すなわちステルスと奇襲、要点攻撃および迅速な断固たる行動」によって特徴付けられている。「一体化作戦」は、「一体化戦闘力」を創出するためには、宇宙攻撃作戦を陸上、海上および航空作戦と調整する必要があるということを反映している。この作戦は、敵が最も予期していない決定的な時機に、ステルスを利用して、着手させるべきである。またこの作戦は、物的損害を最大にするだけではなく敵の士気を低下させるために、予期しない方法と戦術を合体させなければならない。ハードキルとソフトキルの混合した方法を用いることによってステルスを最大にし、敵を混乱させ、防護をより困難にさせることによって、さらに奇襲を創出できる。

「要点攻撃」とは、現在、敵の戦闘システム・オブ・システムズの重要な目標に対して緊要な時機に、主要な方向に沿って宇宙兵力を集中する、明確な目標のある宇宙作戦のことを指している。その目的は、敵が統合した能力を発揮するのを妨害するために、敵のシステム・オブ・システムズを混乱させ、漸減し、また麻痺させることである。[44]また、これには敵の宇宙アーキテクチャを慎重に評価し、また重要なシステムおよび脆弱性を特定することが必要である。

「迅速な断固たる行動」は戦役において全般的主導権を確保するために宇宙攻撃を用いることを意味する。圧倒的な最初の一斉攻撃後に続く持続的攻撃により、単なる主導権の維持だけではなく作戦目的を達成し、迅速に紛争を終結させることが可能となる。同時に、宇宙攻撃作戦は、宇宙のプラットフォームおよび兵器の限定された利用可能数、それらの脆弱性、および（必要数を制限する）予算のために、比較的限定された期間になるであろう。

中国の概念では、宇宙攻撃作戦には、敵宇宙関連システムの全範囲にわたる攻撃が含まれる。重要な攻撃目標の１つはさまざまな衛星群である。これらは、さまざまなハードキルの方法で、たとえば指向性エネルギー兵器、動的撃破飛翔体（２００７年の対衛星実験で使用されたような）、および宇宙機雷と共通軌道上の対衛星システムによって、攻撃される可能性がある。[45]

「宇宙電子戦および宇宙ネットワーク戦」のような情報戦の方法は同様に有益である。宇宙で利用される一体化ネットワーク電子戦の方法は、敵の搭載されたコンピューターおよび他の電子要素を含むさまざまな衛星システムを妨害し、また混乱させることができる。そのような方法は、動的撃破飛翔体および他の物理的な攻撃による衝突に関係するデブリを発生させることなく、効果的にプラットフォームを無力化する「ミッションキル」を達成することができる。このようなソフトキルの方法は宇宙における情報戦闘を実行するきわめて重要な１つの手段である。

さらに、地上の情報作戦が情報・火力一体化攻撃を含むように、宇宙にも同じことが当てはまる。敵の地上の宇宙支援機能を攻撃することは、中国の考えでは、敵の指揮ノードや軍事基地に対する伝統的な攻撃に匹敵する有利な立場を確保するきわめて重要な方法である。[46] また、そのような攻撃は軌道周回中の損害を受けまたは破壊されたシステムを補強しあるいは交換する敵の能力を妨害する。ある分析が指摘しているように、宇宙および地上の両目標を攻撃することは、局所的宇宙優勢を確立するために必要である。[47] したがって、中国の分析は、中国は打ち上げサイトおよびこれ付随するデータ、ならびに双方を連結する通信システムを含む敵の宇宙関連構造物の地上構成要素を攻撃目標にすると指摘している。それ故に、空中、海上、陸上、また特殊作戦部隊はＡＳＡＴおよびレーザー眩惑システムとともに、攻撃宇宙兵器兵力の一部である。[48]

しかしながら、中国の著者（立案者）はまた、地上の目標特に敵の本土領土内に配置された目標に対する攻撃は、重要な戦略的な結果を引き起こしまた反撃を受ける可能性があるということについても明確に理解している。したがって、戦略的な宇宙目標に対する攻撃は最高政治当局の承認を必要とする。[49] また、中国のアナリストは宇宙攻撃作戦が結局、宇宙対地攻撃作戦も含むことになると信じている。すなわち、宇宙ベースの兵器は地上の目標を攻撃するということである。中国の解説者は、たとえば。Ｘ−37無人宇宙船は即時全地球攻撃能力の基地として役立つであろうと断定している。[50] 同解説者は、宇宙戦力および航空戦力の開発に関する類似点、すなわち、火力支援の準備のために、情報の支援（航空機による砲兵の観測、宇宙ベースの偵察および監視）を提供することから、敵の情報支援システムに対する攻撃までの着実な動きを明確に理解している。

宇宙防御作戦

人民解放軍は、宇宙情報作戦と宇宙攻撃作戦を実施する間に、宇宙防御作戦も実施する。宇宙防御作戦は、自分たちの宇宙システム（軌道周回衛星、地上施設、関連するデータリンクを含む）を敵の宇宙攻撃または地上攻撃から防御し、また国家の戦略的目標となるものを宇宙システムおよび弾道ミサイルの攻撃から防護することである。[51]

宇宙防御作戦はパッシブまたはアクティブ防御手段の組み合わせを必要とする。パッシブ手段は中国の衛星をより探知困難にし、またその機能の測定をより困難にする。中国の文献は、宇宙システムは偽装とステルスの手段を組み込み、宇宙飛行体の特性と機能を敵の観測および探査から秘匿しなければならないと提言している。[52]他のパッシブ手段とは、衛星を敵の探知を避けるように計画した軌道に配置すること、現実の作戦上の目的に関して敵を欺くために政治的な、外交的な、また他のチャネルルートを使用すること、あるいは敵の意思決定に影響を及ぼすこと、敵の追跡能力を過負荷状態にするために偽目標およびデコイ（囮）を展開することなどである。

宇宙において物体を長期間隠蔽することは困難であるので、中国は復元力すなわち衛星が発見された後でも宇宙システムの存続性を延長させることに対する関心も示している。いくつかの中国の文献は、単一の大きなシステムよりも、ネットワークおよび集合体（一群）の中に小型および超小型の衛星を配置することについて論じている。ある中国の分析によれば、多数の超小型衛星は、少数の大型でかつそれぞれが非常に高性能なシステムよりも、脆弱性がより低く高性能であるか、より高性能であろうと述べている。[53]非常に大きな衛星は、たとえ地上との接続が切られたとしても作戦を継続するように、自律的に機能を果たすことができなければならない。[54] さらに陸上の管制装置は、攻撃の兆候があった場合には、衛星を移動させる準備をしておくべきである。衛星が感知した攻撃を避けるために独自にその軌道を変えることができる十分な自律性は、中国の将来の衛星に組み込まれる可能性が高い。

　もう1つの残存性対策は堅固にすることである。しかしながら、このことは、宇宙飛行体が本来非常に脆弱であるので、ある程度までが限度である。これは、多くのサブシステムを小さな容積およびきわめて敵対的な宇宙環境空間に集中させるという本来的な機能であり、そのために宇宙飛行体のどのような損傷も実質的なカスケード効果（ある現象がねずみ算的に増えていくこと）を有する可能性がある。[55] 同様に、ミッション管制施設を含む、いくつかの地上施設は物理的に強化されるかもしれないが、テレメトリ（遠隔測定で得たデータ）を扱う大型アンテナに対する要求が、物理的な強化がどのくらい可能であるかということに制限を加えている。

　しかしながら、宇宙防御作戦は、中国の見解では受け身の、反応型の手段・方法だけを意味するものではない。ある人民解放軍の論文が記述しているように、我々はさらに、宇宙防御作戦の過程において、攻撃手段を用いることができ、また用いるべきであり、かつ主導権を追及することができ、また追及すべきである。

　より積極的な防御には、以前に確認された共通軌道上のＡＳＡＴのような敵の対衛星兵器に対するターゲッティングが含まれる可能性がある。さらに、攻撃および防御の両手段は、宇宙部隊だけではなく陸上、海上、および航空部隊によっても着手されるべきである。[56] 中国の見解では、火力攻撃を含む電子的手段と物理的手段の結合は、敵の宇宙システムを混乱させまた抑圧するであろう。ＴＴ＆Ｃ施設のような地上の支援要素に対する攻撃は、宇宙攻撃作戦を含む各種宇宙作戦を実施する敵の能力を混乱させ、そのことにより宇宙防御作戦を容易にする。

「宇宙防御作戦」に関する中国の概念は、米国の『JP3－14宇宙作戦』で説明されている「防御的宇宙統制」とは必ずしも同じではないということに注目すべきである。実際、いくつかの側面は、米国の意味における「攻撃的宇宙統制」と重複するようにみえる。[57]

宇宙情報支援作戦

『軍用航空宇宙』の2005年版、すなわち軍事的な宇宙活動に関する人民解放軍の教本において、宇宙システムによる情報支援の提供は、宇宙抑止に次ぐ第二番目の任務として位置付けられている。[58] 2013年に公表された人民解放軍の教材では、宇宙システムによる情報支援の提供はその時点では5任務の中で第五番目の任務であった。このことは、宇宙における情報支援作戦は、依然として重要であるが、宇宙でのより積極的な攻撃および防御手段によってその重要性が低下していることを示唆している。実際、ある中国の見積もりで述べられているように、宇宙資源はますます重要になっており、軍用航空宇宙技術特に宇宙攻撃作戦に関連する技術は、着実に進歩しつつある。その結果、宇宙戦力の発展は、情報支援の提供から宇宙優勢の確保へと焦点を移しつつある。[59]

それにもかかわらず、宇宙優勢は、情報化戦争の文脈において、宇宙情報支援の提供に最も役に立っている。『戦略学』2013年版が指摘しているように、「宇宙情報支援は、現在および将来の長きにわたって、さまざまな国が宇宙の戦力を利用する主要方式となる[60]」。人民解放軍の統合作戦が進化するにつれて、特に中国軍が中国領土（また、それ故地上ベースの情報支援基盤）からますます遠く離れて行動するにつれて、中国はますます情報支援の宇宙ベースシステムに依存するようになるであろう。地上、航空、および海上部隊に対する宇宙情報支援内の重要な任務には次の事項が含まれる。

◉宇宙偵察および監視
◉ミサイル発射に関する早期警戒
◉通信およびデータ中継
◉航法および測位
◉測地、海象、および気象を含む地球観測

宇宙偵察および監視

宇宙偵察は、宇宙ベースのシステムに関する最も古い任務の1つであり、また最も頻繁に利用されているものの1つである。迅速かつ継続的に広大な地域を調査する能力、および（可視光領域における電気光学による監視だけではなく電子署名およびレーダー画像の処理も含む）可能性のある監視の種類の多様性は、衛星偵察をきわめて貴重なものにしている。偵察衛星は、戦略情報の提供だけではなく、作戦および戦術行動の支援もますます行うようになっている。[61]

宇宙ベースの偵察・監視システムは、情報戦活動支援における戦場監視にとって不可欠である。このシステムは、電子および電気光学による偵察を行うことができるので、敵の電子システム、通信およびレーダー網を探知しまた位置を特定することができる。[62] その結果として、このシステムは、敵の電子（装置）ネットワークを列挙する（カタログ化する）ためだけではなくターゲッティングの基礎を提供する。したがって、宇宙ベースの偵察システムは、一体化ネットワーク電子戦および火力・情報一体化作戦において中心的な役割を果たしている。

中国の偵察システムには、地球観測リモートセンシング衛星シリーズの電気光学衛星、すなわち、高分電気光学衛星、および電気光学と合成開口レーダー（空対地高分解能のレーダー）衛星の双方を含む遥感シリーズの衛星が含まれる。実践および実践および遥感衛星のいくつかは電子情報（ＥＬＩＮＴ）機能を有していると信じられている。[63]

宇宙におけるミサイル早期警戒

宇宙システムは弾道ミサイルをその飛行全体にわたって探知しまた追跡する。いくつかの人民解放軍の分析官が述べているように、衛星はミサイル攻撃警報の迅速な発令を可能にし、また飛行経路と弾着位置の予測に役に立つことができる。宇宙システムは弾道ミサイル早期警戒システムの不可欠な要素であると説明されており、また地上ベースの早期警戒レーダーまたは飛行中の早期警戒機よりも有用である。さらに、ネットワーク化された一連の衛星はミサイル発射に関して地球上のどのような地点も常続監視することが可能である。ある中国のアナリストの見解では、これは、弾道ミサイルの脅威が増加するにつれて、ますます重要な能力となる。[64]
人民解放軍の弾道ミサイル防衛実験数が増加していることを考慮すると、敵の弾道ミサイルを追跡することは、明らかに中国の関心を高めている。中国が自国の弾道ミサイル防衛システムの配備に関心を示す限り、早期警戒衛星がその防衛システムに組み込まれる可能性が高い。
ミサイル早期警戒衛星を優先的な計画として開発していた米国とソ連とは違って、中国はそのような衛星群を配備していない。２０１６年現在、中国がミサイル早期警戒システムをすでに配備しているか否かについて依然として議論があるが、真偽未確認の報告書は、２０１５年の中国の打ち上げはそのようなシステムであったようだと示唆している。[65]

宇宙における通信およびデータ中継

将来の「情報化条件下の局地戦」における一体化統合作戦の重要性は、宇宙ベースの通信およびデータ中継システムにより大きな中核的役割を与えている。これには固定式および移動式地球局、通信端末、通信およびデータ中継衛星が含まれる。[66]これらのシステムは、大量のユーザーに対して同時に全世界的相互通信能力を提供でき、また広い帯域幅（コンピューターの情報量）を提供できる。またそのシステムは、偵察衛星のように、全天候下で24時間、受信可能域を提供できる。[67]さらに中国は衛星通信はより安全だとみている。

宇宙における通信およびデータ中継システムの利点を考えると、中国が２００８年以来データ中継衛星を展開し続けているのは注目すべきことである。[68]天鏈1号衛星が、２００８年4月28日に打ち上げられ、中国の衛星偵察能力を増大させている。中国の著者が指摘しているように、そのような中継システムだけで、諜報情報を円滑かつ迅速に送信できる。[69]通信およびデータ中継の衛星を組み合わせることは、各級指揮官とその隷下部隊が迅速に、安心して、また確実に広大な距離にわたって、相互に通信し合うことを可能にし、状況認識の共有を向上させている。中国の評価によれば、統合作戦は、部隊が「1つの有機的に一体化された全体」として作戦する必要があるので、通信衛星はそのような「一体化戦闘能力」を創出するための不可欠な手段である。[70]

中国は中星およびチャイナサットを含むさまざまな名称を持つ多くの通信衛星を配備している。それらの衛星の多くは世界的な電気通信ネットワークの一部である営利会社によって運営されている。しかしながら、そのいくつかは、2つの軍事衛星通信ネットワーク、すなわち神通および烽火の一部であると信じられている。中国は一般的にいって、どの特定の衛星が軍事衛星か、あるいは軍事機能を持っているかについては論じていない。

宇宙における航法および測位

中国の宇宙および軍事の計画立案者は、第一次湾岸戦争以来、宇宙ベースの測位、航法および時刻同期能力の重要性を明確に理解している。中国は、2000年に最初の北斗衛星を静止軌道に投入した時に、衛星ベースの航法システムを配備した三番目の国家となった。宇宙における航法・測位システムは、利用者に、日夜、全天候下において、三次元の位置と速度に関する連続的なリアルタイムの高精度の情報を提供している。また、そのシステムは世界的な時刻同期機能を与えており、さまざまな自動化されたシステムの精度を向上させている。たとえば、周波数ホッピングの無線機は、周波数変化の時刻同期のために、この機能を利用している。また、人民解放軍の分析官は、これらの衛星は、(敵に)多くの損害を与えている間に、友軍の損害を低減する、長距離の精密打撃能力にとって、必要不可欠であるとみている。これらの利点は、敵を攻撃する場合に、自ら選定する時と場所に関して決定的に有利な立場を創出するのに役に立つ。[71]

宇宙ベースの気象観測および宇宙ベースの地球調査

地球およびその大気を詳細に観測することによって、宇宙システムは作戦環境に関するきわめて重要な情報を提供する。気象衛星は、たとえば、重要な敵の目標上を含む地球の気象について継続的な観測情報を提供する。重要なことであるが、静止軌道上に配置された衛星は広範な覆域を提供するが、一方、極軌道衛星は局地的状況に関するより詳細な情報を提供する。この2つは合わせて一連の包括的なデータを提供する。人民解放軍の教本である『軍事宇宙航法学』が指摘しているように、このことは適切な兵器を選定するのに不可欠である。[72]

同様に、地球探査システムは、兵器の誘導システムに影響を及ぼすことのできるある地球の重力場および磁場を測定する。また、このシステムは正確な軍用地図（依然として衛星航法システムにも重要である）の作成において最も重要であり、また敵の目標の位置を特定するのにも役立つことができる。

興味深いことは、中国の宇宙システムに対する相当な投資にもかかわらず、人民解放軍の分析官は、自国の宇宙情報支援能力は弱いと評価している。ある中国の分析では、中国は、軍用により特化した偵察衛星を最優先として、情報収集能力を拡大しなければならないと結論付けている。これらのシステムはあらゆる紛争の初期段階で作動および対応可能で、人民解放軍の部隊に偵察および早期警戒情報を提供しなければならない。[73]

宇宙優勢および情報優勢に関する中国の見方

人民解放軍と中国の安全保障に関する意思決定者にとって、情報化時代と宇宙時代は密接に結ぶ付いている。コンピューターの能力と電気通信の役割の増大は両方に大きく影響している。実際、中国の衛星の最初のシリーズである東方紅2号は通信衛星であった。

最近の戦争に関する中国の分析は、戦争におけるこれらの2つの分野の密接な関係を強調している。現代戦は、情報と宇宙システムの結合を実行動で示しており、そこでは宇宙システムが情報の収集、伝達、利用において中核的役割を担っている。その結果として、「高地としての宇宙において情報優位を奪取することは、情報優勢、宇宙優勢、航空優勢、海上優勢、陸上優勢を奪取するための、その結果としての戦時の主導権を奪取するための第一の決定条件である」[74]

宇宙で優勢を占めることによって、情報に対するアクセスおよび情報の流れの管理・統制に関してきわめて大きな優位性を獲得する。

◉戦場はさらにより明白になる。敵および友軍の配備が明らかになるので、その結果として戦闘部隊はさらにより実戦に役立つようになることができる。

◉指揮統制はさらにより正確になり、また能力が向上する。戦場がより明白になるので、各級指揮官は敵の行動に対してリアルタイムまたはニアリアルタイムで反応でき、また広範囲に分散した各軍種の各部隊は高度に一体化して行動できる。

◉情報優勢は、非接触、非線形の戦争を可能にする。宇宙空間で優勢を占めることで、戦場の最重要部分、すなわち情報空間の最重要部分を確保する。より透明性が高まった戦場と容易になった指揮統制は、敵が反撃するのが難しい長距離精密打撃を可能にする。友軍の行動はさらにより実戦に役立つようになるのに対し、友軍の人員損耗は減少する。

中国の軍事計画立案者にとって、これらの優位性は、確かな地理的および戦略的な現実によってさらに強化される。中国は、現在も、依然として台湾、朝鮮半島、南シナ海、および中印国境のような近くの発火点に焦点を合わせている。

したがって、人民解放軍は情報優勢を確立するために、もし必要ならば国中から集めた十分な資源を向けることができる。人民解放軍部隊は海上偵察のための漁船から隠蔽および欺瞞作戦のための民兵に至るまでの民間アセットを動員することによって補充可能である。高速攻撃船からかなり古い戦闘機までの短距離アセットは同様に敵の情報収集プラットフォームに対抗するために使用できる。通信は、衛星通信だけではなく、光ファイバーケーブル、携帯電話、見通し線内無線通信によって維持することが可能であり、通信セキュリティを向上し、冗長性を提供する。多くの点で、中国は人民解放軍がドクトリンに従って作戦するための宇宙を必要としていない。

それとは対照的に、米国は自国の沿岸から遠く離れて作戦する遠征軍である。紛争時において米国は、地球の中間における目標に対する情報（インテリジェンス）収集のためだけではなく、特に異軍種の分散した部隊間を調整する作戦上の通信でさえも、宇宙ベースのシステムに依存している。重要なことは、米軍の計画立案者は、航空機の飛行経路の設定、船舶の航行、あるいは兵器の誘導であろうとも、測位、航法、および時刻同期のために宇宙ベースのアセットに依存することを選択している。戦略地政学（地政学に基づく戦略）の状況と兵器調達政策の結合は、米軍をさらにより宇宙に依存させている。

要するに、情報優勢のための争いにおいては、非対称の戦略および開始条件のために、結果として生じる宇宙に対する非対称の依存がある。宇宙で優越する中国の能力は、敵に対してその利用を拒否するであろう。すなわち中国に戦略的にさらなる利益をもたらす。

同時に、さまざまな宇宙の構造はより広い情報戦場の小宇宙であると認識することが重要である。衛星、ミッション管制のような地上支援組織、およびそれらを連接するデータリンクを含む宇宙ネットワークは、情報ネットワークによって結ぶ付けられたそれら自身のシステム・オブ・システムズである。衛星は、さまざまな目標に関する情報を伝達するまたは航法や他の更新を提供するだけではなく、衛星の状態を監視し、衛星軌道を調整し、衛星のソフトウェアを更新し、また衛星の運用を管理・統制するためのミッション管制を可能にするために、通信とデータリンクを必要とする。宇宙システムが稼働するのを可能にするものは、この追跡、テレメトリ、およびコマンド（TT&C）ネットワーク、ならびに衛星群を統制しまたそれらを地球と結び付ける情報の流れである。その流れに損害を与え、また影響を及ぼせば、衛星群を効果的に無力化でき、または敵に1機または数機の衛星を制御させることすら可能になる。その維持は情報優勢の確保にとって不可欠である。敵の衛星の監視および制御を拒否すること、すなわち敵にその宇宙アセットに関する情報を与えないことにより、宇宙優勢を確立する敵のより大きな能力を無力化できる。

中国が、宇宙優勢は攻撃目標とする衛星だけではなく、ミッション管制施設およびそれらを連接するデータリンクのような地上施設も必然的に伴うと強調するのは、このような理由からである。宇宙優勢のための戦いは、実際、情報優勢のためのより大きな戦いの一部である。それは、二面性を持つ宇宙アーキテクチャ領域内で起きている一面である。

第7章

情報優勢を確保するための組織化

情報優勢確保についての中国の文献が重視されていることを考慮すると、人民解放軍が特に情報戦を実行するために、どのように組織されているかについて理解することは、きわめて重要なことである。1つの組織として、人民解放軍は他の多くの軍、特に米国および西側の強国とは異なった形で組織されている。まず、人民解放軍は本質的に国軍ではない。むしろ人民解放軍は、まず第一に党の軍であるということである。すなわち中国共産党の軍事組織である。人民解放軍の最も重要な忠誠心は、前章で記述したように、中国共産党に対するものであり、またその至上とする「新歴史的使命」とは、中国共産党の継続する原則を確実にすることである。さらに、人民解放軍は党の軍であるという理由から、人民解放軍の本質的な要素は政治戦に熱心であり、それはまた、その結果として心理戦および他の形態の情報戦を実行するための基盤となっている。

さらに、人民解放軍は歴史的に元来軍種の系統に沿って組織化されたものではなく、また国防部に役立つように組織化されたものでもない。それよりも、人民解放軍は主として党の中央軍事委員会と、他のさまざまな軍種および国防部より上位の四総部によって管理されている。2015年12月31日に始まった人民解放軍の再編成は、これらの基本的な面を変えていない。

全般的な人民解放軍の組織的な構成

人民解放軍と人民武装警察および民兵を含む中国軍は、中央軍事委員会によって指揮される。中央軍事委員会の長は中央軍事委員会の主席であり、通常は党の総書記および中国政府の国家主席である。この重複する責任は、党が国家を管理するだけではなく「党が銃砲を統制する」ことを思い出させるものである。中国共産党の長は党の一部である軍を最終的に統制するだけではなく同時に政府の権力手段を統制も統制する。

中央軍事委員会の主席の下には、中国軍の最上級軍人将校である二人の副主席が存在する。中央軍事委員会が最初に海軍からの副主席を持ったのは2012年であった。その時までは、人民解放軍海軍、人民解放軍空軍、および人民解放軍第二砲兵部隊の将校で中央軍事委員会の副主席に任命された者はだれもいなかった。

2016年に、中央軍事委員会の指導層は四総部を通じて各軍司令部を訓練するとともに、中国人民解放軍海軍、中国人民解放軍空軍、第二砲兵部隊、人民武装警察の訓練を行った。[1]四総部については次のとおりである。

◉総参謀部　総参謀部は軍事作戦の多くの主要な機能に対する責任を負っている。その主要な機能には、戦争計画の検討・策定、訓練の監督、ドクトリンの策定と公布、および（敵の軍、信号、レーダーと電子機器、および測量と地図作成を含む）情報（インテリジェンス）収集が含まれる。また、総参謀部は国家の動員計画立案を援助する。その主要な隷下部門の1つは、戦略的な通信回線を維持する責任を担っている。また、四総部が陸軍も管理しているので、人民解放軍の分科（たとえば、機甲、砲兵、ヘリコプターを含む陸軍航空、戦闘工兵）を監督する1つの軍種部が存在する。[2]

◉**総政治部**　総政治部は人民解放軍が中国共産党の統制下にしっかりととどまることを確実にする。総政治部は、あらゆるレベルの司令部の政治将校、大隊と上級部隊の党委員会、および中隊レベルとそれより下級部隊の党支部を持つ、政治将校制度を統制する。この制度下で、戦闘艦に乗船する各専門分野は、たとえば、艦全体の政治将校（その権限は艦長の権限と同等である）の他に、1人の別個の政治将校を持っている可能性が高い。総政治部は、党の規律と忠誠（心）を確実にすることの他に、人民解放軍内の多くの「人民」工作に対する責任も担っている。文化工作、民軍関係、士気の問題、および人事管理は、総政治部の職務のすべての部分である。また、総政治部には軍の法律と裁判上の問題、犯罪調査、政治戦の実行に対する責任がある。[3]

◉**総後勤部**　総後勤部は、糧食、燃料、予備部品、弾薬、衣服、およびインフラ建設の供給を含む、人民解放軍の補給を維持する責任を負っている。総後勤部は各品目を必要とするところに輸送することを保証する輸送部門を保持している。また、総後勤部は軍の予算策定と経理の特定部分も引き受けており、公共医療サービスを提供し、またさまざまな会計を監査する。人民解放軍が中国沿岸から遠く離れて作戦（たとえばアデン湾で実行中の対海賊作戦）することが増えるにつれて、総後勤部の責任はそれに対応して非常に複雑になってきている。総後勤部の訓練と準備には、非常に拡大した地域で外国または中国の納入業者の両方から支援を得るための遠征の兵站要素を今すぐ、取り入れなければならない。[4]

◉総装備部　総装備部は中国指導層が国防産業の基盤を再編成した1998年に創設された。その基盤には重要な兵器の開発、宇宙、その他のインフラの位置およびそれらの管理・監督が含まれていた。総装備部は新疆ウイグル自治区のロプノール核実験場、すなわち中国のさまざまな宇宙への打ち上げ、追跡、テレメトリ、およびコマンド（TT&C）、およびミッション管制施設、ならびに他の実験場および施設に対する責任を負っていた。また、総装備部は明らかに、装備の予算案策定およびいくつかの会計の監査のある面に対する責任も負っている。総装備部は装備調達の決定に対する責任を持っている可能性があるが、一方で総装備部は運用と維持のコストに対する責任を負っている。また、総装備部には科学技術委員会があり、この委員会は軍と国防の応用に関係する科学技術のさまざまな面の進歩について総装備部に助言する責任を負っているようにみえる。[5]

四総部の官僚的な下半分には、完全な軍種というよりもむしろ「スーパー軍種」であった、さまざまな軍種（人民解放軍海軍と人民解放軍空軍）と第二砲兵部隊の長が存在する。人民解放軍は、他の軍のように、専門的技術を助長しまた特定領域（たとえば海上、空中）において作戦行動する部隊に専門化した訓練を提供するために軍種を創設した。2015年12月31日までは、独立した地上部隊司令部は存在しなかった。その代わりに、総部が全中国軍を管理するだけではなく地上部隊司令部の参謀としての役割を果たしていた。驚くべきことではないが、それは大規模な人民解放軍に対する「初期設定」であったために、地上部隊に独特な官僚的また政治的な権力を与えることになった。実に、人民解放軍海軍の数人の長は、昇進した時に海軍に対する権限が与えられた地上部隊の指揮官であった。

中央軍事委員会は全中国人民解放軍を指揮・管理するが、軍の計画立案は、中央軍事委員会と調整する7軍区の参謀によって行われている。これらの軍区は、特定の地域に焦点を当てている米軍の「戦闘司令部」にいくぶん似ている。軍区は同様に、通常は省の境界と同一の広がりを持つ軍管区から構成されている（表7・1）。

常備軍を拡充するものは、かつて動員された多くの中国人と産業基地だけではなく、大量の民兵軍である。

中国は「国防動員」を自国の実際の戦時能力を増強するために潜在的な国力すべての側面を転換するものだと考えている。人民解放軍にとって、動員とは、いくつかの幅広い範疇の資源を軍事力に転換するものである。それらの資

表 7.1　2015 年の中国の軍区

軍区名	省、自治区、含まれる自治区	責任地域
北京	北京市、天津市、河北省（中国北部に位置）	ロシア、モンゴル
成都	重慶市（四川省南東部のに位置）四川省、　雲南省（南西部の省）、貴州省（南部の省）、チベット自治区	インド、ブータン、ネパール、ベトナム、ミャンマー、ラオス
広州	広東省（南東部の省）、湖南省（中南東部の省）、河北省（北東部の省）、海南島、広西（南部の旧省）自治区、香港特別行政区、マカオ	南シナ海、ベトナム
済南	山東省、河南省（中東部の省）	戦略予備
蘭州	青海省（西部の省）、甘粛省（中区部の省）、蘭州、寧夏（北東部の旧省）、陝西（北部の省）自治区、チベット自治区のAli地区	ロシア、カザフスタン、タジキスタン、キルギス、アフガニスタン、パキスタン、インド
南京	安徽省、江蘇省（東部の省）、福建（南東部の台湾海峡に面する省）、浙江省（州都杭州）、　上海市台湾、東シナ海	
瀋陽	吉林省、黒竜江省、遼寧省	朝鮮半島、日本

源には、人間の才能、財政力、工業力、および科学技術能力が含まれる。それは、戦時の必要性を満たすために、個人はもとより民間および商用の設備および施設の活用を可能にする。中国の長年にわたるインフラおよび資源に関する民軍統合に対する関心と、デュアルユース能力特に宇宙と電気通信のようなハイテク分野の重視と相俟って、中国の意思決定者は常備軍を増強するために多くの予備能力を動員することができる。

動員は国家レベルの資源だけではなく地方のアセットにも適用される。この動員は主として、一方の軍区およびその隷下の軍管区の司令部参謀と、他方の密接な関連のある軍区内の省、郡、および町村の当局との間で、調整される。これは国防動員委員会の全国規模の組織によって管理される。

情報優勢を確実にする責任を有する人民解放軍の組織

人民解放軍は、「情報化条件下の局地戦」を実行するために、人民解放軍内の特定組織に特に依存することになるであろう。特に総参謀部、総政治部および総装備部の特定部署が、重要な情報戦と情報作戦の職務に対する責任を負っている。報告系統は2015年末および2016年初期に明らかなった主要な再編成の結果としてたぶん変化するであろうが、関連する機能は、それらが組織的に存在するところでは、しばらくの間は変化しそうにない。

総参謀部

その職務の責任を考えると、総参謀部には、軍事情報、信号情報、およびレーダーと電子情報の収集責任を持つ総参謀部隷下の多数の第二レベルの部と第三レベルの局が含まれている。これらの部局は情報化戦争と情報戦の実施の準備に関して非常大きな責任を負っているようにみえる。

総参謀部第二部

総参謀部情報部および第二人民解放軍として知られている総参謀部第二部は、中央軍事委員会と中国政治指導層のために戦略レベルの軍事および政治情報を収集する。また、第二部は軍事作戦を支援する作戦レベルの情報も収集する。第二部は人的情報（スパイ）、宇宙システム、および無人航空機を含むさまざまな資源を使用する。第二部は、画像分析のような特殊な分析技術を有する下級の局、または特定地域（たとえば、ヨーロッパ、ロシア、東欧、その他アジア諸国）に重点を置く下級の局を持っている。また、総参謀部第二部は明らかに中国武官の監督・管理を援助している。第二部は米国の中央情報局（ＣＩＡ）と国防情報局（ＤＩＡ）および国家偵察局（ＮＲＯ）の権限である多くの責任を成し遂げる。

各軍区司令部（ＭＲＨＱ）は、総参謀部第二部隷下の小組織を持っている。この軍事情報部門は自分の責任地域内の可能性のある軍事作戦を支える軍区司令部の参謀に対して焦点の合った情報支援を提供する。

総参謀部第三部

総参謀部第三部は総参謀部技術部および第三人民解放軍としても知られている。第三部は信号情報

（ＳＩＧＩＮＴ）に対する責任を負っている。これにはコンピューターネットワーク・スパイ活動、コンピューターネットワーク攻撃およびコンピューターネットワーク防御を含むコンピューターネットワーク作戦に対する責任が含まれる。これはしばしば米国の国家安全保障局（ＮＳＡ）と比較される。[6]

総参謀部第三部は研究と作戦の両面がある。前者には科学技術情報局と科学技術装備局が含まれる。後者はコンピューター科学、センサー技術、および暗号技術に特化した3つの研究所を統制している。[7]

総参謀部第三部の作戦部門には、12の作戦局だけではなく、軍区ならびに人民解放軍海軍、人民解放軍空軍および第二砲兵部隊に結び付けられた技術偵察局がある。[8] また、第三部はコンピューターネットワーク攻撃および防衛システムを開発する中国の取り組みの重要な組織である北京の北部コンピューターセンターを監督している。

総参謀部第三部の12局[9]

第一局（６１７８６部隊）　この局は人民解放軍の情報セキュリティを維持する責任があるようにみえる。第一局は12の下部組織を持っていると信じられている。

第二局（６１３９８部隊）　この局は、主に米国とカナダを目標とした地域に焦点を当てているようにみえるが、全英語圏の諸国を目標としている可能性がある。この局は政治的、経済的および軍事的目標に対するコンピューターネットワーク・スパイ活動に従事している。

第三局（６１７８５部隊）　この局は、通信情報に従事し、台湾、中央アジア、および朝鮮を含む中国の辺境地帯近傍で運用される無線ネットワークの情報を収集しているようにみえる。また、この局は香港およびマニラにおける無線ネットワークを監視する責任を負っているようにみえる。

第四局（６１４１９部隊）　この局は明らかに日本と朝鮮の目標に焦点を合わせている。

第五局（６１５６５部隊）　この局は明らかにロシアに焦点を当てている。

第六局（６１７２６部隊）　この局は明らかに東南アジアおよび南アジアの目標に焦点を合わせており、また台湾も担当しているようにみえる。

第七局（６１５８０部隊）　この局は少なくとも10の下部組織を持っていると信じられている。第一局のように、この局は地域を焦点とするよりもより機能的なものを有し、おそらく情報技術のさまざまな面に焦点を当てている可能性がある。

第八局（６１０４６部隊）　この局はヨーロッパ、アフリカ、中東、および南米を担当しているようにみえる。

第九局（６１２２１部隊）　この局は戦略情報分析の責任を負っている可能性がある。また、これはおそらく米国の国防情報局のように、全軍のコンピューター設備を検査している可能性がある。

第十局（６１８８６部隊）　この局は、特にロシアと中央アジア地域に向けられている可能性があり、またミサイル追跡およびテレメトリに焦点を当てている可能性がある。

第十一局(６１６７２部隊)この局はロシア関連の目標に焦点を当てている可能性がある。

第十二局（６１４８６部隊）この局は、特にヨーロッパの企業からの宇宙関連リモートセンシングおよび衛星情報、またヨーロッパと日本の企業からの航空宇宙および電気通信情報に向けられているようにみえる。

最近のメディア報道は、いくつかの作戦局に焦点を当てている。サイバーセキュリティ会社マンディアントは、61398部隊の活動を強調している。この部隊は第三部第二局であると信じられており、また伝えられるところでは、軍事関連情報だけではなく経済的および政治的情報の収集を含むあらゆる種類のコンピュータースパイ活動に従事している。[10] もう1つの米国のサイバーセキュリティ会社クラウドストライクは、61486部隊として知られている第三部第十二局による広範囲にわたるサイバースパイ活動を特定している。また、この局は「Putter Panda」と命名されているようだが、衛星および宇宙関連の情報に焦点を合わせているようにみえる。[11]

もう1つのコンピュータースパイ活動部隊は78020部隊であり、「Naikon」とも呼ばれている。この部隊は、総参謀部自身の作戦局の1つというよりも、明らかに成都軍区に関連する1つの技術偵察局であり、他の2つの攻撃者とは異なっている。また、成都軍区は関心を主として東南アジアおよび南アジアの大陸に向けているが、78020部隊の活動は、さらに広い範囲にわたるようである。国防グループインターナショナルと連携して活動するサイバーセキュリティ会社スレットコネクトによれば、28020部隊は次のとおりである。

28020部隊は、東南アジアにおける軍事的、政治的また経済的目標に対してサイバースパイ活動を実施する。この目標にはカンボジア、インドネシア、ラオス、マレーシア、ミャンマー、ネパール、フィリピン、シンガポール、タイ、およびベトナムの政府機関の他に、国連開発計画（UNDP）および東南アジア諸国連合（ASEAN）が含まれる。[12]

これらの番号は何か？[13]

報道機関の報道は時々、中国人民解放軍の61398部隊について言及している。その他の報道は、61486部隊および78020部隊について述べている。これらの5つの数字表示の番号は「名称を隠蔽する軍事番号（MUCD）」として知られている。これらの番号は部隊名（たとえば、第二大隊、第五海兵連隊、第一海兵師団）の代わりに使用され、その番号は明らかに「本当の部隊の識別名」であり、またしばしば機密扱いにされている。

軍事番号は、総部および軍に対してブロック単位で割り当てられ、それらは連隊／旅団レベルまでの部隊に適用される。これは、ある程度の組織決定を考慮している。しかしながら、この能力は、部隊が自隊の軍事番号を保持しつつも、さまざまな司令部に、あるいはさまざまな司令部から移動させられるので限界がある。

また、2000年にまた明らかに2002年には、軍事番号システムに関していくつかの変更が行われている。この最終変更の結果として、軍事番号の指定は現在ますます無作為に行われている可能性があるとみられる。人民解放軍の重大な再編成においても、それに付随する軍事番号システムに変化がみられるかどうかについては不明である。

両タイプの局は、中国の軍事階層における陸軍1個師団に相当する。したがって、それらの指揮官は師団長（米国O-7／旅団長と同等）に一般的に与えられる権限を持っている。この局の行動が下級将校および下士官のでき心または無分別によって実施されることはないようである。

重要なこととして、そのような集団の行動は、ＡＰＴ攻撃という名称を受けている。ＡＰＴ攻撃は、執拗に、密かなサイバー犯罪またはサイバースパイ活動を企てる実体である。彼らの目的は、単に金を儲けるためではなく、さまざまな情報ネットワークおよびシステムに長期間潜入し、さまざまな潜在的な用途と民生の情報を収集することである。ＡＰＴは標的型攻撃に従事する。すなわちＡＰＴは好機の目標を利用するのではなく特定のネットワークと特定の情報に集中する。

ＡＰＴは次のような特性を持っている。

◉先進的であること　ＡＰＴは、マルウェア、スパイウェア、感染した媒体、個人情報窃取、特定の利用者の脆弱性を特定する人間工学、およびバックドアと他の侵入手段の利用を含む、標的とするコンピューターネットワークおよびシステムにアクセスする多数の手段を利用する。ＡＰＴはしばしばアクセスを確実にするためにさまざまな手段を組み合わせる。さらにＡＰＴは、開封される可能性を高めるために、常にそれらの攻撃手段を目標に合わせて作り、フィッシング詐欺の電子メール、添付ファイル等を修正するであろう。

◉持続すること　大多数の犯罪実体とは異なり、ＡＰＴは迅速な金銭的利益または即座にアクセスできる情報には焦点を当てていない。その代わりに、それは一般的には継続的な監視に従事し、ＡＰＴに常時折り返し報告し、または将来のアクセスを容易にするプログラムをインストールするであろう。その目的はネットワークおよびその情報内容へのアクセスを長期間維持することである。２０１１年現在、ＡＰＴが侵入した全平均期間は１４５日である。[14]

◉**脅威を及ぼすこと**　ＡＰＴはワーム（自己増殖機能を持ち、コンピューターからコンピューターに転送され情報破壊を行うウイルス）やウイルスではないが、そのようなプログラムが使用される可能性がある。むしろ、それはより大きな目標を追求して行動する１人以上の人間である。ＡＰＴはしばしば、標的とするネットワークの広範囲に及ぶ偵察、およびネットワークだけではなく運用者と利用者に関する調査を伴っている。[15]

総参謀部第三部は、人民解放軍の一部であるが、一般的に中国政府の他の部分特に情報セキュリティの面に責任を負う部分と協力して作戦する。これらには国務院の科学技術部、国家保密局、公安部、国家安全部および国家暗号管理センターが含まれる。[16]

少なくともコンピューターネットワーク作戦における、この民と軍の取り組みに関する明白な統合は、中国のコンピューターネットワーク戦の部隊に関する３つの一般的な種類（区分）を記述した『戦略学』２０１３年版における意見を支持するものである。３つの一般的な種類は次のとおりである。

◉専門ネットワーク戦部隊。この部隊は、ネットワーク攻撃および防御作戦を特に実行する専用の軍部隊である。

◉公認の権限を与えられた部隊。この部隊は、国家安全部、公安部および他の関連する政府の部を含む地方の戦力から（たとえば軍区または戦区）選出され軍の許可を得て編成した専門家の非軍事部隊である。

◉民間（一般市民）部隊。この部隊は、動員されて組織化された後にネットワーク作戦を実行する一般市民の自発的な参加者から組織される部隊である。[17]

したがって、個々の攻撃者は第三人民解放軍の一部とはたぶん特定し得ないが、それでも総参謀部第三部が彼らの取り組みを調整あるいは指導していると信じる理由がある。

総参謀部情報化部

2011年までは総参謀部通信部として知られていた総参謀部情報化部は戦略的および戦術的な軍事通信回線だけではなく中国共産党最高指導層のための戦略レベルの通信も管理・監督する。その責務は、陸軍信号通信（陸軍の指揮組織の一部としての総参謀部の任務を考慮した場合）だけではなく米国の国防情報システム局、国家安全保障局および統合参謀本部J–6（指揮、統制、通信およびコンピューターの責任を持つ）にも相当する。これらの責務には、国家レベルの軍事指揮統制システムを監督し、作戦任務および戦略任務両方を支援することが含まれる。すなわち、作戦任務および戦略任務とは、軍区間の通信政策を調整すること、国家電気通信のプロジェクトおよび政策を工業情報化部と調整すること、および人民解放軍のために訓練基準を含む通信ドクトリンを策定することである。[18]

江沢民が人民解放軍に1999年までに事業企業体を除去するように命じた時、1つの重要な例外は、情報と電気通信産業であった。通信部は中国の国家電気通信インフラを整備する上で重要な役割を果たしている。その整備には安全な陸上回線通信を提供するために広範囲にわたる光ファイバーケーブルネットワークを設置することが含まれている。また、通信部の権限はさらに衛星通信まで拡大する可能性がある。

情報化部への名称の変更は、この部が現在さまざまな種類の情報通信技術（ＩＴ）の利用を調整しているということを示唆している。これはおそらくコンピューターネットワークを含むだけではなく、ソフトウェアにも拡大する可能性がある。

総参謀部第四部

また、総参謀部第四部は電子対抗レーダー部としても知られている。この部は、対電子戦部として１９９０年に創設され、いくつかの信号情報（ＳＩＧＩＮＴ）の責任を第三部と共有しているようにみえる。[19] また、この部は、主として戦争の作戦および戦術レベルにおける電子情報（ＥＬＩＮＴ）も収集する。総参謀部の第二部、第三部、および第四部の責任を区分する境界線は、不鮮明だが、おそらくガイドラインとしてかなり役に立っているようである。

第四部は電子対抗手段（ＥＣＭ）に関するレーダー問題およびその他のことを重点的に扱う１つの下部局を持っている。レーダー局は、レーダーと探知プログラムを向上させ、またステルスと低視認性技術に対抗するシステムを開発している。また、この局は宇宙状況認識を支援するために、宇宙監視システムを研究している可能性がある。電子対抗局は、敵の電子システムに対する対抗能力だけではなく、中国のシステムが敵のＥＣＭに直面しても作戦可能とする対電子対抗手段（ＥＣＣＭ）を開発している。第四部はＥＬＩＮＴ衛星地上局および衛星電波妨害連隊を運用している可能性があると信じられている。[20]

総政治部

総参謀部とともに情報戦を遂行するのは総政治部になるであろう。総政治部は、一般的にソ連様式における政治将校のように考えられていたが、実際には人民解放軍の政治的忠誠を確実にすることよりも大きな責任を有している。1つのきわめて重要な役割は情報戦のさまざまな面の実施である。これは総政治部内のさまざまな部局を使うことになるであろう。残念ながら、総政治部の役割および機能に関する文献は総参謀部または総装備部に関する文献よりも非常に少ない。

弁公庁

弁公庁は、総政治部全体を管理し、総部の仕事の流れ（ワークフロー）の監督、文書業務（事務書類）の管理、その指導層によるさまざまな会議と打ち合わせの議題の設定を行うとともに、人民解放軍の他の組織だけではなく他の総部との主要な接点（インタフェース）としても機能する。これは総政治部の神経中枢であり、またおそらく人民解放軍全体に対するものであろう。

戦時に、弁公庁は、それ自身の官僚系統内（すなわち、各部隊の政治部と政治将校の間で）と前線の戦闘部隊との両方で、総政治部活動の計画と調整を支援することになるであろう。特に重要なものは法務局である。幾人かの西側のアナリストはほとんどすべての人民解放軍の法律家はこの局の一部であると信じている。[21] もしそうであれば、中国の法律戦の取り組みは十分に調整され、しばしばこの局によって着手されるであろう。

組織部

総政治部組織部は人民解放軍部隊を管理するさまざまな党委員会に対する責任を負っている。そのように、この組織は各人民解放軍部隊の指揮系統の一部である政治委員と政治将校を管理する。また、この組織部は人民解放軍の指導層と中国共産党の民間指導層間の相互作用という重要なポイントの1つである（党の軍としての役割を考慮すれば）[22]。もし総政治部が、総参謀部のシステムとは別の一連の分離した指揮、統制および通信回線を維持するならば、指揮統制等は組織部を通じて流れる可能性がある。したがって、組織部は命令を伝達し、またフィードバックと状況に応じた更新を得るための別個の手段を提供することになる。

宣伝部

世論戦の重要性を考えた場合、総政治部宣伝部は中国の政治戦活動の重要なプレーヤーとなるであろう。教化用資料、イデオロギーの訓練および政治教育の準備と普及を担当する宣伝部は、テレビ局と番組、映画撮影所、出版社、主要な軍新聞である『解放軍報』、およびさまざまな芸術劇団（多くの人員は習近平の30万人の兵力削減の一部として解散されたようである）を含む広範囲の公共奉仕帝国を管理・統制する[23]。

宣伝部はさまざまな対象を目標とする。その1つは人民解放軍そのものである。総政治部の主要な任務は、人民解放軍の一般兵士（兵卒）および将校両方になぜ戦うのかということを確実に理解させることである。将来の紛争において、損耗（おそらく二世代目において初めてのことになる）に直面した場合に軍の士気を振作することは、きわめて重要である。

宣伝を成功裏に開始するには、目標とする対象について心理学的に十分に理解する必要がある。したがって宣伝部は、世論戦および心理戦の作戦の両方に対して幅広い支援を提供するであろう。また、宣伝部はそのような作戦を実行し、戦闘部隊のアセットを利用する可能性がある。

総政治部の階層内における宣伝部の相対的重要度と相俟って、総政治部の能力を考慮した場合、心理戦と世論戦はおそらく官僚的に高い優先順位となるであろう。さらに、人民解放軍は歴史的に敵を分断しかつ混乱させるような作戦を重視してきた。したがって総参謀部および部隊の参謀はたぶん、そのような作戦に対して参謀支援および兵站支援を与え、かつ十分に協力するであろう。

総装備部

総装備部は中国の大多数の宇宙能力を管理しているので、また総装備部は情報優勢を確立する中国の取り組みにおいてきわめて重要な役割を果たすことになる。総装備部は一連の宇宙関連施設を統制する。これらの施設は次のとおりである。

◉**発射施設**　これらの施設には、一般的に衛星をロケット本体と結合させる施設だけではなく、1基以上の発射台がある。通常その現地または近傍には追跡施設が存在する。入手情報では、中国の発射施設のいくつかは、あるいはすべては、現在総装備部の一部となっている前組織によって計画されまた建設されたことを示している。[24]

◉**ミッション管制（地上の宇宙（飛行）管制）およびTT＆C施設**　衛星がいったん軌道にのると、その衛星は常に観測されまた追跡されなければならない。写真偵察衛星や地球画像衛星などのある種の衛星も、軌道上にある場合には操作する必要があるであろう。これらの任務はミッション管制センターおよびＴＴ＆Ｃ施設によって行われる。中国はその地上ベースのＴＴ＆Ｃ施設（大部分は中国の領土に位置する）を宇宙追跡艦隊で補充している（ＴＴ＆Ｃは一般的に追跡・テレメトリ・コマンド系あるいはＴＴ＆Ｃ系と呼ばれ、衛星内部の装置類で、追跡機能、テレメトリ機能、およびコマンド機能を実行する。追跡機能とは、地上で衛星を追跡する電波を発射するとともに、衛星までの距離測定用の測距信号を中継する機能である。テレメトリ機能とは、衛星搭載機器の状態情報をテレメトリ信号として常時地上に送信する機能である）。

◉教育組織　中国の宇宙要員の重要な訓練施設は装備学院であり、以前の装備指揮技術学院である。

酒泉衛星発射センター

酒泉衛星発射センターは甘粛省西部の酒泉市近傍のゴビ砂漠にあり、第二十号試験訓練基地としても知られている。これは、１９５８年に開設された中国最古の発射施設で、２８００平方キロメートルの面積に及ぶ最大規模の施設の１つである。[25]その施設には２つの発射区域がある。すなわち、１つは３台の発射台を持つ北部区域であり、もう１つは２台の発射台を持つ南部区域である。南部の発射台は中国の有人宇宙活動を支援している。また、南部区域は伝えられるところでは独自の発射管制センターを有している。[26]

酒泉衛星発射センターは、中国の最も多目的な発射センターの１つであり、長征４号だけではなく長征２号Ｃ、２号Ｄ、２号Ｆブースター（補助推進ロケット）を取り扱ってきた。長征２号Ｃは多くの他の中国の発射機に対する基本的な第一および第二段階を準備するものである。[27]最も強力なモーターを持つ長征４号は主として極軌道衛星を発射するために使用される。[28]酒泉衛星発射センターは衛星を主として低軌道（地上１４４～９６０キロメートル）および中軌道に配置している。また、このセンターは中国の有人システムの主要な発射施設であり、２０１５年現在、澄星宇宙船の打ち上げのすべてを扱っている。

太原衛星発射センター

太原衛星発射センターは山西省太原市近傍にあり第25号試験訓練基地としても知られている。太原衛星発射センターは東風5号（ＩＣＢＭ）のミサイル開発の取り組みの一部として１９６８年に建設された。それは伝えられるところでは１９８０年代の中頃までは宇宙計画には組み入れられていなかった。[29]
このセンターは主として衛星を極軌道に乗せる責任を有している。これらの衛星には風伝気象衛星、資源地球観測衛星、および米国のイリジウム通信衛星が含まれる。[30]また、このセンターは単一ブースターで2機の衛星を中国で初めて打ち上げる責任を果たした。

西昌衛星発射センター

西昌衛星発射センターは四川省西昌市にあり、第27号試験訓練基地としても知られている。この施設の建設は１９７０年に始まり１９８３年に完成した。[31]この施設は2つの発射台を持ち、長征2号Ｃ、2号Ｅ、長征3号、3号Ａおよび3号Ｂを含む広範なさまざまなブースターを取り扱うことができる。長征3号シリーズは、長征5号が稼働するまでは（現在、２０１６年から２０１７年の期間になるであろうと推定されている）最強最新のブースターである。このブースターはフランス・欧州宇宙機関のアリアンまたは米国のデルタ型発射機に匹敵する。[32]
このセンターは海南島の衛星発射センターが公開されるまでは中国最南端の発射施設であった。したがって、このセンターは中国の静止軌道衛星を打ち上げる場所であったが、衛星を極軌道また低軌道に打ち上げていた。[33]
１９８４年に中国の最初の静止通信衛星東風鴻2号機の打ち上げを支援するために、ＸＳＬＣは明らかにミッション管制施設を向上させていた。ブースターの点火、離昇、および初期飛翔状態はすべてミッション指揮統制センターから観測し、画像は北京に送ることができた。改良された時刻同期装置も組み込まれていた。[34]

西安衛星テレメトリおよび管制センター

西安衛星テレメトリおよび管制センターは中国の宇宙追跡システムの中枢である。[35]このセンターは、第26号試験訓練基地としても知られており、衛星軌道を追跡し、デジタルデータを伝達するとともに衛星情報を管理する責任を有している。また多数の中国の衛星を実際に管制する責任も担っている。[36]このセンターは1980年代中期に西安の近傍に建設され1987年12月に運用を開始した。[37]またこれは中国の有人宇宙ミッションを追跡するのに役立つ。[38]

中国のTT&Cネットワーク

西安衛星テレメトリおよび管制センターによって管制される中国のTT&Cアセットは、中国内における次の3点で三角形を形成する。

◉新疆ウイグル自治区の喀什（カーシー）
◉海南島の三亜（サンヤー）
◉黒竜江省の佳木斬（チャムス）[39]

これらは、遼寧半島の基地23としても知られている航空宇宙海洋テレメトリ船基地（航天海洋測量船基地）から行動する中国の宇宙支援船隊によって補完されている。最新の船隊は3隻の宇宙支援船遠望3号、5号および6号から構成されている。これらの船隊は、中国の発射およびTT&C施設のように、総装備部（人民解放軍海軍ではない）の一部である。[40]

総装備部装備学院[41]

中国の文献は総装備部が中国のさまざまな宇宙施設に配置される全要員を訓練するということを明らかにしている。この訓練はかつて装備指揮技術学院として知られていた総装備部の装備学院によって行われる。この学院は、管理者および指揮官として勤める中級将校を訓練し、また上級の工学技術将校を訓練する。卒業生は、中国のさまざまな衛星発射センター、すなわち、衛星TT&Cセンター、航空宇宙指揮センター、ハイテク兵器機器管理、研究、および試験センターの職員として従事する。

この学院は1978年に初めて創設され、1999年に創設された総装備部の隷下に置かれた。学院の焦点は将校を指揮および技術に慣熟させることに置かれている。中国の文献は、この学院は兵器および装備プログラムの管理・運用、さらに航空宇宙工学および情報技術について訓練する主要な学院であると説明している。この学院は多数の分野に関する将校基礎コースを提供する。このコースには、装備指揮システム、管制システム、電子工学、その他に、コンピューターの応用、通信情報システム、信号・情報管理、兵器の射撃理論と技術、作戦・戦闘指揮、軍事通信、および軍事作戦研究に関する7分野の修士コースが含まれる。また、この学院は1999年から戦闘指揮に関する博士号の授与を開始した。

作戦レベルにおける指揮統制

人民解放軍が「情報化条件下の局地戦」を成功裏に遂行し、かつ「情報優勢」を確保するためには、関連する軍区における軍だけではなく、さまざまな国家レベルの要素の行動についても適切に組織化しまた調整する必要がある。したがって、1つの統合戦役の指揮系統を構築することがきわめて重要である。情報の円滑な流れは、すべての参加部隊にその作戦を調整させることを可能にする適切に組織された指揮組織の展開（戦闘配置につけること）にかかっている。

この指揮系統は、「統合戦役指揮司令部（JCCH）」によって、指揮されるであろう。このJCCHは参加する軍区、各軍種、地方指揮要素、および中央軍事委員会から配置換えになった上級将校の司令部要素から編成されるであろう。JCCHは、主指揮所、前方指揮所（代替指揮所または予備指揮所としての役割を果たす可能性がある）、および後方地域の指揮所に分割されるであろう。[42]

JCCHは、関係部隊のために作戦計画を策定しまた実行するとともにさまざまな資源の要求を調和させ、またさまざまな行動および活動を調整し、かつ状況の進展に対応する。

2016年まで、JCCHは隷下部隊に対する常続的な権限を付与された常設司令部ではなかった。その代わりに軍区が依然として軍種を基礎とする権限系統の他に主要な平時の計画立案をし、また組織化する機構の組織であった間は、実験用の各種の組織的な枠組み（ひな形）であった。したがって、JCCHの各種構成はさまざまな中国の軍事文献の中で提案されていた。

『戦役学』2006年版によって提案された1つの可能性のある組織は、次の4つの指揮センターから構成される。

◉**作戦センター**　このセンターは司令部部門の指揮官（司令部首長）および関連する作戦部からの指揮参謀が含まれている。このセンターは統合戦役を組織化しまた計画し、指揮官の意思決定の調整、また指揮統制の責務の訓練を支援することになるであろう。

◉**情報（インテリジェンス）センター**　このセンターには司令部部門の指揮官および情報部の要員が含まれる。

◉**通信センター**

◉**防護センター**　このセンターは指揮レベルの防護要員から編成され、また任務を防護するすべての作戦指揮（作戦指揮的保障任務）を保証するであろう。これら任務には、兵站および保守・整備支援を提供すること、および物理的セキュリティ（またおそらくはデータと情報技術の防護）を確保することが含まれる。

これらのセンターは必要に応じて、すなわち戦役の要求に応じて、たとえば火力調整センターまたは情報作戦センターを付加されることになるであろう。[43]

この組織の変形組織は、６つのセンター、すなわち指揮統制センター、情報センター、通信センター、情報作戦センター、防空センターおよび特殊作戦センターであろう。特殊作戦センターはすべての特殊作戦部隊の活動、目標の特定と特殊作戦の調整を管理・統制することになろう。

他の中国の文書は、「基本的な統合作戦指揮所（連合作戦基本指揮所）が組織されるべきあり、統合作戦指揮所に従属しあるいは組み込まれる、情報、通信、軍事動員、政治工作、兵站防護、装備防護の各部を有する指揮統制センターを含むべきであると示唆している。[44]

◉指揮統制センター　このセンターは統合作戦司令官を主として支援し、全軍に対する計画立案および指揮統制の取り組みを支援する。このセンターは他部に対して調整するとともに指針を与えるであろう。また、このセンターは情報作戦に従事するとともに、火力攻撃と特殊作戦を調整するであろう。そして指揮統制戦に関する取り組みの中心となるであろう。

◉情報部　この部は統合作戦情報の支援を行い、また情報活動を調整し、情報収集とデータ管理を監督し、成果を配布する。また、この部は、指揮統制センターと協力して、対偵察活動および戦闘被害の見積もり・評価を計画準備する。情報部は情報戦の作戦の中心部分になるであろう。

◉通信部　この部は統合作戦に関係するすべての通信を防護し、通信防護に関係する計画および指示の策定を支援する。またこの部は周波数およびスペクトラム管理を含む隷下部隊の他の通信活動に対する指導および調整をするであろう。また民間通信アセットとの干渉についても調整するであろう。

◉軍務動員部　この部は、軍務的業務、動員、および地上戦の管理作業を計画準備する。また軍事輸送の補完、物的支援の獲得、さまざまな科学的および技術的資源の動員開始、およびその他の地方アセットとの協力に関して地方政府と調整する責任を有している。

◉政治工作部　この部は、宣伝、法務、一般大衆工作、および他の政治工作事項を実施する。これには戦役に対する政治工作の計画立案、指導、管理・監督および隷下部隊の政治工作の監督が含まれる。また、これには「三戦」や一般的なメディア奉仕活動の管理・監督および政治的動員を含む政治戦の任務を実行することが含まれる。

◉**後勤保障部**　この部は作戦上の兵站および防護を調整する。またこの部は指揮統制センターに兵站状況を通知し、主指揮所と後方地域指揮所間の情報の流れを管理・監督し、また戦役のために兵站計画立案を提供する。

◉**装備防護部**　この部は装備品の保守整備と安全を確保し、全関係部隊にわたるそのような活動を調整する。

これらの提案されたすべての組織には、作戦計画、調整、関係部隊の管理・監督の責任を持つ管制センターあるいは指揮統制センター、通信センターまたは通信部、情報センターまたは情報部が含まれる。また、いくつかは、装備安全防護対策（物質的アセットに対する物理的セキュリティおよび保守整備支援を確保すること）およびデータ安全防護対策（データ完全性と情報技術支援）に責任を持つ1～2つの部を持っている。

2016年の改革

人民解放軍は1980年代以降、いくつかの近代化の取り組みに着手してきたが、それは主として毛沢東および鄧小平時代から引き継いだ組織に固執していた。しかしながら人民解放軍は、この組織は「情報化条件下の局地戦」を戦いかつ勝利するという要求を満たせないと明確に理解した。常設の統合作戦司令部は存在しなかった。それよりも軍区の指揮系統に反映されているように、陸軍は依然として政治的かつ官僚的に優勢であり、海軍また空軍将校には指揮されてはいなかった。

この状態は習近平が少なくとも3つの再編成の取り組み(2016年4月現在)を最初に公表した2015年末に変化した。これらの主要な再編成に関する全般的な要旨(主目的)は、習近平が2015年に公布した「中央軍事委員会は全軍を監督・管理する。戦区は紛争を担当する。各軍種は建設を担当する」という金言に要約されている。[45] すなわち、中央軍事委員会は全軍をよく監督・管理するために再編成されることになるであろう。戦区は戦時の機能を計画立案しまた調整する責任を持つで

表7.2　新中央軍事委員会の組織

日本語	中国語	英語名
中央軍事委員会弁公庁	軍委弁公庁	CMC General Office
部		
中央軍事委員会統合参謀部	軍委連合参謀部	CMC Joint Staff Department
中央軍事委員会政治工作部	軍委政治工作部	CMC Political Work Department
中央軍事委員会兵站保障部	軍委後勤保障部	CMC Logistics Safeguarding Department
中央軍事委員会装備開発部	軍委装備発展部	CMC Equipment Development Department
中央軍事委員会訓練管理部	軍委訓練管理部	CMC Training Management Department
中央軍事委員会国防動員部	軍委国防動員部	CMC National Defense Mobilization Department
委員会		
中央軍事委員会規律検査委員会	軍委記律検査委員会	CMC Discipline Inspection Commission
中央軍事委員会法政委員会	軍委法政委員会	CMC Politics and Law Commission
中央軍事委員会科学技術委員会	軍委科学技術委員会	CMC Science and Technology Commission
弁公室		
中央軍事委員会戦略企画室	軍委戦略規劃弁公室	CMC Strategic Planning Office
中央軍事委員会改革編制室	軍委改革和編制弁公室	CMC Reform and Organization Office
中央軍事委員会国際軍事共同室	軍委国際軍事合作弁公室	CMC International Military Cooperation Office
中央軍事委員会監査室	軍委審計署	CMC Audit Office
中央軍事委員会事務管理総局	軍委事務管理総局	CMC General Office for Administrative Affairs

あろう。また各軍種は装備し、訓練し、また適切な部隊を提供する責任を持つであろう。（表7・2）

新しい軍種の創設

最初の構成要素は、2015年の末日に作られた3つの新しい軍司令部の創設に関する発表であった。[46] 人民解放軍海軍と人民解放軍空軍の統合は次のようになるであろう。

◉**人民解放軍陸軍司令部**　陸軍は現在1つの別個の単独の軍種である。このことは、陸軍が、もはや上級司令官やさまざまな部の長ではないことから、政治的な影響力において軽んじられていることを意味する。それはまた軍事科学院から兵器開発センターまでのさまざまな研究所が、他軍種の関心事に一貫して取り組むことになるであろうということを示唆している。

◉**人民解放軍ロケット軍**　第二砲兵部隊は、中国の地上ベースの核抑止力と通常兵器のミサイル部隊の多くを管理・統制していたが、1つの軍種ではなく「非常に大きな兵科（大きな職種）」であった。この部隊は陸軍砲兵科の支流（1つの部隊）であった。しかしながら習近平は、「人民解放軍ロケット部隊」を公式に1つの軍種にし、それを戦略任務および新しい1つの戦区・戦域司令部を指揮するのにふさわしいものにした。

◉**人民解放軍戦略支援部隊**　おそらく情報優勢を確立するために最も重要な新しい軍種は、「人民解放軍戦略支援部隊」である。人民解放軍戦略支援部隊は、総装備部の中国の宇宙部隊だけではなく、伝えられるところでは中国の電子戦とネットワーク戦の能力を結集している。[47] 正確であれば、人民解放軍はさらに、構成要素を総参謀部の第三および第四部（SIGINTおよびレーダー・電子戦）からこの新軍種に移しているようである。人民解放軍戦略支援部隊はまた総参謀部の通信・情報部および総参謀部第二部の各構成要素も受け取ることになるであろう。したがってこの新軍種は、人民解放軍の分析が情報戦遂行のために必要と結論付けたすべての重要な要素を、単一の官僚的組織の隷下に置くであろう。

再編成される中央軍事委員会

２０１６年1月に、人民解放軍は中央軍事委員会を対象とした第二の一連にわたる改革を公表した。中央軍事委員会は以前四総部を基礎として組織されており、２００４年に唯一、軍種でかつ第二砲兵という兵科が加わったが、将来の中央軍事委員会は15の下部機能組織を基礎として組織されるであろう。[48] この新しい中央軍事委員会は中央軍事委員会の弁公庁によって監督・管理されるであろう。そのような実体は常に存在するようだが、具体的に列挙することにより、このことは、この新しい弁公庁がそれ自身の権限で官僚的な権力の中心になるであろうということを示唆している。

次の中央軍事委員会の6つの部が軍事計画立案の重要な側面を管理・監督するであろう。

◉中央軍事委員会統合参謀部　中央軍事委員会統合参謀部は前総参謀部の新しい繰り返しであるようにみえる。名称に「統合」を組み込むことは、新しい部が陸軍の分派ではなく、統合の考え方を促進する責任があることを強調している。

◉中央軍事委員会政治工作部　人民解放軍は依然として党の軍隊、すなわちこの組織内では変わらない一側面のままである。政治工作は相変わらず人民解放軍の考え方の本質的な部分のままである。重要なこととして、政治将校および党委員会組織は依然として人民解放軍管理機構の中心的要素のままである。

◉中央軍事委員会後勤保障部　兵站構成および組織に関してはどのような変化も現在のところ明らかになっていない。

◉中央軍事委員会装備発展部　この実体はおそらく、工業情報化部（ＭＩＩＴ）およびその下部の中国の軍事産業複合体を監督する国家国防科技工業局（ＳＡＳＴＩＮＤ）と連携して、中国の兵器開発の責務を負うことになるであろう。しかしながら、宇宙アセットの新しい人民解放軍戦略支援部隊への移転を考慮すると、この部が多くの作戦部隊を持つことはないようである。

◉中央軍事委員会訓練管理部　この部は以前の中央軍事委員会組織には対応しない新しい実体である。それは人民解放軍が訓練を優先させるであろうということ、また同じ訓練基準が全部隊にわたって適用されることを示唆している。このことは統合訓練の任務を重視しているとみられる。

◉中央軍事委員会国防動員部　国防動員委員会は１９９０年代以降存在しているが、その実体は政府、党および軍の境界をまたぐものであった。特に国防動員に焦点を合わせた中央軍事委員会の１つの部の創設は、人民解放軍が特定目的の軍の動員という関心事にますます取り組むということを示している。この部は民間のアセットと施設および個人を取り入れるために、たぶん訓練および計画を拡大するであろう。そのような動員計画の取り組みに対する重要な優先事項にはおそらく、電気通信、コンピューティング、宇宙のアセットと施設、およびこれらの分野における民間の専門家が含まれるであろう。

これらの部は、3つの委員会によって補完されて、規律(汚職に対抗することを含む)、すなわち政治と法律、および科学技術を監督することになるであろう。この科学技術委員会は、米国国防総省の国防高等研究計画局(DARPA)および「Jasons」のような特殊な専門家集団と似ている前総装備部の科学技術委員会の任務のいくつかを含んでいるとみられる。この委員会はたぶん軍事的に有用な技術に関する重要な新しい分野を認定しようとするであろう。

最後に、5つの弁公室は管理・運営の責任を持つであろう。それらの責任には、戦略計画立案、改革と組織、国際協力、会計監査、および事務管理が含まれることになるであろう。その正確な責任については、公には明らかにされておらず、またそれらがその各部とどのように異なるのかについても明らかにされていない。

軍管区の置き換え

2016年2月における第三番目の公表は、7つの軍区を5つの、すなわち北部、東部、南部、西部および中央の「戦区」あるいは「戦域司令部」と置き換えるとするものであった。[49] 新戦区に対する正確な責任地域は公表されていない。軍区は大部分が省の外形線に沿っていたことに関して、おそらく新戦区の境界は中国の沿岸を越える作戦地域によって決定されるであろうと信じられている。しかし、南シナ海が東部あるいは南部の戦区の一部になるかどうか、または朝鮮半島が東部あるいは北部の戦区の一部になるかどうかについては不明である。

中央戦区の責任についてはさらに不明である。中央戦区は主として他の4つの戦区を支援する予備にされる可能性がある。しかしながら、それは別に向けられる一連の任務に責任を負う可能性もある。たとえば、それは広範囲にわたる抑止任務の責任を担う可能性であり、その場合に、中央戦区は人民解放軍ロケット軍だけではなく人民解放軍戦略支援部隊も管理・統制することになるであろう。

また依然としてはっきりしないことは、軍区に相当してきた官僚的な常設の特定の重要な組織である。軍事科学院、人民解放軍の国防大学および国防科技大学の校長等および政治将校は、それぞれ、彼らの組織の重要性を反映して、歴史的に軍区司令官と同じように扱われてきた。

たとえば、軍事科学院は、上級軍事指揮層の最高レベルのシンクタンクおよび専門委員会だけではなく、それは米陸軍訓練教義司令部（TRADOC）の側面を具現化して、全人民解放軍のために新しい教義（ドクトリン）を開発しまた訓練計画に対応している。また、軍事科学院は監察官に相応するいくつかの任務を引き受けており訓練活動を評価している。軍事科学院がこれらの任務を新しい中央軍事委員会訓練管理部に譲るかどうかについては不明である。より一般的に言えば、これらの組織が戦区と同等のように扱われるかどうかは（あるいは、それらがおそらくはまったく新しい形態に組織されるかについても）不明である。

中国の論評は、新戦区司令部の指揮組織は、臨時というよりも常設になるであろうことを明らかにしている。要するに、統合戦役指揮司令部は、いずれ人民解放軍の戦争組織構成において正式な正規の部分となるであろう。これらの統合戦役司令部は、すべての戦区を横断して組織されるであろう。統合作戦を将来の中国軍事作戦の真の概念上の頂点とする最終段階は、この動きの中で実際のところ、成文化されている。

情報優勢を確保する人民解放軍の能力に関する推測

これら一連の改革群のいずれも、軍内に構造上の変化を引き起こすであろう。しかしながら、その組み合わせは、人民解放軍がどのように作戦するかということに関する根本的な再考とはならなかった。この見直しは伝統的な官僚的権力系統（特に陸上部隊の主要な任務）を混乱させている。すなわち、長年続いている組織的な指針・規範（総装備部の追加が1999年における以前に行われた最後の変更であった）に挑戦しており、なによりも人民解放軍に「情報化条件下の局地戦」に対して新たな方向付けを行っている。

しかしながら、ここで概説したような人民解放軍の再編成は、人民解放軍の使命と任務を変えるものではない。少なくとも2004年以降の人民解放軍の計画立案を推進させてきた「新歴史的使命」は、宇宙空間、電磁波空間および海上領域の優勢を確保する能力を含んだものであり、依然として有効である。同様に、世論戦、法律戦および心理戦の「三戦」を含む「政治戦」を実施する指令は、総政治部が中央軍事委員会政治工作部と改称されても、廃止されていない。「情報化条件下の局地戦」を戦いかつこれに勝利すること、およびその目的に対する手段として情報優勢を確保することは、依然として人民解放軍にとって最も重要な任務のままである。

この再編成に対する最も重要な動機は、人民解放軍の基礎となる組織と手続きをおそらく間違いなく覆すことであり、それは「情報化条件下の局地戦」をよりよく遂行するために、官僚的な権力と資源の配分に影響を及ぼすことである。たぶん、人民解放軍の前組織が検証されて、かつ情報優勢を確立する人民解放軍の能力に関して不足しているものが見出された可能性がある。

たとえば、ネットワーク戦と電子戦を旧総参謀部の第一レベルの隷下部に割り当てたことは、必ずしも将来の戦場における一体化作戦を行う能力のある部隊を生み出さなかった。その総参謀部の各部局は、戦闘部隊と離れて組織されており、(このことが) その各部局が現場 (戦場) において統合されること、または軍区の戦争計画に組み込まれることを困難にした。それらを宇宙部隊とともに、新たに創設された人民解放軍戦略支援部隊内に集中させることは、情報戦の遂行により焦点を合わせた1つの軍種を作ることになる。人民解放軍戦略支援部隊 (特に一体化ネットワーク電子戦) は現在のところ、陸、海、空軍および人民解放軍ロケット軍とともにより定期的に活動するようになり、調整と統合訓練を改善向上させることになるであろう。

この点で、中国は、ロシア軍 (ロシア空軍、防空部隊、および宇宙部隊を組み合わせてロシア航空宇宙軍を創設した) あるいは米国 (軍種指向の空軍宇宙軍団、下級統合軍のサイバー軍、軍種中心の電子戦部隊を有する) とは異なる道を追求している。情報優勢の追求に関しては、人民解放軍の最も精鋭な情報戦部隊を集中して、人民解放軍は非常に遠大かつ急進的な一歩を踏み出しているようにみえる。実際、各軍種が適切な部隊を装備化しまた訓練する (軍種の責任に関する米国の概念に非常によく似ているように) という中国の期待を考慮した場合、この能力の範囲で単一の軍種を創設するということは、領域 (電磁波、コンピューターネットワークおよび宇宙空間) に影響を与える情報戦に関する全体的な視点を高めることを意図している。このことは、人民解放軍戦略支援部隊が現在姉妹部隊であるさまざまな部隊間の相互作用を熟慮しているので、将来の人民解放軍戦略支援部隊のドクトリンの開発に影響を及ぼすであろう。また、このことは同様に訓練における変化を促進し、ゆくゆくは部隊の組織と数に影響を与えるであろう。

また、主要な人民解放軍の再編成は新しい戦区の戦争・作戦・実戦組織にも影響を及ぼすであろう。以前の軍区制度は統合作戦を重視していたが、どのような常設の統合組織も存在しなかった。統合戦役指揮司令部は危機または戦争の事態に作られる臨時の実体であった。部隊と個人間の指揮関係は、所属部隊を解かれて臨時に形成された。このことは必然的に、技術的要素だけではなく人的要素も持つ情報の流れに影響を及ぼしたであろう。

しかしながら、２０１６年に編成された新組織においては、新戦区の司令部は明らかに統合されかつ常設となった。総参謀部が中央軍事委員会統合参謀部と改称したことは、統合作戦が今やどのように人民解放軍の計画立案と作戦の基準になっているかということをさらに強調するものである。統合司令部組織を常設にしたことは、各種指揮官の関係だけではなく全軍種各種部隊の関係を強化することになるであろう。このことは、同様にさまざまな全部隊間の情報の流れを容易にするであろう。

このすべては情報優勢のために将来の敵に対抗する人民解放軍の能力を磨き上げることになる。いったんこれらの再編成と変革が完全に実行されるならば、人民解放軍は、電子戦、ネットワーク戦、宇宙戦、指揮統制戦を含む情報戦に特に指向した1軍種を持つことになるであろう。人民解放軍は、構成要素が統合様式で作戦することに慣れた1つの戦争・作戦・実戦組織を持つであろう。また人民解放軍は開発された基準となる作戦上の手段、すなわち戦術、技法、および手順、さらに進歩したドクトリンおよび関連する訓練基準を有する指揮統制系統を持つことになるであろう。

第8章　将来戦に関する中国の見方と米国にとっての意味合い

２０１５年と２０１４年のように２０１６年現在、中国のサイバー空間における活動は多くの国民の関心を集めている。さまざまな企業だけではなく米国連邦政府の人事管理局（ＯＰＭ）のデータベースに対するハッキングは、中国の情報活動に関する米国の国民的論議を支配しつつある。しかし、中国の行動の根底にある理由と戦略を理解することはきわめて重要である。その活動の原因となっているもともとの動機を理解することなく、その活動に対抗する対応政策を策定することはできない。

中国は情報と将来戦をどのようにみているのか

情報化戦争、情報戦、および情報作戦に関して中国の文献に反映されている最も重要な要素は、中国の指導部が「広範な国益と体制（あるいは少なくとも中国共産党）の生存に密接不可分に関連している」として情報をみていることである。ここで重要なことは、これが単に戦時の情報の役割に当てはまらないことである。中国の指導部は、軍事紛争で情報がどのように適用されるのかだけに焦点を当てているわけではない。むしろ、指導部は、それが現在国家間で進行中の競争における決定的要因であると考えている。

このことは、中国の文献が強調しているように、21世紀の経済的および政治的現実における情報の役割の高まりによるものである。今や情報化時代であり、正確な情報を適時に収集し、伝達し、分析し、また迅速に活用する能力が成功に対する鍵である。これらの能力は、「情報優勢」（我の目的を支援するために情報をより迅速かつ正確に収集、伝達、分析、また活用し、他方敵が同じことをする能力を拒否する能力）を達成するためのあらゆる行為の核心となるものである。

しかし同時に、情報の自由な流れは、中国共産党のルールにとって脅威となる恐れがある。中国共産党は、「各人はそれぞれの能力に応じて働き、その必要に応じて受け取る」というイデオロギー的論議をもはや強調しないかもしれないが、それは「前衛政党」、すなわち、中国の唯一の合法的な政治的権限としての役割に依然としてしっかり傾倒している。また、ソ連の崩壊は「前衛政党」の役割を維持することの失敗および、重要なことであるが、情報統制の自由化の結果であるとみられがちである。「グラスノスチ（情報公開）」と「ペレストロイカ（改革）」の公開と改革の政策は、その他にも主要な共産党の崩壊を招いた。情報は経済の通貨および軍事力と同様に、政治力の基礎でもある。

この「混乱」（矛盾）は、第二の重要な結論の舞台を設定している。権威主義政党として、また教訓実例としてのソ連の共産党の運命に鑑み、中国共産党は情報の自由な流れを許すだけの余裕がない。これは、そのルールに対してあまりにも多くの挑戦を許すことになる。「したがって、中国の指導部は情報の流れを統制しようとする」

ある程度、この統制を実施する取り組みは、長期にわたる政策を維持するだけである。中国共産党は長い間、その流れを制限し、検閲を支援するための巨大な組織基盤のような法外な範囲を運用しようとする意欲を示してきた。しかし、各種の情報ネットワークを横断する広範な相互接続や連携を含む情報化時代の特質のために、中国共産党は中国内に限定した情報の流れを統制できない。その代わりに、中国への情報の流れを統制しなければならない。

情報の外部への流れを統制しようとするこの行為は、各国が資源としての情報にどのようにアプローチするのかについて基本的および質的変化を作り出している。もちろん、国家は長い間、その描写方法を形作り、影響を及ぼそうとしてきた。外部情報に対するアクセスを制限することは新しい現象ではない。しかし、情報化時代の台頭によってもたらされた質的変化の見方における中国の行為は、規模と範囲が異なっている。情報の統制とは、新聞やテレビ番組だけではなく、世界規模でのインターネットの機能を制限することである。

この要素的シフトは、中国が国際共通空間のガバナンスを含む国際制度をどのようにみているかに反映されている。「中国が自国への情報の流れを統制し、影響を与えようとすれば、その情報の流れを管理する国際的な仕組みを形作り、また作り上げなければならないであろう」。これは、中国が現行制度を打ち壊そうとしていることを示唆するものではない。中国の文献は、中国が発展し中進国に昇格するためには中国が利用すべき「戦略的機会」の期間に依然としてあることを定期的に指摘している。[1] したがって、中国は平和的な発展と相互交流の政策を追求し続けなければならない。

しかし、中国が着実により力強く成長するにつれて、その行動をますます制約する国際的仕組みの下にあることへの疑問が生じてきている。これらの構造は、中国の文献が指摘しているように、しばしば中国からの入力なしに制定されていた。権力にとどまろうとする中国共産党だけではなく復活しつつある中国も、これらの外部的に課せられた制限にますます苛立っている。
とはいえ、「中国、特に中国共産党が、他の大国、特に米国との競争がますます進んでいることとみている」ので、現在の仕組みに挑戦することはより一層緊急性を要する。インターネットの自由と、より幅広い情報の自由な流れを援護するのは米国である。さらに、多くの中国当局が主張しているように、中国の近隣諸国に沿岸海域で中国の覇権に挑戦させ、ダライ・ラマやその他の内部不安定源を維持させるのが米国の政策である。

これは、中国が戦争または武力紛争が避けられないと信じていることを意味するものではない。確かに、短期間（次の10年程度）には、中国が積極的に隣国に武力攻撃すると考える理由はない。冷戦とは異なり、兵力を集中投入する「フルダ・ギャップ」（東西冷戦時代に、NATOはワルシャワ条約機構軍の戦車部隊が、西ドイツのフルダ（Fulda）付近の前面だけが幅の狭い平原になっている東西ドイツ国境を突破し、2日間でフランクフルトを占領するシナリオを想定していた。このため西側の軍事関係者は、ワルシャワ条約機構軍がこの「回廊」を通って西側に侵攻する可能性が最も高いと見て、「フルダ・ギャップ」という言葉をしばしば使った）のシナリオは存在しない。

同時に、中国の指導部は、「ハイブリッド戦争」を含むさまざまな手段を通じて、その目的を追求する有用性をよく認識している。中国は、漁船と公船を使用して領土問題を解決する能力を実証した。中国の艦艇が外国の船を射撃していない場合、中国の漁船は外国の船舶の操業を物理的に妨害することについてほとんど良心の呵責がない。帰属識別活動がはるかに困難な世界の情報ネットワークは、ハイブリッド戦争の典型である灰色の紛争の類を実施する理想的な環境のようである。

したがって、戦略的レベルでは、中国は、自国が発信し、意図する情報を通じて自国に関する国内および国外の見方を形成するよう絶えず努力している。一方で、中国は他国の強みと弱みを特定するだけではなく他国が中国をどのようにみているかを決定しようとするであろう。これらの行為は、潜在的な同盟国や敵のインテリジェンスを収集するという点で、各国の行動と何ら変わらない。

しかし、中国が他国の慣習から乖離し始めたところで、平時と戦時の両方で情報空間を支配することに焦点が当てられている。特に、情報優勢を確立しようとする中国の行動は、国際制度よって平時においてはいくぶん制約されているが、戦争の際には、はるかに総合的であるとみられる。

これは過去数年間の中国の軍事発展に反映されており、それ自体は将来戦の形や要求に関するほぼ四半世紀にわたる思索の集大成となっている。「情報化条件下の局地戦」という中国のコンセプトは、将来戦のすべての局面における情報の役割に焦点を当てた進行中の進化を反映している。このコンセプトは1990−1991年の第一次湾岸戦争での有志連合軍の観察および1990年代のユーゴスラビア紛争やアフガニスタンとイラクの米国の侵攻に影響された観察から得られた戦訓から生まれたものである。このように人民解放軍は当初、将来戦を「現代のハイテク条件下の局地戦」と考えていたが、すべてのハイテクが同等に重要ではないと結論付けた。

工業化時代から情報化時代にかけてのより大きな戦略転換を反映して、IT（情報技術）が最先端の要素技術であるとの結論を得て、人民解放軍は将来戦の概念と人民解放軍が展開する各種の部隊とそれらが実行する各種の作戦とを結び付けるために、その後、新しいドクトリンを策定しつつある。その過程で、人民解放軍は再びその見方を見直しているようにみえる。

人民解放軍はネットワーク戦、電子戦、および心理戦には初期から重視していたが、明らかに指揮統制戦と諜報戦を重視していない。その含意は、ネットワーク、電子システム、または指導者は必ずしも同等に重要であるとは限らないとみられている。代わりに、重要な意思決定の役割を担う指導者、および意思決定を知らせる人やシステムは、より高い優先度の目標でなければならない。これは、人民解放軍が将来の情報化戦争に勝つために他のネットワーク、システム、または人員（たとえば、兵站、戦闘部隊）を軽視することを意味するものではないことに注意することがここでは重要である。むしろ、それは資源の割り当てと能力の開発の優先順位を反映している。

これは、さまざまな種類の新しい装備と改善された統合訓練を展開する過去数年間の取り組みにみられるものである。新しい戦闘機、軍艦、および自走式砲の他に、新しい一群の無人航空機、電子戦プラットフォーム、およびセンサーがある。2015年後半と2016年初めの大規模な組織再編成は、「情報化条件下の局地戦を戦い勝利するために」人民解放軍に準備させるための着実な取り組みの主要な通過点になっている。

中国の結論はどのように中国の行動を形成するか

これらの中国の結論を考えれば、中国の行動に反映されるある種の意味合いがある。中国の行動は総合的でなければならず、また包括的でなければならない。中国は自国を引き続き発展途上国とみている。世界第二位のGDPにもかかわらず、これは13億人の人口に分散されなければならない。重要なこととして、中国は必ずしも裕福ではない。すなわち、中国は巨大な未開発の人間と物理的な可能性を持っているが、それが実際の能力に変換されるまで、中国人の多くは貧しいままである。このような観点から、中国は、たとえ利用可能な資源の活用に限定するとしても、政府全体のアプローチを追求する可能性が高い。したがって、米国は軍および民間の宇宙計画（後者は3つの実質的な区分に分かれている）の両方を持っているのに対して、中国は過度の冗長性と重複を必要とするような戦略を追求する可能性は低い。

これは一般的に情報化に応じた高い優先度によって強化される可能性が高い。さまざまな上級レベルの取り組みが時々止まっているが、習近平は、中国を情報化することを重視する政策を明らかにしている。中国が情報化時代に密接に埋め込まれた未来をみる限り、これらの取り組みは、ストーブパイプの削減と官僚間の横断的協力強化のための行動を伴った最高レベルの支援を享受するであろう。これは、軍内だけではなく軍と他の国家安全保障官僚間、さらにはより広い範囲の中国の各部、および公的企業と民間企業とのより大きな協力を意味する。

中国の行動は中国の優先事項によって決定され、外的圧力や甘言の影響を強く受けない可能性が高い。もし中国の指導部が情報を国家の生存に不可欠であるとみて、必要な情報を得る過程の一環として経済スパイ活動をみているならば、それを断念させることは容易ではない。同様に、中国の指導部が情報の流れを体制の生存と結び付けている限り、北京は内部の情報セキュリティ要求を満たす方法で情報の流れを制限し、流通させる。この目的のために、中国の行動に対する目標は、もし中国のアプローチを変えようとすれば、その利益は中国にとって価値がないように、北京に非常に高いコストを課さなければならないようにすることにある。

北京に影響を及ぼすことの難しさは、他のさまざまな国との戦略的競争にすでにあるという中国の指導部の意向によって悪化させられる。中国共産党は、米国だけではなく、ロシア、インド、および日本、またウイグル族やチベットの分離主義者といった非国家主体からの安全保障に対する挑戦を認識している。実際、中国の指導部は、すでに多方面抑止に従事している（すなわち、それがソ連と米国の両方の脅威に直面していると思われる1960年代以来適用してきた立場）とみていることを認識することはきわめて重要である。

脅威の程度に関する中国の見解は、情報空間が仮想とグローバルの両方であるという現実によってさらに強化されている。したがって、現在のところ、どのような国境によっても制限されているわけではない。中国の指導部にとって、情報の流れとコンテンツの統制は、情報空間の中国の部分内での実施にとどまらず、全世界的に実施することを必要とする。それは外国の情報源にアクセスし、また外国の意思決定者に影響を与えることを必要とし、他方、外部の強国が中国で同じことをすることを阻止することが求められる。

結果として、中国は自国の国境を越えて多くの行動を取り、以前は共有空間の一部であったものを支配しようと努力している。これは、インターネットのような情報空間だけではなく、海洋や宇宙空間のような物理領域にも当てはまる。実際、一連の対抗能力を増している南シナ海を支配し、また情報空間を統制し支配しようとする中国の行動はこれに対応したものとみることができる。いずれの場合も、中国は、以前には開かれていた領域上に、中国の主権、その規則および行政上の特権を拡大することに専心している。

これに関しては、中国の行動は、国内法と国際法の機能に関するまったく異なる見解によって正当化される。事実、中国の法律戦についての見解は、西側とはまったく異なる法の役割の歴史的・文化的見解の文脈から生じる。基本的に、中国は「法の支配」ではなく、「法による支配」という概念を支持している。すなわち、法は権限が行使される手段であり、権限の行使を制限しない手段としての役割を果たすものである。

最も広い意味では、1911年以前の中国社会は、手段的見地から法をみていた。すなわち、権限は大衆の統制を可能とする手段であり、権限を超える統制はないと考えた。法は、儒教的倫理の下で述べられている義務条項に対して二次的であった。古代中国の法律尊重主義「学派」は、(儒教が好んだ倫理規定とは対照的に)法典の制定に重点を置いていたが、最終的には法を大衆に対する社会的および国家的統制を実施する手段とみなした。法が被支配者と同様に支配者に適用されているのをみた中国ではこれまでに強い伝統は生じなかった。

中華人民共和国の初期には、中国の法的発展は、「法は政治のイデオロギー的手段として機能すべきである」というマルクス主義的視点の影響を受けていた。[2] 結果として、中華人民共和国の形成期における中国共産党は、法を同じ用語で中華帝国とみなしていた。法は本質的に統治の道具として役立ったが、党を拘束するものではなく、ましてやその効力は偉大な指導者、毛沢東よりはるかに小さいものであった。いずれにせよ、党は、法的機構の条項ではなく、布告によって規則を行使した。毛沢東自身は、文化大革命の最中に司法と法律組織の両方を効果的に廃止した。[3] 毛沢東の死以来、法体系の策定に努力が払われてきたが、ほとんどが商業法および契約法の分野であった。さらに、法は依然として党に反対するような大衆に一義的に適用される手段である。すなわち、法は権力に仕えるために存在し、権力を拘束するものではない。

これは、中国政府が伝統的な法的理解や本来の意図に反しても、法律、条約、およびその他の法的手段を用いてその目的を達成することを意味している。したがって、中国は共有空間上に中国の権威を拡大しようとする行為を国際法に矛盾するものとはみておらず政治戦の一環としてみている。すなわち、彼らの行為に対する反対は、中国を封じ込め、中国共産党支配を脅かす行為と同じであるとみなされている。

結果として、情報空間を支配しようとする中国の取り組みは、情報の流れを統制するだけではなく、各種の集団にアクセス可能な共有空間として情報領域を考えることを非合法化しようと努力している。中国当局は、インターネット規則を設定する際に非国家的なプレーヤーの役割を制限しようと努力してきた。同時に、また中国は反体制派、台湾の政治当局、チベットの活動家、中国の立場に反対しようとしているその他の人たちが中国の聴衆だけではなく世界の聴衆にアクセスすることを制限しようとしている。中国の指導部が情報に起因した実在する脅威（中国の内外にかかわらず）の見方を考えるならば、このような行為は、体制を維持するための防衛的な取り組みとして認識されている。

中国は情報孤立主義の一形態を追求しているようにみえる。情報の脆弱性に挑戦する中国の解決策は、情報の流れを制限することである。これは北朝鮮の極端な孤立形態を再現するのではなく、情報の流れを理想的には「中国の特性」に合わせることを意図したものである。実際、北京は、情報的に自給自足、すなわち全体として情報アクセス、情報生成、および情報伝達の面で自立したものにすることを追求している。したがって、情報会社の中国語版を作り上げた中国は輸入されたコンピューター部品の代わりに自国の半導体産業を稼働させつつあり、そうでなければ中国への情報アクセスおよび中国からの情報アクセスを制限しようとしている。

これは中国の成功と発展を可能にしてきた過去40年間のマクロ経済政策の皮肉な拒絶である。しかし、中国共産党は、中国のインターネットの速度（中国のグレートファイアウォールの本質によって課される）で費用対効果を受け入れたのと同じように、情報の流れにかけられる広範囲にわたる制約に起因する経済的かつ革新的機会費用を受け入れる。しかしながら、中国共産党指導者が長期的な経済成長を短期的な安定と交換し、自らの権限に即座に挑戦することを抑制しているようにみえるため、これは危険な取引である。将来的に「包括的国家力」の発展が情報を活用する能力に直接結び付いているということを中国の指導者が正しいとするならば、彼らの行動は、長期的には、将来の包括的国家力成長を事実上制限する可能性が高い。

米国の政策立案者に対する暗示

中国の戦略と政策に対する情報の影響に関する中国の結論を考慮すれば、米国の意思決定者は米国がどの程度中国とすでに競争状態にあるのかを認識する必要がある。すなわち、このことは米国の政策にとっていろいろな意味を含んでいる。同じように、単に意思決定者ではない国家安全保障に係るすべての者は中国が実施しつつある行為の範囲を認識した上で、それらに対抗するための活動を開始する必要がある。

米国と中国は競い合っている

第一に考慮すべき点は、中国の指導部が米国および確実に紛争状態にあると明言されている世界の残りの国と競争していることを認識していることである。競争は戦争を意味するものではないことに注意することが重要である。中国は、米国や近隣諸国と武力衝突しているかのようには明らかに行動していない。しかし、米国や日本をはじめとする多くの国々との関係は、基本的には本質的に敵対的なものであると中国はみている。1989年の天安門大虐殺の後に課された先進技術に対するアクセスの制限、宇宙やその他の技術の移転に対する追加の制限、さまざまな西側企業を買収する中国の能力に対する制限などはすべて、中国に対する非友好的姿勢を示すものと考えられている。

中国が米国の主要な安全保障の競争相手の1つであることは、多方面の主要な米国の意思決定者の間で認識されている。1999年のコックス委員会報告書、国家情報局長官官房の年次世界脅威分析、議会に対する年次DOD中国報告書はすべて、中国が西太平洋および世界的に米国の安全保障体制にますます挑戦していることを明確にしている。これには、中国の軍隊だけではなく、情報戦能力の領域における一連の新しい能力の進歩発展も含まれる。

皮肉なことに、これらの新しい機能の基礎となる概念の多くは、米国のものと並行しているようである。情報優勢を確立する必要性に関する中国の記述は、特に『JP3－13情報作戦』で具体化されているような情報環境を理解し、活用する必要性に関する米国の文書に対応している。[4] 軍のドクトリン的文書に関して、両者の統合化された軍種は共通の基盤を明確に共有している。

米国と中国は別次元で競争している

ドクトリン文書ではある程度の類似点があるものの、中国と米国の情報戦に対するアプローチの相違は両国を分断するより大きな、より根本的な疎隔を象徴している。多くの点で、米国の指導者は両国がどのように競争しているかを認識していない。

中国と米国の概念が非常に異なる角度や出発点から情報化戦争（情報戦ではなく）にアプローチしている影響の度合いを理解することがきわめて重要である。両者は非対称（共通の出発点からの問題に対する異なるアプローチを意味する）というよりも、直交（2つの当事者のまったく異なる出発点を意味する）している。たとえば、情報作戦や宇宙作戦に関する統合参謀本部のドクトリン的出版物は、米国の法律上の制限の下で作戦する米軍にだけ適用される（たとえば、軍隊の分離、タイトル10、情報からの機能、タイトル50、機能）。これとは対照的に、中国の文書は、軍隊、民間、または非政府系であれ、あらゆる国家情報資源を明確に含めている。

この違いの一部は、中米の意思決定者のための文脈を構成する根本的に異なる歴史的状況に根ざしている。前述のように、東と西は、法が権限を制限するか否かにかかわらず、法の役割と本質に関する根本的に異なる見解を持っている。同様に、たとえば、米国は、最終的に情報の自由な流れの存在を信じている。憲法とそこに記されている権利は、本質的に、報道の自由、表現の自由、および集会の自由のような情報の伝達における政府の干渉を最小限に抑えることを保証する。重要なのは、国家と社会の西側のより自由な相互作用の概念の中で、堅実な市民社会に対し長い間、役割が存在していることである。両者が互いに異なる個別の要素であるという認識は、この中核概念を反映している。

対照的に、中国共産党は、情報の自由かつオープンな表現に対抗する準備ができていないことを明確に示している。また、党委員会の広範にわたる存在によって、党の指導と監督下での中国における市民社会の発展が保証される。この見解は、中国共産党の立場の単なる成果物ではなく、法律の役割に関する非常にさまざまな見解を含め、中国の文化や歴史の多種多様な側面に深く根ざしたものである。

このような理由から、中国は、非対称的アプローチを追求しているとみてはならない。なぜならば、「非対称的」は、ほぼ同様の目的に向かって比較可能な出発点からの異なるアプローチを意味するからである。北京の出発点は、根本的に異なったものであり、完全に異なる状況によって形作られたものである。この本質的に二者択一的文脈上の枠組みが、我々自身から大きく偏向している制約と目的に導く――すなわち、直交的であることは驚くべきことではない。

これに関して、米国と中国が必ずしも相反する目標を追求しているわけではない。確かに、双方は時には目的、手段、またはその両方で一致していることがある。他の時には、彼らは互いに無関係の目的を追求していることに気付くであろう。しかし、きわめて多くの場合、たとえ異なった理由であっても、両国家の国益が交差するにつれて、両国家は自分自身を係争中であると感じるであろう。

最も基本的には、哲学的、政治的、商業的、および軍事的な理由から、世界規模での情報の自由な流れを維持する米国の国益は、中国、特に中国共産党の国益のビジョンに挑戦することになろう。中国共産党が体制の存続を国家の生存と同等にみている限りは（たとえそうであっても）、そのような行為は米国の行為の根底にある動機ではないとしても、党の権力を脅かすものとみなされるであろう。

競争はすべて包含している

同じ理由で、中国の指導部は、米国との競争およびより大きな自由な西側秩序がすべてを網羅しているとみている。まず、包括的国家力を上げることに対する中国の関心は、中国が単に軍事的または経済的面だけではなく、中国自体が全面的に進歩発展することにある。これには、経済の高度化、科学技術の優位性の拡大、より大きな政治的統一の獲得、およびより多くの外交的敬意の確保が含まれる。これらのすべてのものは、スパイ活動、情報収集、影響力の行使であれ、または軍事作戦の準備であれ、ある程度の情報作戦を伴うものである。この「戦略的機会」の期間中の中国の地位向上に重点が置かれているため、経済的・技術的スパイ活動または世界的影響力拡大のための行為を含むさまざまな中国の情報活動における削減事項はまったくといっていいほどみられない。

さらに、北京の視点から、世界中の情報の流れを統制する者とその情報に対するアクセス権を持つ者を決定することは、基本的な国家安全保障上の問題だけではなく、体制の存続を左右する問題である。米国は、アクセス権を持つべき者を決定する際に、複数の合法的な利害関係者がいるという考えに同意している。これは、ICANNに対する米国の支援およびだれがルール設定制度に参加するのかについての米国の総括者的立場を反映している。情報の自由な流れは、米国またはその機関の基本的な安定性に影響を与えない。

中国の指導部にとっては、このような幅広いさまざまな集団が情報の伝播に対して自由にアクセスできるようにすることは、必然的に根本的な脅威となる。情報は中国の将来の安全保障に影響を及ぼすことができるだけではなく、さらに重要なことに、中国共産党の権力を保持する能力に影響を与える。最初に、この相違がチェックされないままにされると、潜在的な情報源が拡散することになる。これは、中国が情報の流れを制限することを事実上不可能にしてしまう。重要なのは、情報を提供するプレーヤーの種類が多ければ多いほど、宗教団体、分離主義者、および反体制派のような情報源が含まれやすくなることである。それは、そのような集団とそのメッセージを中国の民衆に合法的と次第に思わせ始めることになる。それ故に中国共産党により大きなチャレンジを課すことになる。

したがって、中国は、理想的には国家レベルのプレーヤーに対するアクセスを制限したいと考えている。すなわち、それはインターネットの管理を国連の国際電気通信連合（ITU）などの団体に移管するための支援である。成功すれば、これはプレーヤーの範囲を最小限に抑え、一方、北京は彼らの上に最大限の権力を与える。中国はグループインターネットアドレスを否定するように国家に経済力を利用して圧力を成功裏にかけていく可能性が高い（これは非対称圧力のケースである）。対照的に、市民社会組織（NGO、報道機関、および宗教団体）の役割が大きくなればなるほど、非友好的な情報の流入を抑えることは難しくなる。

これと同じ固執性は、中国の軍事活動にみられる。一方では、米国だけではなく、台湾、日本、ベトナム、インド、またロシアを含む潜在的敵対者に関する情報を得るための中国軍の行動が活発化している。これには、武器システムに関する技術情報だけではなく、組織やプロセスに関する情報（意思決定の仕方、それらの意思決定を補佐する者、手順など）が含まれる。これらのすべてが、目標とする相手と、いつ、どのような種類の能力を持つかについての看破力を提供する。単一の故障点（たとえば、はるかに広い帯域幅を有する海底ケーブルを最初に損傷させた後に衛星を攻撃する）になるまで、目標を攻撃することを延期することがより有利であると判断できる。あるいは、物理的インフラを破壊するためにハードキル方法を採用するのではなく、信頼できる工作員を使用して情報を変更する方が有用であると判断される状況がある可能性がある。これの多くは平時の情報収集に依存する。

同時に、敵の中国のカウンターパートについての情報を収集する敵の能力を拒否する中国の行為が活発化する可能性が高い。米国およびその他の国の情報収集作戦は、物理的、技術的、および政治的な妨害の主要目標になりやすい。たとえば、南シナ海における中国の島嶼建設活動は、防空識別区の創設につながる可能性が高く、これは米国の偵察機が中国の沿岸を容易に哨戒することを排除するために役立つ。同様に、宇宙システムに対してさまざまな電波妨害や眩惑のような行動を起こす能力は、敵が中国を監視するために衛星をいつ使用するかどうか慎重に検討することを敵に強いることとなる。覆域ギャップが現れれば、中国軍はより効果的な拒否欺瞞作戦の交戦機会を得ることができる。

中国の指導部が民軍能力とアセットの一体化行動を考慮すれば、情報偵察と拒否におけるこれらの強化された取り組みは、必ずしも正式には軍の一部ではないが、支援任務と役割が割り当てられた多種多様な中国の組織のより大規模な参加を含むことになろう。これにより、以前よりも帰属問題がさらに困難になるであろう。同時に、人民解放軍の大規模な再編成は、過去のパターン（したがって特定の指標）も混乱しているため、帰属問題の取り組みを同様に複雑にする可能性がある。

競争は激化しまた軍事化しつつある

これは、平時の戦略的な情報優勢を確立するための中国の取り組みが弱まりつつあることを意味するものではない。実際、中国経済が減速し、内部的な騒乱が深刻化すれば、中国はグローバルな情報空間を統制するための取り組みを強化する可能性が高い。これは、国内の不和に影響を与えたり、悪化させたり、あるいは悪用するための外部からの能力を最小にするためである。同時に、彼らは同じ理由、すなわちより広範な意見の相違や混乱の可能性を制限するために、中国の国内情報の場面においてさらに制限的になるであろう。

残念なことに、また、これは外国の、特に米国の部隊を西太平洋沿岸海域から排除しようとする中国の取り組みが強化されることを意味する可能性が高い。中国の指導者が、中国の主権主張を拒絶することにおいて（あるいは米国がそのような取り組みを完全に促すことさえも）周辺諸国をあおっているのは米軍であると確信している限り、この地域の米国の行動の自由を制限することはそのアピール効果を減ずることになる。さらに、米軍の情報優勢の確立能力を否定することは、ワシントンを抑止したり強制したりして、地域秩序に関する中国のビジョンに同意させるための不可欠な手段である。

また、人民解放軍の再編成は、さまざまな組織がそれぞれの権限を決定するにつれて、中国の軍事情報収集の取り組みの強化につながる可能性が高い。電磁波スペクトラム領域、ネットワーク空間、および宇宙空間における行動を通じて情報優勢を確立することを目指す全体軍種（戦略支援部隊）の場合、その新しい組織は、おそらく以前の構成要素（たとえば、さまざまな総参謀部第三部組織）と同様に果敢に活動するであろう。同様に、さまざまな新しい戦区を担当する新しく創設された常設統合軍司令部は、間違いなくそれぞれの責任分野に関する情報を得ることを試みるであろう。

米国のための政策選択肢――してはならないこと

米国にとって、中国は主たる挑戦者であるが、ソ連とは根本的に異なるものである。中国は、米国にとって代わろうとは必ずしも考えていない。すなわち、中国の指導者は、中国が２０４９年に１００周年を迎える頃までに、中進国レベルに中国を引き上げることに関心があるだけであると強く主張していることは事実である。重要なことは、中国問題の直交性を考えると、中国が望むものは米国が望むものと異なっているだけではなく、しばしば米国の国益と重複しない（または相互干渉しない）ため、中国問題を挿話的に考えがちである。

これは、対立状況が存在するのと同様に、中米の協力の機会が多くなることを意味している。両国の重要な国益は、必ずしも紛争にだけあるとは限らない。すなわち、これはゼロ・サム関係ではない。実際、中国が過去30年間の中国の経済奇跡を促進するのに役立った世界的な貿易制度にコミットし続けることを選ぶ限り、彼らは歓迎されるべきである。

情報の自由な流れの原則に関して譲歩してはならない

残念なことに、情報管理のルールを確立する能力を含む情報優勢の問題は、双方が合意に達しそうにもない基本的な分野の1つである。2つの制度間の基本的な哲学的相違、また情報を政治体制の生き残りに必要不可欠とする中国の見方は、国益の衝突をますます活発化させる両国間の根本的な反駁を表しているとみられる。さらに悪いことに、中国共産党はこれを政治体制の生き残りの問題とみなしているので、これに関して積極的に行動し、交渉する余地はほとんどない。

しかしながら、同じ理由から、これは米国にとっても大きな譲歩ができる分野ではない。情報の自由な流れを可能にし、促進することは米国の社会構造と指導原則の核心であるだけではなく、経済的および国家的安全保障上の国益にも不可欠なものである。当時未成熟であった米国経済を絞殺してしまうので、新興共和国の米国は海洋の自由の外国支配に対し譲歩できなかったのと同じように、もし米国を支える情報の自由な流れを中国が妨げると主張すれば、現代の米国経済およびそれに関連する世界貿易体制は生き残ることはできない。

中国は、中国内における情報の流れを確かに統制することができる。中国のグレートファイアウォールの背後で起こることは、その背後にとどまることができる。しかし、サイバー経済スパイ活動、各方面の関係者を口封じする政治的および経済的圧力を通じようが、共有情報空間に対する主権を拡張するためのインターネット統制関連規則の書き換え行為を通じてであろうが、ひとたび、中国の行動が他のプレーヤーを侵害するならば、その時点で中国は米国の枢要な国益上の問題点となる。

中国は最も重要なプレーヤーの1つであるが、それだけではないことを認識することも重要である。冷戦とは違って、米国の行動と意思決定は、地球規模の状況が米国とソ連の二極関係によってほとんど決定された時とは異なる方法で、中国の行動に多大の影響を与えるであろう。将来の戦争、統合作戦、および情報化戦争の勃興についての人民解放軍の見方の進化に影響を与える要因と同様に、中国がコンピューターネットワーク作戦を含む情報優勢における他の人々の行動から教訓を引き出すことは避けられない。これらの取り組みは、米国の戦争（彼らが最優先になる可能性は高いが）だけではなく、ロシアや他の国の戦時経験にも限定されない。実際、エストニア、ジョージア、ウクライナにおけるコンピューターネットワーク攻撃は、帰属を隠し、政治的影響力を利用する方法を含めて、ロシアのこの取り組みを、中国がこうした攻撃をどのように行うかについての思考のための最優先の事例研究にさせている可能性が高い。

シリアまたはウクライナ、カフカスでのロシアの作戦が効果的であるとみなされるならば、中国は東アジア、インド洋、および中央アジアにおける自国の活動の成功につながる要因をまねようと努力するであろう。逆に、もしロシアが失敗しているとみなされれば、中国はそれからも教訓を得るであろう。したがって、米国は、中国のものだけではなく、共有情報空間を支配または削減するためのあらゆる取り組みに対して、一貫して堅実な対応が必要である。そのような試みのすべては強い反発を受けることになる。

これらすべての理由から、米国は武力外交だけではなくイデオロギー的な米中の競争部門に再び参入しなければならない。北京が最終的に推進しているのは、バルカン化されたグローバルな情報環境であり、そこでは、そのルール（ロシアのような他の権威主義的な政府の支援と考える規則）は、ますます多くの共有情報空間に拡大され、情報の自由な流れはますます制限され収縮したものにされてしまう。より開放的でより広範な米国の取り組みが伴う経済的利益は、政治的配慮、すなわち個人の尊厳（情報源でも情報の消費者としても）に重きを置かなければならない。

情報セキュリティを維持する困難さを過小評価してはならない

米国はインターネットを発明したが、情報の創造や伝達や活用に独占はない。確かに、米国は情報の超大国ではない。代わりに、米国は主要情報大国の中の1つである。IT企業、ソフトウェア開発者、インターネット利用者であれ、確かに米国は膨大な情報資源を有しているが、米海軍が依然としてどのような単独の他の海軍をはるかに上回っているという状態と異なり、米国が全情報領域を支配しているわけではない。

インターネットは困難な問題の代表例である。ウクライナとエストニアにおけるコンピューターネットワーク攻撃は、グローバルな情報脅威環境が高烈度かつ複雑になっていることを思い出させるものである。現実には、安全なグローバルな情報空間を創成することは不可能であるとみられる。

初期のインターネット開拓者の多くが述べていたように、彼らが創成したシステムは、安全であるように設計されたものではなく、使用規模に対応するために設計されたもの以上のものではなかった。ソフトウェアの脆弱性の本質は、これをさらに悪化させるだけである。脆弱性をクローズすることは、たとえそれらが検出された後でも、一晩で実施できるようなものではない。

悲しい現実は、通常のゼロデイ脅威がほぼ1年間は検出されないということである。このサイバー攻撃のベクターが調査され、サイバー脅威の本当の性質が分析され、評価されるのは、マルウェア対策の研究者によって取り込まれ、逆コンパイルされた場合だけである。その後、企業はセキュリティ脆弱性の修正やパッチを作成し、それを発行し、更新されたソフトウェアを配布したりする必要がある。これには、ソフトウェアアップグレードを発行するだけで数週間または数ヶ月さえかかる。

それからパッチの問題がある。企業サーバーの50パーセントを更新してパッチするには約21日かかるが、企業のデスクトップコンピューターの50パーセントをパッチするには62日かかる。もちろん、いくつかはまったくパッチされない。家庭用コンピューターの利用者はさらに悪化している。インターネットに接続されている現在のコンピューターの40パーセント以上が危険にさらされていると推測される。なぜならば利用者は最新のコンピューター更新を決してダウンロードしないからである。[5]

同様の問題は、ハードウェア保護においても存在する。少なくとも米国から中国に入ったチップやコンピューターのサンプルを調べることを提案している人もいるが、これは規模の面での挑戦ばかりではなく（2014年には、中国だけで220億ドルの半導体やコンピューター部品を輸入した）、検査が何を見つけようとしているのかを知ることさえ明らかではない。[6] チップに既知のウイルスやマルウェアが含まれているかどうかを試験することは、1つ方法である。しかし、ソフトウェアの脆弱性に関するコメントが述べているように、プログラム内にゼロデイ攻撃を見つけるには1年かかる。故意に隠されたマルウェアがチップ上にあった場合、それを見つけることはさらに困難で時間がかかるであろう。その間に何が起きるであろうか？

情報優勢を確立する際に中国固有の優位性を無視してはならない

情報的に孤立主義者になるための中国の取り組みは、その他の中国の優位性を、特に軍事的な意味において、補完するものである。人民解放軍は、単に物理的現実により、特定の非対称な地理的優位性を享受している。まず、予見し得る将来において、人民解放軍は中国の防衛を主体とすることに焦点を当てる。その範囲を延伸しつつ、2020年代前半の焦点を、北は日本から沖縄、台湾、フィリピン、またマラッカ海峡に至るまでの第一列島線内の領域に置くものと考えられる。

これは、非対称的な情報的優位性をもたらす。第一列島線と中国本土との間の領域では、人民解放軍は、集中攻撃に直面しても、状況認識を確立しかつ維持するために、センサー、通信などの十分な多重ネットワークを保有している可能性がある。

さらに、これらのネットワークの多くは、相対的にさらに安全性が高い。たとえば、中国は、マイクロ波、衛星、およびその他の通信システムに加えて、見通し線内無線（傍受が困難）および光ファイバー陸上回線（タップが困難）に依存できる。中国は、大量の漁船と商船を動員して海軍および沿岸警備隊（中国海警局）に海上領域認識を補うための目とレーダーを追加できる。中国は航空機とヘリコプターを配備できるレーダー、ソナー局、および飛行場を建設できる新しい島を建設することができ、またしている。

対照的に、その地域に展開しようとしている米軍は、本質的には通信とセンサーを自軍に持ち込む必要がある。中国は抗堪性のある一連のセンサーと通信を持っているが、米国は、目標を発見し、識別し、部隊間の調整を行い、戦果を確認するために衛星にはるかに依存している。中国が世界的な帯域幅の大部分を占める重要な海底ケーブルを切断した場合、その影響は人民解放軍よりも米軍に大きく偏重したものになる。これはより広く適用される。中国軍が各種ネットワークを横断する情報の流れを監視し制御することが可能である限り、中国の内部ネットワークがより強固で、抗堪性があり、保護されているので、情報優勢を確立するためにより優位な位置にある。

このことは、戦略的および作戦上の影響を与えるものである。人民解放軍が情報優勢を達成できれば、中国の軍民双方の指導層は、米国だけではなく周辺諸国に対しても心理的優位性をよりよく作り出すことができる。このことは、すなわち、政策の主な焦点である政治的目的を達成するための抑止力と強制力のある戦略を実現させることになる。

情報優勢を確立する際に中国固有の弱点を無視してはならない

しかし、人民解放軍が情報優勢関連の競争において一定の優位性を享受している一方で、中国は大きな弱点にもがき苦しんでいる。皮肉なことにそれらは中国の誤った振舞いや国際的な規範に対する敬意の欠如に起因している。2億台以上の中国のコンピューターがまだ古いWindows XPオペレーティングシステムを実行していると推定されている。[7] 一方、中国のWindowsユーザーの四分の三は、そのソフトウェアの海賊版を実行していると考えられている。[8] 多くの場合、おそらくほとんどの場合、セキュリティ更新プログラムが登録されていないため、セキュリティ更新プログラムを受け取ることはない。すなわち、他の場所では閉鎖された多くのゼロデイ攻撃は、潜在的に中国では開かれたままである（それ故に悪用可能である）ことを意味している。

中国の弱点はＩＴの面だけではない。北京の指導部は、ワシントンよりもはるかに、高い程度に内部と外部の脅威の間に注意を払わなければならない。国家安全保障の観点から中国共産党が情報の流れを制限することに焦点を当てていることは、最大の弱点は内部の騒乱を巻き込むことであると中国が認識していることを示唆している。また、これは、たとえその行動が名目上中国共産党を支援していたとしても、外部団体チャネルの行動を求めるソーシャル・メディア・メッセージングの迅速な取り締まりに反映されている。この状況は、2016年にすでに明らかになった経済の減速がしばらくの期間続く場合、悪化する可能性が高い。失業の増加に苦しみ、その高揚する期待が満たされない中国民衆はより反抗的になりがちである。抑圧の増大、また内部情報の流れのさらなる制約は、統制の維持を複雑にするだけである。

内部の不安定化の可能性は、より多くの資源要求を引き起こす可能性がある。数年の間、中国がデータ報告を停止した2014年まで、国内治安予算（国家レベルと省レベルの支出を合わせたもの）は、対外安全保障予算（主に人民解放軍に費やされる金額）よりも急ピッチで増加していた。実際、公式数値は、国内治安（人民武装警察と公安部を含む）の支出は実際に軍の支出を上回っていることを示していた。[9] それ以来、中央政府の数字だけが提供されている。しかしながら、これらの数字でさえ、国内治安支出が急速に増加し続けていることを示している。2015年には、中国は公安費を7・2パーセント、2016年にはさらに5・3パーセント増加させた。[10] すでに大規模な中国の治安部隊（検閲官を含む）をさらに拡大することは、治安支出のさらなる増加を伴う。

さらに、これは中国の最も浸透している問題の1つ、すなわち組織の縦割りの問題を激化させる可能性がある。中国の官僚主義国家の歴史は何千年にもわたるものである。官僚的な利益を克服しまた情報の流れを促進することは、多くの中国の文献において暗黙の内に奨励されている。確かに、改善された情報の流れは、各部間の政府内の障壁だけではなく各軍種と部隊との間の障壁を減少させる原因と効果の両方としてみられている。国内治安業務と対外安全保障業務の間であろうと安全保障部と非安全保障部の間であろうと資源競争があるかどうかは不明である。しかしながら、中国の経済が減速し続けると、中国の指導部は最終的に銃かバターかのような資源配分の問題に直面しなければならなくなるであろう。

実際、大規模な軍再編成は、中国の各軍種間、部分的には、中央軍事委員会を構成するさまざまな部署間および旧軍区内（現在、常設統合司令部を持つ戦区に再編された）の各種司令部間の障壁を打破することを明確に意図している。これは、少なくとも制服組の内部では、情報の流れに対するこれらの内部的な障害を克服する必要性が明確に認識されていることを示唆している。

この取り組みは、技術と世界社会の絶え間なく進化する本質にだけ限定したとしても、おそらく10年はかかるであろう。確かに、情報化に対応するために生まれた無数の中国の組織と同様に、組織だけではなく教義の面での人民解放軍の着実な変容は、中国当局が必ずしも頑迷固陋で、その方法に柔軟性がないのではなく、その進化に対応する必要性を認識していることを示している。しかしながら、その間に人民解放軍はその組織を調整し、そのドクトリンをさらに修正するにつれて、さらに脆弱にさえなりつつある。このことは、軍事的懸念を最優先とするならば、今後10年間は、すでに進化しつつある軍の明白な使用を控えつつ、中国共産党の指導部は圧力と脅威に一層依存してより慎重に前に進むであろうことを示唆している。

ワシントンと北京を動かす根本的に異なる直交した見方のため、米国の意思決定者にとって少なくとも実行可能な選択肢は中国のやり方を熱心に見習うことである。さまざまな大衆に対する情報の流れを制限し、市民社会を混乱させ、また情報共有空間を制限する行為を制限することを含むアプローチは、米国および他の西側の民主主義を弱くするだけである。したがって、情報の流れを制限するよりも、米国にはそれに代わる規範が（競争の直交性にも合致している）必要である。

米国が中国による情報優勢の確立を防止することに焦点を当てるべきであることは間違いのないことである。一方で、これは、中国の行動が何であれ、米国が適時な方法で情報を効果的に収集し、伝達し、活用できるようにすることを確実にすることを意味する。同時に、中国の指導部がより大きな政治的目標を達成することを期待できないように、特定の中国の情報システム、ネットワークおよび意思決定プロセスを危険状態にしておくことはきわめて重要である。ここで、紛争を引き起こす可能性のある政治的な問題（たとえば、南シナ海、尖閣諸島および台湾）に重心を置くことに注目することは枢要なことである。したがって、米国の焦点は情報戦に関与することではなく、中国の政治的成功を否定することであるべきである。中国の情報優勢を達成する能力を否定することは、政治的目標を達成する能力を挫折させた場合に限られる。

抑止の要求に対してより卓越した検討をすること

中国のシステムを危険状態に維持するための西側の能力が抑止に役立つであろうということがあまりにもしばしば前提とされる。たとえば、中国が強固な対宇宙能力を創成しているのであれば、米国はそれと同等の能力を開発する必要があることが時々取沙汰される。さらに問題になるのは、そのような対称的能力が中国の活動抑止に効果があるとしばしば想定される。

しかしながら、抑止は、相手側がリスクに値するものを持っている場所でだけ機能する。まず、これには、相手側が評価しているものが何であるかを識別する必要がある。たとえば、中国の衛星通信に対抗する能力が、特に非対称的な地理的条件や考えられる政治的目標を考慮すると、必然的に北京に大きな影響を与えることはまったく明らかではない。また、これは実際に敵の全体システムと能力を危険にさらすことができるかどうかという問題を提起する。中国の通信ネットワークを脅かすことができれば、中国の行動を抑止する可能性が高い。しかし、そのようなシステムの分散と冗長性を考えれば、この目標を合理的なコストで達成できるかは明らかではない。

中国共産党の場合、中国は、平時と戦時の両方において敵のネットワーク、意思決定者および意思決定プロセスに関する情報を収集する能力を明らかに評価しているようにみえる。したがって、中国の平時の情報収集を妨害し、敵の能力と手順に関する情報を中国に与えない能力は、中国が前提にしている情報優勢を確立する能力を危険にさらす可能性が高い。

そのような取り組みは、多くの攻勢情報作戦の本質によって、特に破壊的であることが明白になる。ゼロデイ攻撃を解決する場合と同様に、特定のX-Day（敵対行為の開始）に情報戦を実施する能力は、X-Dayより数日、数週間、数年前に実施されるべき一連の広範なステップが必要である。平時の広範な事前の情報（インテリジェンス）収集だけではなく、ネットワーク戦と電子戦を含む多くの種類の情報戦活動が必要であり、また、武器と能力は事前に開発し、戦力化しておくことが必要である。これにより、それが潜在的にまさに壊滅的になった時、一般的なエンターテイメントで示唆されているよりも情報戦は、はるかに柔軟性と応答性がないものになる（長い間安全と考えられているシステムに対抗するために採用される可能性があるため）。重要な電子システム、ネットワークおよび意思決定プロセスに関する情報（インテリジェンス）を中国に与えず、または定期的にそれらを変更することは、紛争の時に武器と戦術が準備できない可能性を高めるであろう。さらに中国にとって悪いことに、それらは展開されている実際の戦力に不適切である可能性が高い。

同時に、中国共産党は明らかに内部の安定を維持する能力を心配している。この懸念は平時においても当てはまる。すなわち、紛争の際には、これらの懸念が高まる可能性がある。したがって、米国のアキレス腱が遠征作戦を可能にする包括的な情報ネットワークに依存しているとすれば、中国の弱点は、外国の敵と戦っている丁度その時に、内部対立に直面するという中国の指導部の懸念にある。米国が中国を成功裏に抑止しようとするならば、利用のために準備すべきものはこの内部統制の喪失への中国の恐れである。

中国共産党にとっては、中国の人民を監視し、伝統的なメディアの検閲を支持するさまざまな情報ネットワークを損傷させ、ソーシャルメディアを監視し、また外的世界へのアクセスを制限する能力の喪失は、米国がミサイル発射を探知したり、衛星誘導爆弾（ＪＤＡＭ）を誘導したりする能力を無力化されるのと同様に壊滅的である。確かに、そのようなシステムの劣化は、米国の提携国とは異なり、中国の指導部は中国が敵に囲まれているとみなしているので、より壊滅的であろう。台湾に関しての中国と米国との紛争が片付いたとしても、ロシアやインド、あるいはウイグル族やチベットの分離主義者によって引き起こされる脅威の可能性は残る。内外の安全保障情報システムを無力化し、ひどく損害を与えさえする米国に対する勝利は、「ピュロス王の勝利」（犠牲が多くて引き合わない勝利）とみなされる可能性がある。なぜならば、残存する外部からの脅威および内部からの挑戦に対する抑止力を維持するための利用可能資源が著しく弱体化されるからである。

広範な「社会全体」参画を推進すること

米国の取り組みの1つの要素は、我々のアプローチの包括的な性質を強化する必要がある。米国の指導者は、民軍分断と政府・民間部門分断の双方を橋渡しすることが不可欠である。中国のアプローチは、中国共産党の指令下での「政府全体」の1つである。市民社会および民間部門の役割が最小化されまた緊密に連結されている制度では、それだけで十分である。

米国にとっては、「政府全体」アプローチだけではなく、「社会全体」アプローチでなければならない。政府全体（軍事部門と文民部門の両方）は、米国の大きな情報能力と潜在能力のほんの一部を表しているに過ぎない。特許と製法だけではなく、しばしば軍事情報や諜報情報を含む最も重要な情報の多くは、民間部門（たとえば、政府の請負業者）に存在する。民間部門の脆弱性は公共部門に影響を及ぼし、逆もまた同様である。しかし、計画された国家主導の情報攻撃行為に対して、どのような企業も自己を防御できない可能性が高い。情報開拓者を成功裏に防御するためだけではなく、膨大な数の米国人、およびグローバル人材の専門知識を活用するために、より大きな協同が必要である。

いくつかの措置はすでに進行中である。たとえば、オバマ政権は、宇宙事業においてより商業的な役割を果たすための扉を開いた。その結果、さまざまな新しいプレーヤーが生まれ、その内のいくつかはIT分野で財を築いた。エロン・ムスク（Elon Musk）のスペースX、ジェフ・ベソス（Jeff Bezos）のブルー・オリジン、サー・リチャード・ブランソン（Richard Branson）のバージン・ギャラクティック、ロバート・ビゲロー（Robert Bigelow）のビゲローエアロスペースは、伝統的な航空宇宙のサプライヤーを超えた取り組みの最も有名な例である。

重要なのは、財政的インセンティブと卓越性の両方を提供する Ansari X-Prize（Xプライズ財団によって運営された、民間による最初の有人弾道宇宙飛行を競うコンテストである）のようなさまざまな競争の成長であった。そのような方策を含む公益の広範な分野に進出することは、おそらく北京が想定しているより集中指向でトップダウンアプローチよりも、イノベーションを促進し、解決策を見つけることをはるかに可能とするボトムアップアプローチである。また、これは、米国と西側の視点にはるかに適しているアプローチでもある。

強靱化と多様化を推進すること

積極的な攻撃を打ち負かすことを目的としたこのようなアプローチは、ある者は「強靱化」という、情報の継続的な流れを確実にすることに焦点を移すことによって補完されるであろう。情報の拒否および干渉行為に直面しても作戦を継続する能力を通じて、中国に情報優勢を達成する能力を与えないことによって、米国は成功裏の攻撃であっても決定的とはならないことを示威している。中国の指導者が合理的な時間内に情報優勢を確立する能力を合理的に獲得できないならば、同様に紛争の際に勝利のチャンスを合理的に獲得することはできない。

これは、アンチマルウェア、パッチ、またはその他の現在のセキュリティ対策が放棄されるべきであることを示唆するものではない。むしろ、それらが不十分であることを認識することである。攻撃に対して防御することが不可能な場合は、緩和的かつ改善的な措置を計画に組み込む必要がある。情報システムが冗長性や代替性を欠いているほど、攻撃目標群としてさらに好都合である。逆に、情報ネットワークがより多様化し、単一故障点がより減少すれば、潜在的な敵が他の目標群を探す可能性がいっそう高まる。

残念なことに、政府の予算上の考慮は、強靱化の重要性を軽視する傾向があり、これはしばしば冗長性とそれに伴う非効率性に関連している。そのような考察は、航空宇宙分野においても広がっている。たとえば、GPSの普及により、航法の代替手段の強化が道端に置かれてしまった。数十年にわたり航法情報を提供してきた一連の固定地上ベースの無線ビーコンであるLORAN航法システムのサポートを中止するという決定は、GPS時代には不要であるという感じもかかわって推進された。[11] 同様に、米海軍の2006年の六分儀の使用を教えることを中止する決定（2015年に破棄された）は、衛星航法システムの利用可能性を考えると、時代遅れの技術であるという考えに基づいていた。[12] どちらの場合も、GPSシステムが故障したり、妨害されたり、または使用できなくなった場合に何が起こるかについてはほとんど検討されていない。

沈着かつ実行すること

最後に、米国の国防計画立案者は、全面的な情報戦行為の場合にどのような被害が発生するかをよりよく評価する必要がある。他方、これは単にコンピューターネットワーク作戦以上のものを使用する攻撃を伴うであろう。それには、宇宙システムに対する攻撃、インフラネットワークの崩壊（たとえば、輸送、エネルギー、通信など）、重要なデータベースとコンピューター記録の削除が含まれる。これらは、次々と、二次効果および三次効果を生み出す。しかし、このような大規模な攻撃は、第三者の経済、インフラ、および情報ネットワークにも波及する。中国の文献には、運動エネルギー対衛星システムの使用には、デブリが第三者に及ぼす影響の評価が含まれていなければならないことが警告されている。これは、利用機会を排除するものではないが、「OK宇宙牧場での決闘」よりもそのようなシステムの慎重な適用を示唆している。同様に、米国証券取引所の閉鎖と記録の削除は、世界的な財務的影響を生み出し、結局、中国に外交的および政治的な影響を与えるであろう。

情報システムと運用の全体を防御する方法がない場合でも、敵の攻撃の影響を改善する方法はある。経済的に安全なインターネットを構築する方法がない場合、少なくとも基本的な情報サービスが運用を継続できるか、比較的短期間（数日または数週間）に復旧できることを確証するいくつかの手順を実行することは被害の大部分を除去し、同時に抑止力を高める。重要なネットワークの優先順位を付け、情報セキュリティを向上させるための対策を講じることは、知的な規律を守るのに役立つ。相談相手の範囲を広げ、さらなる専門知識を活用し、より強靱なシステムを構築することで、脅威の規模を排除することはできないが、より管理しやすくすることができる。

著者訳者略歴

【著者】

ディーン・チェン（Dean Cheng）

ディーン・チェンは、ヘリテージ財団アジア研究センターの中国政治・安全保障担当上級研究員。米海軍分析センター、SAIC、米国議会技術評価局に勤務。また、中国の軍事および安全保障の発展について、議会で証言し、米国の陸軍大学、国防大学、空軍士官学校で多数講演。

【監訳者】

五味睦佳（ごみむつよし）：監訳および第1章、第2章、第3章の翻訳担当

1941年、愛知県名古屋市生まれ。1964年防衛大学校航空工学科卒（8期）。米国海軍兵学校交換教官、米国海軍大学指揮課程卒。練習船隊司令官、大湊地方総監、海上自衛隊海上幕僚副長を経て、海上自衛隊自衛艦隊司令官で退官（海将）。株式会社NTTデータ顧問を経て、株式会社エヌ・エス・アール取締役、ディフェンス・リサーチ・センター研究員。著書に『覇権国家・中国とどう向き合うか』、『日本が中国になる日』、『東シナ海が危ない』、『最新国際関係論』（鷹書房弓プレス）いずれも共著がある。共訳書に『中国の進化する軍事戦略』（原書房）がある。論文に「国の脅威に如何に対処するか」（軍事研究）、「日本のシーレーン防衛と台湾」、「アルゼンチン観戦武官の今日的価値」等がある。

【訳者】

鬼塚隆志（おにづかたかし）：第6章および第7章の翻訳担当

1949年、鹿児島県生まれ。1972年防衛大学校電気工学科卒（16期）。フィンランド防衛駐在官（エストニア独立直後から同国防衛駐在官を兼務）、第12特科連隊長兼宇都宮駐屯地司令、陸上自衛隊調査運用室長、東部方面総監部人事部長、愛知地方連絡部長、富士学校特科部長、化学学校長兼大宮駐屯地司令歴任後退官（陸将補）。現在、株式会社エヌ・エス・アール取締役、株式会社NTTデータアドバイザー、日本戦略研究フォーラム政策提言委員、日本安全保障戦略研究所研究員。単著書『小国と大国の攻防』、共著『日本の核論議はこれだ』『基本から問い直す日本の防衛』等、共訳書『中国の進化する軍事戦略』（原書房）、論文「CBRNEテロに対する緊急対処：核兵器による高高度電磁パルスの脅威」、「高高度電磁パルス（HEMP）攻撃の脅威－喫緊の課題としての対応が必要－」、「ノモンハン事件に関する研究」、「国民の保護機能を実効性あるものとするために」等多数。

木村初夫（きむらはつお）：日本語版への序文、謝辞、第4章、第5章および第8章の翻訳担当

1953年、福井県生まれ。1975年金沢大学工学部電子工学科卒。1975年日本電信電話公社入社、航空管制、宇宙、空港、核物質防護、危機管理、および安全保障分野の調査研究、システム企画、開発担当、株式会社NTTデータのナショナルセキュリティ事業部開発部長、株式会社NTTデータ・アイの推進部長歴任。現在、株式会社エヌ・エス・アール代表取締役、株式会社NTTデータアドバイザー。共訳書に『中国の進化する軍事戦略』（原書房）がある。主な論文に「A2／AD環境下におけるサイバー空間の攻撃および防御技術の動向」、「A2／AD環境におけるサイバー電磁戦の最新動向」（月刊JADI）等がある。

『中国の情報化戦争』Cyber Dragon の参考文献 Bibliography をご希望の方は、PDFを無料でお送りします。メール（best@harashobo.co.jp）までご連絡ください。データを付けて返信いたします。

Yousheng, Science of Joint Campaign Teaching Materials (Beijing, PRC: Military Science Publishing House, 2012), pp. 154-155.

45 CAO Zhi, LI Xuanliang, and WANG Shibing, "Xi Jinping: Comprehensively Implement the Strategy of Reforming and Strengthening the Military, Firmly and Unswervingly Holding to the Path of a Strong Army with Chinese Characteristics," Xinhuanet (November 26, 2015), http://politics.people.com.cn/n/2015/1126/c102427860788.html.

46 LI Xuanliang, ZHANG Xuanjie, and LI Qinghua, "Establishment Ceremony for the Ground Forces Command, Strategic Support Force, Rocket Force Is Held in Beijing," People's Daily (January 2, 2016), http://politics.people.com.cn/n1/2016/0102/ c1024-28003584.htm.

47 QIU Yue, "Expert: Strategic Support Force Will Permeate the Entire Course of Operations, Is a Key Factor in Achieving Victory," People's Net (January 5, 2016), http://military.people.com.cn/n1/2016/0105/c1011-28011251.html.

48 "CMC Offices Become 15 Functional Departments," China Youth Daily (January 12, 2016), http://politics.people.com.cn/n1/2016/0112/c70731-28039781.html.

49 LI Xuanliang, "Establishment Ceremony for People's Liberation Army War Zones Held in Beijing," Xinhuanet (February 1, 2016), http://military.china.com/ important/11132797/20160201/21395968_all.html#page_2.

第8章

1 YUAN Peng, "China's Strategic Opportunity Period Has Not Ended," People's Daily Online (July 31, 2012), http://en.people.cn/90883/7893886.html; XU Jian, "New Changes in the Next Decade of China's Period of Strategic Opportunity," Guangming Ribao (October 30, 2013), http://cpc.people.com.cn/n/2013/1030/c83083-23372744.html; and ZHANG Yunling, "Deeply Considering the International Environment Confronting Our Nation's Period of Strategic Opportunity," Seeking Truth (December 18, 2015), http://theory.people.com.cn/n1/2015/1218/c83846-27946374.html.

2 Eric W. Orts, "The Rule of Law in China," Vanderbilt Journal of Transnational Law (January 2001).

3 Murray Scot Tanner, The Politics of Lawmaking in China (Oxford, UK: Clarendon Press, 1999), p. 43; and Dwight Perkins, "Law, Family Ties, and the East Asian Way of Business," in Culture Matters , ed. by Lawrence E. Harrison and Samuel P. Huntington (New York: Basic Books, 2000), p. 235.

4 It is useful to examine the evolution of this joint publication, from the 1998 version (then entitled Joint Doctrine for Information Operations), through the 2006, 2012, and 2014 revisions. Joint Chiefs of Staff, Information Operations , Joint Publication 3-13 (Washington, DC: Office of the Joint Chiefs of Staff, 2014), http://www.dtic.mil/doctrine/new pubs/jp3_13.pdf.

5 Paul Day, Cyber Attack (London, UK: Carlton Books, 2014), p. 188.

6 Wayne Morrison, China-U.S. Trade Issues, CRS Report RL33536 (Washington, DC: Congressional Research Service, 2015), p. 8, https://www.fas.org/sgp/crs/row/RL33536.pdf.

7 Steven Millward, "Support for Windows XP Is Over, but China Still Has 200 Million PCs Using It," Tech in Asia (April 9, 2014), https://www.techinasia.com/windows-xp-now-dead-but-200-million-machines-in-china-still-using-it.

8 Bill Rigby and Paul Carsten, "Microsoft Tackles China Piracy with Free Upgrade to Windows 10," Reuters (March 18, 2015), http://www.reuters.com/article/us-microsoft-china-idUSKBN0ME06A20150318.

9 Michael Martina, "China Withholds Full Domestic-Security Spending Figure," Reuters (March 4, 2014), http://www.reuters.com/article/us-china-parliament-security-idUSBREA240B720140305.

10 Report on the Implementation of the 2015 National and Local Budgets and the Draft of the 2016 National and Local Budgets (Essentials), Xinhuanet (March 5, 2016), http://news.xinhuanet.com/politics/2016lh/2016-03/05/c_1118243992.htm.

11 Mike Ahlers, "World War II-Era Navigation System Shut Down," CNN (February 8, 2010), http://www.cnn.com/2010/TECH/02/08/loran.navigation.shutdown/.

12 Andrea Peterson, "Why Naval Academy Students Are Learning to Sail by the Stars for the First Time in a Decade," Washington Post (February 17, 2016), https://www.washingtonpost.com/news/the-switch/wp/2016/02/17/why-naval-academy-students-are-learning-to-sail-by-the-stars-for-the-first-time-in-a-decade/.

11 Crowdstrike Global Intelligence Team, "Crowdstrike Intelligence Report: Putter Panda."

12 ThreatConnect and DGI, "Camerashy: Closing the Aperture on China's Unit 78020" (Arlington, VA: ThreatConnect, 2015), cdn2.hubspot.net/hubfs/454298/Project_CAMERASHY_ThreatConnect_Copyright_2015.pdf.

13 Drawn from Dennis Blasko, The Chinese Army Today (London: Routledge, 2006), p. 68; Edward O'Dowd, Chinese Military Strategy in the Third Indochina War: The Last Maoist War (New York: Routledge, 2007), p. 171; and Stokes, "The Chinese People's Liberation Army Computer Network Operations Infrastructure," p. 180.

14 Symantec, "Advanced Persistent Threats: A Symantec Perspective" (Mountain View, CA: Symantec, 2011), http://www.symantec.com/content/en/us/enterprise/white_papers/b-advanced_persistent_threats_WP_21215957.en-us.pdf.

15 Damballa, Advanced Persistent Threats (Atlanta, GA: Damballa, 2010), https:// www.damballa.com/downloads/r_pubs/advanced-persistent-threat.pdf.

16 Mark Stokes and L.C. Russell Hsiao, Countering Chinese Cyber Operations: Opportunities and Challenges for US Interests (Arlington, VA: Project 2049, 2012), p. 4, http://project2049.net/documents/countering_chinese_cyber_operations_stokes_ hsiao.pdf.

17 Academy of Military Science Military Strategy Research Office, The Science of Military Strategy (Beijing, PRC: Military Science Publishing House, 2013), p. 196.

18 Finkelstein, "The General Staff Department of the Chinese People's Liberation Army," pp. 160-166.

19 Desmond Ball, Signals Intelligence in the Post-Cold War Era (Singapore: Institute of Southeast Asian Studies, 1993), p. 50.

20 Stokes and Easton, "The Chinese People's Liberation Army General Staff Department," p. 158; and Finkelstein, "The General Staff Department of the Chinese People's Liberation Army," pp. 168-170.

21 Kamphausen, "The General Political Department."

22 Wortzel, "The General Political Department and the Evolution of the Political Commissar System."

23 Ibid., p. 236. Roy Kamphausen, in his chapter on the GPD, suggests that many of these entities, including the television and movie organizations, are part of the direct work department. Kamphausen, "The General Political Department," p. 170.

24 "A Development History of China's Aerospace Launch Facilities," Liberation Army Daily (November 2, 2005), www.jingning.gov.cn/zhxx/zhxx/t20051102_114819.htm.

25 "China's Aerospace Launch Centers," Xinhuanet (October 8, 2003), http://news.xinhuanet.com/ziliao/2003-10/08/content_1113971.htm.

26 Brian Harvey, China's Space Program: From Conception to Manned Spaceflight
(Chichester, UK: Praxis Publishing, 2004), pp. 200-201.

27 Ibid.; and LONG Yuehao, "The Current State and Outlook for Chinese Launcher Systems," China Aerospace (August 2004), p. 10.

28 Harvey, China's Space Program, pp. 225-226; and Long, "The Current State and Outlook for Chinese Launcher Systems," p. 10.

29 Ibid., pp. 206-208; and John Lewis and Litai Xue, China's Strategic Seapower
(Stanford: Stanford University Press, 1994), pp. 188-190.

30 China's Aerospace Launch Centers," Xinhuanet (October 8, 2003), http://news.xinhuanet.com/ziliao/2003-10/08/content_1113971.htm.

31 Ibid.

32 Long, "The Current State and Outlook for Chinese Launcher Systems," p. 10.

33 "China's Aerospace Launch Centers," Xinhuanet (October 8, 2003), http://news
.xinhuanet.com/ziliao/2003-10/08/content_1113971.htm.

34 DENG Liqun, ed., China Today: Defense Science and Technology, Vol. I (Beijing, PRC: National Defence Industries Press, 1993), pp. 445-446.

35 "Expert Interview: Xi'an Satellite Telemetry and Control Center as a Reserve Flight Control Center," Xinhuanet (October 15, 2005), http://www.sars.gov.cn/chinese/zhuanti/aytk/998964.htm.

36Harvey, China's Space Program, pp. 183-185; and Deng, China Today, pp. 428-430, 442-446.

37 Deng, China Today, p. 428.

38 "Expert Interview: Xi'an Satellite Telemetry and Control Center as a Reserve Flight Control Center," Xinhuanet (October 15, 2005), http://www.sars.gov.cn/chinese/zhuanti/aytk/998964.htm.

39 YUAN Sanhu, "Our Country's Aerospace Tracking and Control Network Realizes a 'Large Triangle' Distribution," Xinhua (April 25, 2008), http://www.chinamil.com.cn/site1/xwpdxw/2008-04/25/content_1220073.htm.

40 "The Survey Troops behind 'Change'," China Survey Newspaper (October 30, 2007), http://www.sbsm.gov.cn/article//ztzl/chdf/200710/20071000003834.shtml.

41 This section draws from "Academy of Command Equipment and Technology," in An Overview of Chinese Military Academies and Schools, ed. by JIN Peng and DONG Ming (Beijing, PRC: Military Science Publishing House, 2002), p. 163.

42 Gao, Joint Campaign Course Materials, p. 34.

43 ZHANG Yuliang, Chief Editor, The Science of Campaigns (Beijing, PRC: National Defense University Publishing House, 2006), pp. 282-283.

44 YUAN Wenxian, Joint Operations Command Office Work Teaching Materials(Beijing, PRC: National Defense University Publishing House, 2008), pp. 208-211; and LI

Materials (Beijing, PRC: Military Science Publishing House, 2012), p. 170.

60 Academy of Military Science Military Strategy Research Office, Science of Military Strategy, p. 181.

61 Jiang, Space Operations Teaching Materials, pp. 150-151.

62 Chang, Military Astronautics, pp. 306-307.

63 Ian Easton and Mark Stokes, China's Electronic Intelligence (ELINT) Satellite Developments: Implications for U.S. Air and Naval Operations (Washington, DC: Project 2049 Institute, 2011), p. 11.

64 Chang, Military Astronautics, p. 307.

65 Rui C. Barbosa, "Long March-3B Conducts Another Secretive Launch," NASA Spaceflight (September 12, 2015), http://www.nasaspaceflight.com/2015/09/ long-march-3b-conducts-another-secretive-launch/.

66 Chang, Military Astronautics, pp. 307-308.

67 Jiang, Space Operations Teaching Materials, p. 151.

68 "China Launches First Data Relay Satellite," Xinhua (April 26, 2008), http:// www.chinadaily.com.cn/ china/2008-04/26/content_6645911.htm.

69 Gao, "Aerospace Reconnaissance Characteristics and Limits in High-tech Local Wars."

70 Ibid.; and Xianqi, Military Astronautics, p. 308.

71 Chang, Military Astronautics, p. 308; and Lianju, Space Operations Teaching Materials, pp. 151-152.

72 Chang, Military Astronautics, p. 309; and Jiang, Space Operations Teaching Materials, p. 152.

73 XU Guoxing, Research on Our Military's Information Operations Strength Construction (Beijing, PRC: Military Science Publishing House, 2013), p. 76.

74 Lanzhou Military Region Headquarters Communications Department, "Space Information Support and Its Influence on Future Terrestrial Operations," Military Art (#10, 2003).

第7章

1 Alice Miller, "The Central Military Commission" in The PLA as Organization,v. 2.0, ed. by Kevin Pollpeter and Kenneth W. Allen (Merrifield, VA: DGI International, 2015), p. 96. www.pla-org.com (hereafter PLA as Organization v2.0).

2 Drawn from David Finkelstein, "The General Staff Department of the Chinese People's Liberation Army: Organization, Roles, & Missions," in The People's Liberation Army as Organization, ed. by James C. Mulvenon and Andrew N.D. Yang (Santa Monica, CA: RAND Corporation, 2002), pp. 122-224 (hereafter PLA as Organization v1.0); and Mark Stokes and Ian Easton, "The Chinese People's Liberation Army General Staff Department: Evolving Organization and Mission," in PLA as Organization v2.0, pp. 135-161.

3 Drawn from Larry Wortzel, "The General Political Department and the Evolution of the Political Commissar System," in PLA as Organization v1.0, pp. 225-246; and Roy Kamphausen, "The General Political Department," in PLA as Organization v2.0, pp. 162-173.

4 Drawn from Erin Richter, Leigh Ann Ragland, and Katherine Atha, "General Logistics Department Organizational Reforms: 2000-2012," in PLA as Organization v2.0, pp. 172-220; and Susan Puska, "The People's Liberation Army (PLA) General Logistics Department (GLD): Toward Joint Logistics Support" in PLA as Organization v1.0, pp. 247-272.

5 Drawn from Harlan Jencks, "The General Armament Department," in PLA as Organization v1.0, pp. 273-308, Kevin Pollpeter and Amy Chang, "General Armament Department," in PLA as Organization v2.0, pp. 221-258; and China Military Encyclopedia Editorial Committee, China Military Encyclopedia, Supplemental Volume (Beijing, PRC: Military Science Publishing House, 2002), pp. 658-659.

6 Stokes and Easton, "The Chinese People's Liberation Army General Staff Department," p. 146, David Finkelstein, "The General Staff Department of the Chinese People's Liberation Army: Organization, Roles, & Missions," in PLA as Organization v1.0, p. 155; and Mandiant, APT1: Exposing One of China's Cyber Espionage Units (Alexandria, VA: Mandiant, 2013), p. 8.

7 Stokes and Easton, "The Chinese People's Liberation Army General Staff Department," pp. 149-150; and Mark Stokes, Jenny Lin, and L.C. Russell Hsiao, The Chinese People's Liberation Army Signals Intelligence and Cyber Reconnaissance Infrastructure (Arlington, VA: Project 2049, 2011), p. 5, http://project2049.net/documents/ pla_third_department_sigint_cyber_stokes_lin_hsiao.pdf.

8 Stokes et al., The Chinese People's Liberation Army Signals Intelligence and Cyber Reconnaissance Infrastructure, p. 6.

9 Drawn from Ibid., pp. 7-11, Crowdstrike Global Intelligence Team, "Crowdstrike Intelligence Report: Putter Panda" (Arlington, VA: Crowdstrike, 2014), https:// cdn0.vox-cdn.com/assets/4589853/crowdstrike-intelligence-report-putter-panda.original.pdf; and Mark Stokes, "The Chinese People's Liberation Army Computer Network Operations Infrastructure" in China and Cybersecurity: Espionage, Strategy, and Politics in the Digital Domain, ed. by Jon R. Lindsay, Tai Ming Cheung, and Derek S. Reveron (New York: Oxford University Press, 2015), pp. 170-173.

10 Stokes et al., The Chinese People's Liberation Army Signals Intelligence and Cyber Reconnaissance Infrastructure, pp. 8, 11. For a fuller discussion of this bureau and its activities, see Mark Stokes, The PLA General Staff Department Third Department Second Bureau: An Organizational Overview of Unit 61398 (Arlington, VA: Project 2049, 2015), http:// www.project2049.net/documents/Stokes_PLA_General_Staff_Depart ment_Unit_61398.pdf.

20 Up until December 31, 2015, the PLA was managed by several general departments that oversee all the armed forces, including all the services. These were the General Staff Department (GSD), the General Political Department (GPD), the General Logistics Department (GLD), and since 1998 the General Armaments Department (GAD). These departments comprised the membership of the Central Military Commission (CMC) until 2004, when the PLA Navy, PLA Air Force, and Second Artillery were added to the CMC.

21 Leonard David, "China's Antisatellite Test; Worrisome Debris Cloud Encircles Earth," Space.com (February 2, 2007), http://www.space.com/3415-china-anti-satel lite-test-worrisome-debris-cloud-circles-earth.html.

22 "China: Missile Defense System Test Successful," USA Today (January 11, 2010), http://www.usatoday.com/news/world/2010-01-11-china-missile-defense_N.htm.

23 William Matthews,"Chinese Puzzle," Defense News (September 6, 2010), http:// www.defensenews.com/story.php-i=4767907.

24 Brian Weeden, Through a Glass Darkly: Chinese, Russian, and American AntiSatellite Testing in Space (Washington, DC: Secure World Foundation, 2014).

25 Mike Gruss, "Space Surveillance Satellites Pressed into Early Service," Space News (September 18, 2015), http://spacenews.com/space-surveillance-sats-pressed- into-early-service/.

26 Jiang, Space Operations Teaching Materials, p. 40.

27 Ibid., p. 40.

28 LI Yousheng, Joint Campaign Teaching Materials (Beijing, PRC: Military Science Publishing House, 2012), p. 98.

29 Jiang, Space Operations Teaching Materials, p. 43.

30 Ibid., p. 44.

31 YE Zheng, Concepts of Informationized Operations (Beijing, PRC: Military Science Publishing House, 2007), p. 154; and CHI Yajun and XIAO Yunhua, Essentials of Informationized Warfare and Information Operations Theory (Beijing, PRC: Military Science Publishing House, 2005), pp. 38-39.

32 XU Guoxing, Research on Our Military's Information Operations Strength Construction (Beijing, PRC: Military Science Publishing House, 2013), p. 50.

33 CHANG Xianqi, Military Astronautics, 2nd ed. (Beijing, PRC: National Defense Industries Press, 2005), pp. 219-220.

34 Academy of Military Science Military Strategy Research Office, Science of Military Strategy, p. 180.

35 WU Renhe, Theory of Informationized Conflict (Beijing, PRC: Military Science Publishing House, 2004), p. 102.

36 Ye, Concepts of Informationized Operations, p. 154.

37 Chi and Xiao, Essentials of Informationized Warfare and Information Operations Theory, pp. 38, 39.

38 This section draws upon Jiang, Space Operations Teaching Materials, pp. 126-154.

39 ZHOU Peng and WEN Enbing, "Developing the Theory of Strategic Deterrence with Chinese Characteristics," China Military Science (#3, 2004); and Academy of Military Science Military Strategy Research Office, Science of Military Strategy, p. 181.

40 LI Jingjun and DAN Yuquan, "The Strategy of Space Deterrence," China Military Science (#1, 2002).

41 Academy of Military Science Military Strategy Research Office, Science of Military Strategy, p. 181.

42 "Atlas 3 Scrubbed to Tuesday," Space Daily (May 21, 2000), http://www.space daily.com/news/eutelsat-00g.html; and Jessica Orwig, "A Rocket Launch Monday Was Delayed Because of a Boat," Business Insider (October 28, 2014), http://www.business insider.com/why-rocket-launch-delayed-by-a-boat-2014-10.

43 JIANG Lianju, Space Operations Teaching Materials (Beijing, PRC: Military Science Publishing House, 2013), p. 137.

44 Ibid., p. 142.

45 Chi and Xiao, Essentials of Informationized Warfare and Information Operations Theory, p. 39.

46 HONG Bin and LIANG Xiaoqiu,"The Basics of Space Strategic Theory," China Military Science (#1, 2002).

47 LI Dong, ZHAO Xinguo, and HUANG Chenglin, "Research on Concepts of Space Operations and Its Command," Journal of the Academy of Equipment Command and Technology (XIV, #5, 2003).

48 MA Ping, Joint Operations Research (Beijing, PRC: National Defense University Publishing House, 2013), p. 220.

49 The precise nature of such strategic targets, however, is not defined. Chang, Military Astronautics, p. 314.

50 ZHI Tao and LI Wei, "X-37B, the Mysterious Space Fighter," China Youth Daily(November 3, 2014), http://jz.chinamil.com.cn/n2014/tp/content_6209028.htm.

51 ZHANG Qinghai and LI Xiaohai, "Space Warfare: From Vision to Reality,"China Military Science (#1, 2005).

52 Chang, Military Astronautics, p. 316.

53 BEI Chao, YANG Jiawei, and ZHANG Wei, "Nanosatellite Distributor Design Proposal," Zhongguo Hangtian Bao (August 23, 2002), p. 4, in FBIS-CHI.

54 Chang, Military Astronautics, p. 320.

55 XIE Zhaohui and ZHAO Dexi, "On the Fundamental Features of the Military Space Force," China Military Science (#1, 2009).

56 Hong and Liang, "The Basics of Space Strategic Theory."

57 Joint Chiefs of Staff, Space Operations, JP 3-14 (Washington, DC: Department of Defense, January 6, 2009), p. II-6.

58 Chang, Military Astronautics, pp. 304-309.

59 TAN Rukun, Operational Strength Construction Teaching

83 All Army Military Terminology Management Commission, Chinese People's Liberation Army Terminology, p. 262.
84 Chinese Military Encyclopedia 2nd Edition Editorial Committee, PLA Encyclopedia, 2nd Edition, Military Strategy (Beijing, PRC: China Encyclopedia Publishing 2007), p. 283.
85 Thomas Schelling, Arms and Influence (New Haven, CT: Yale University Press, 1967), p. 69.
86 Ibid.
87 Emphasis added. Glenn Snyder, "Deterrence and Defense," in The Use of Force, ed. by Robert Art (New York: University Press of America, 1988), p. 31.
88 All Army Military Terminology Management Commission, Chinese People's Liberation Army Terminology , p. 51.
89 PENG Guangqian and YAO Youzhi, The Science of Military Strategy (Beijing, PRC: AMS Press, 2005), p. 215.
90 Emphasis added. National Defense University Science Research Department, New Perspectives on Military Transformation: Explaining 200 New Military Concepts (Beijing, PRC: PLA Press, 2004), p. 85.
91 LUO Youli, General Editor, National Defense Theory (Beijing, PRC: Academy of Military Science Publishing House, 2002), pp. 113-114.
92 Ibid., p. 114.
93 Chinese Military Encyclopedia 2nd Edition Editorial Committee, PLA Encyclopedia, 2nd Edition, Military Strategy (Beijing, PRC: China Encyclopedia Publishing 2007), p. 283.
94 Academy of Military Science Military Strategy Research Office, The Science of Military Strategy (Beijing, PRC: Military Science Publishing House, 2013), p. 196.
95 Academy of Military Science Operations Theory and Regulations Research Department and Informationized Operations Theory Research Office, Informationized Operations Theory Study Guide, pp. 15-16.
96 Ibid., p. 15.
97 Academy of Military Science Military Strategy Research Office, Science of Military Strategy , p. 190.

第6章

1 LI Dayao, "A Survey of the Development of Space Technology in China," China Aerospace (June 1999), pp. 16-19, in FBIS-CHI (September 21, 1999).
2 Material drawn from Guojia Gao Jishu Yanjiu Fazhan Jihua 863, in FBIS-CHI (July 21, 2000). For further discussion of the creation of Plan 863, see Evan Feigenbaum, China's Techno-Warriors (Stanford: Stanford University Press, 2003), pp. 141-143.
3 WANG Houqing and ZHANG Xingye, Chief Editors, The Science of Campaigns
(Beijing, PRC: National Defense University Publishing House, 2000), p. 400.
4 Gao, Joint Campaign Course Materials, p. 54.
5 GAO Qingjun, "Aerospace Reconnaissance Characteristics and Limits in Hightech Local Wars," Journal of the Academy of Command Equipment and Technology (XVI, #1, February 2005).
6 PLA Encyclopedia Committee, Chinese Military Encyclopedia, Military Art, Vol. III (Beijing, PRC: Military Science Publishing House, July 1997), p. 602.
7 PLA Encyclopedia Committee, Chinese Military Encyclopedia, Supplemental Volume (Beijing, PRC: Military Science Publishing House, 2002), p. 455.
8 ZHANG Yuwu, Dong Zean, et al., "Informationalized Warfare Will Make Seizing the Aerospace Technology 'High Ground' a Vital Factor," People's Liberation Army Daily (March 30, 2005).
9 JIANG Lianju, Space Operations Teaching Materials (Beijing, PRC: Military Science Publishing House, 2013), p. 65.
10 LIU Kejian and WANG Xiubo, The First Conflict Won through Airpower: The Kosovo War (Beijing, PRC: Military Science Publishing House, 2008), p. 44; and Jiang, Space Operations Teaching Materials.
11 HU Jintao, "See Clearly Our Military's Historic Missions in the New Period of the New Century" (December 24, 2004), http://gfjy.jxnews.com.cn/system/2010/04/16/011353408.shtml. For further discussion of the "new historic missions," see Daniel Hartnett, Towards a Globally Focused Chinese Military: The Historic Missions of the Chinese Armed Forces (Alexandria, VA: CNA Corporation, 2008).
12 ZHANG Yuliang, Chief Editor, The Science of Campaigns (Beijing, PRC: National Defense University Publishing House, 2006), p. 87.
13 Ibid., p. 81.
14 WANG Weiyu and ZHANG Qiancheng, Discussing Military Theory Innovation with Chinese Characteristics (Beijing, PRC: National Defense University Publishing House, 2009), pp. 202-203.
15 Zhang, Science of Campaigns, p. 83.
16 Academy of Military Science Military Strategy Research Office, The Science of Military Strategy (Beijing, PRC: Military Science Publishing House, 2013), pp. 146-147.
17 YUAN Wenxian, The Science of Military Information (Beijing, PRC: National Defense University Publishing House, 2008), p. 324.
18 "Lu Jin: Satellite Communications-The Information Bridge during Earthquake Relief Operations," Speech before the Chinese Communications Studies Association (September 26, 2008), http://www.ezcom.cn/Article/8591.
19 MA Ping, Joint Operations Research (Beijing, PRC: National Defense University Publishing House, 2013), p. 220.

news/archive/2014-07/29/iron-dome-tech-stolen.

50 CHI Yajun and XIAO Yunhua, Essentials of Informationized Warfare and Information Operations Theory (Beijing, PRC: Military Science Publishing House, 2005), pp. 266-267.

51 Academy of Military Science Military Strategy Research Office, Science of Military Strategy, p. 188.

52 NI Tianyou, Command Information Systems Teaching Materials (Beijing, PRC: Military Science Publishing House, 2013), pp. 200-209.

53 Ye, Science of Information Operations Teaching Materials, pp. 210-211.

54 Wang, Foundational Knowledge, p. 125.

55 Ye, Science of Information Operations Teaching Materials, p. 211.

56 Ni, Command Information Systems Teaching Materials, p. 207.

57 Ye, Science of Information Operations Teaching Materials, pp. 211-212.

58 Chinese Military Encyclopedia 2nd Edition Editorial Committee, PLA Encyclopedia, 2nd Edition, Military Psychology (Beijing, PRC: China Encyclopedia Publishing 2007), p. 92.

59 Academy of Military Science Operations Theory and Regulations Research Department and Informationized Operations Theory Research Office, Informationized Operations Theory Study Guide (Beijing, PRC: Military Science Publishing House, November 2005), pp. 356-367; and Wenxian, Science of Military Information, pp. 210-216.

60 Academy of Military Science Operations Theory and Regulations Research Department and Informationized Operations Theory Research Office, Informationized Operations Theory Study Guide, pp. 360-364.

61 Christopher C. Elisan, Malware, Rootkits, & Botnets (New York: McGraw-Hill, 2013), pp. 11, 18.

62 CHEN Bing, QIAN Hongyan, and HU Jie, Network Security (Beijing, PRC: National Defense Industry Press, 2012), p. 14.

63 Academy of Military Science Operations Theory and Regulations Research Department and Informationized Operations Theory Research Office, Informationized Operations Theory Study Guide, pp. 366-367; and Bing et al., Network Security, p. 24.

64 Academy of Military Science Operations Theory and Regulations Research Department and Informationized Operations Theory Research Office, Informationized Operations Theory Study Guide, p. 366.

65 "Foreign Tech Firms Pose Threat on Internet," China Daily (June 4, 2014), http://en.people.cn/n/2014/0604/c207959-8736319.html.

66 Academy of Military Science Operations Theory and Regulations Research Department and Informationized Operations Theory Research Office, Informationized Operations Theory Study Guide , pp. 365-366.

67 Ibid., pp. 352, 355.

68 This section draws upon HU Guangming, Military Informationization Construction Teaching Materials (Beijing, PRC: Military Science Press, 2012), p. 48. For a comparison, see Steven Bellovin, Thinking Security (New York: Addison-Wesley, 2016).

69 Hu, Military Informationization Construction Teaching Materials, p. 48.

70 Ni, Command Information Systems Teaching Materials, pp. 204, 205.

71 LIU Youfang and HAN Qiang, editors, Military Information Security Principles (Beijing, PRC: National Defense University Press, 2005), p. 83.

72 Ni, Command Information Systems Teaching Materials, p. 205.

73 Suril Amin, "The People's Republic of China Will Stick with Windows XP," Microsoft News (April 23, 2014), http://microsoft-news.com/the-peoples-republic-of-china-will-stick-with-windows-xp/.

74 Eva Dou, "The Obscure Chinese Operating System Sold by Dell, HP," Wall Street Journal (September 15, 2015), http://blogs.wsj.com/chinarealtime/2015/09/15/the-obscure-chinese-operating-system-sold-by-dell-hp/.

75 Nikhil Sonnad, "A First Look at the Chinese Operating System the Government Wants to Replace Windows," Quartz (September 22, 2015), http://qz.com/505383/a-first-look-at-the-chinese-operating-system-the-government-wants-to-replace-windows/.

76 "China Said to Plan Sweeping Shift from Foreign Technology to Own," Bloomberg News (December 17, 2014), http://www.bloomberg.com/news/articles/2014-12-17/china-said-to-plan-sweeping-shift-from-foreign-technology-to-own-hootPostID=f047ce391d1e79bebf8d0f1b50ed2a0d.

77 Ye, Science of Information Operations Teaching Materials, p. 216.

78 Guo, Discussions of Military Information Security, p. 249.

79 Ibid., pp. 200-201; and Ni, Command Information Systems Teaching Materials , pp. 202, 205.

80 James Holmes, "China's Underground Great Wall," The Diplomat (August 20, 2011), http://thediplomat.com/2011/08/chinas-underground-great-wall/.

81 Russell Hsiao, "China's Underground 'Great Wall' and Nuclear Deterrence," Jamestown Foundation China Brief (December 16, 2009), http://www.jamestown.org/programs/chinabrief/single/-tx_ttnews[tt_news]=35846&tx_ttnews[backPid]=459&no_cache=1

82 The Office of Civil Air Defense of the People's Republic of China, PRC Civil Air Defense Law (May 5, 2011), http://www.ccad.gov.cn/view/zhengcefagui/falvfagui/20110505/15.html.

the-net-traveler-part1-final.pdf.

15 McAfee Foundstone Professional Services, Global Energy Cyberattacks: "Night Dragon," McAfee Labs (February 10, 2011), http://www.mcafee.com/us/resources/white-papers/wp-global-energy-cyberattacks-night-dragon.pdf.

16 Google, "A New Approach to China," Google Official Blog (January 12, 2010), https://googleblog.blogspot.com/2010/01/new-approach-to-china.html; and Kim Zetter, "Google Hack Attack Was Ultra-Sophisticated, New Details Show," Wired (January 14, 2010), http://www.wired.com/2010/01/operation-aurora/.

17 Paul Rosenzweig, Cyber Warfare (Denver, CO: Praeger Publishers, 2013), pp. 38-39.

18 Tom Espiner, "Security Experts Lift Lid on Chinese Hack Attacks," ZDNet (November 23, 2005), http://www.zdnet.com/article/security-experts-lift-lid-on-chinese-hack-attacks/.

19 YE Zheng, Science of Information Operations Teaching Materials (Beijing, PRC: Military Science Publishing House, 2013), pp. 154-155.

20 Elinor Mills, "Web Traffic Redirected to China Still a Mystery," CNET (October 8, 2010), http://www.cnet.com/news/web-traffic-redirected-to-china-still-a-mystery/.

21 Drawn from Yuan, Joint Campaign Information Operations Teaching Materials, pp. 174-176; and Ye, Science of Information Operations Teaching Materials, pp.157-159 and 163-169.

22 Academy of Military Science Military Strategy Research Office, The Science of Military Strategy(Beijing, PRC: Military Science Publishing House, 2013), p. 92.

23 Ibid.

24 Yuan, Joint Campaign Information Operations Teaching Materials, p.175.

25 Ye, Science of Information Operations Teaching Materials, p. 170.

26 Yuan, Science of Military Information, p. 310.

27 Ye, Science of Information Operations Teaching Materials, pp. 170-173.

28 Ibid., p. 171.

29 ZHANG Peigao, Joint Campaign Command Teaching Materials (Beijing, PRC:
Military Science Publishing House, 2012), p.160.

30 Drawn from Ye, Science of Information Operations Teaching Materials, pp. 92-96.

31 Ibid., pp. 176-177.

32 WANG Ruqun, The Battlefield Electromagnetic Environment (Beijing, PRC: People's Liberation Army Press, 2006), pp. 219-223.

33 Jeffrey Lin and P.W. Singer, "The Missiles of Zhuhai: China Displays New Strike
Arsenal," Popular Science (November 17, 2014), http://www.popsci.com/missiles-zhuhai-china-displays-new-strike-arsenal.

34 FCC, "Notice of Apparent Liability and Forfeiture, Illegal Marketing of Signal Jamming Devices," File Number: EB-SED-12-00005692 (June 19, 2014), http://transition.fcc.gov/Daily_Releases/Daily_Business/2014/db0619/FCC-14-92A1.pdf.

35 Ye, Science of Information Operations Teaching Materials, p. 96.

36 Ibid., pp. 182-184.

37 Ibid., p. 183.

38 Earl Zmijewski, "Accidentally Importing Censorship," Dynresearch (March 30, 2010), http://research.dyn.com/2010/03/fouling-the-global-nest/.

39 For an extensive discussion of Stuxnet, see Kim Zetter, Countdown to Zero Day New York: Broadway Books, 2014).

40 WANG Hui, Foundational Knowledge, Considerations, and Explanations of nformationized Warfare (Beijing, PRC: Military Science Publishing House, 2009), pp. 301-302.

41 This section draws upon Bill Marczak, Nicholas Weaver, Jakub Dalek, Roya Ensafi, David Fifield, Sarah McKune, Arn Rey, John Scott-Railton, Ronald Deibert, and Vern Paxson, China's Great Cannon Research Brief, CitizenLab (April 2015), https://citizenlab.org/wp-content/uploads/2009/10/ChinasGreatCannon.pdf, "China's Man on the Side Attack on GitHub," Netresec (March 31, 2015), http://www.netresec.com/-month=2015-03&page=blog&post=china%27s-man-on-the-side-attack-on-github; and Robert Graham, "Pinpointing China's Attack against GitHub," Errata Security (April 1, 2015), http://blog.erratasec.com/2015/04/pin-pointing-chinas-attack-against.html#.VSvhdJTF8nh.

42 Ben Brumfeld, "Study: China Cybercensors Attack outside Its Borders with 'Great Cannon,' " CNN (April 12, 2015), http://www.cnn.com/2015/04/12/china/china-cyber-censorship-weapon/.

43 "China's Man on the Side Attack on GitHub," Netresec (March 31, 2015), http://www.netresec.com/-month=2015-03&page=blog&post=china%27s-man-on-the-side-attack-on-github.

44 RSA Research, Terracotta VPN, RSA (August 4, 2015), p. 9, https://blogs.rsa.com/wp-content/uploads/2015/08/Terracotta-VPN-Report-Final-8-3.pdf.

45 Academy of Military Science Military Strategy Research Office, Science of Military Strategy, p. 191.

46 Wang, Foundational Knowledge, p. 124.

47 Ye, Science of Information Operations Teaching Materials, p. 30.

48 Wyatt Olson, " 'Left Hook' Deception Hastened War's End," Stars and Stripes (2016), http://www.stripes.com/news/special-reports/the-gulf-war-25-year-anniversary/deception.

49 Liat Clark, "Chinese Military 'Hacked' Israel's Iron Dome," Wired (July 29, 2014), http://www.wired.co.uk/

Defense University Press, 2014), p. 48.
108 Tan, Operational Strength Construction Teaching Materials, pp. 205-206.
109 Wang, Foundational Knowledge, p. 112.
110 Feng, "An Examination of Several Issues Concerning Command Protection and Information Control."
111 WANG Yongming and LIU Xiaoli, Iraq War Research (Beijing, PRC: Military Science Publishing House, 2003), p. 151.
112 Ibid., p. 97; and Song, Command and Control Warfare , p. 57.
113 Song, Command and Control Warfare, p. 57.
114 Gong, "Characteristics, Principles, and Methods of Command Conflict in Landing Campaigns."
115 Wang, Foundational Knowledge, p. 113.
116 Ye, Science of Information Operations Teaching Materials, p. 29.
117 Song, Command and Control Warfare, p. 58.
118 Academy of Military Science Operations Theory and Regulations Research Department and Informationized Operations Theory Research Office, Informationized Operations Theory Study Guide, p. 98.
119 Chinese Military Encyclopedia 2nd Edition Editorial Committee, PLA Encyclopedia, p. 196; and Yuejin, Command and Control Warfare, p. 80.
120 Academy of Military Science Operations Theory and Regulations Research Department and Informationized Operations Theory Research Office, Informationized Operations Theory Study Guide, p. 91.
121 Yuan, Science of Military Information, pp. 192-195.
122 Song, Command and Control Warfare, p.80; and Yuan, Science of Military Information, p. 309.
123 Li, "Reconsideration of the Mechanisms for Winning Informationized Warfare," p. 80.
124 Song, Command and Control Warfare, p. 80.
125 Chinese Military Encyclopedia 2nd Edition Editorial Committee, PLA Encyclopedia, p. 139.
126 Ibid., p. 197.
127 Ibid., pp. 196, 197.
128 Chinese Military Encyclopedia 2nd Edition Editorial Committee, PLA Encyclopedia, p. 196.
129 Wu, Theory of Informationized Conflict, p. 173.
130 Chinese Military Encyclopedia 2nd Edition Editorial Committee, PLA Encyclopedia, p. 198.
131 Song, Command and Control Warfare, p. 81.
132 Roger Hesketh, Fortitude: The D-Day Deception Campaign (Woodstock, NY: Overlook Publishers, 2000).
133 Xu, Research on Our Military's Information Operations Strength Construction, p. 27.
134 Song, Command and Control Warfare, p. 80.

第5章

1 LI Yousheng, Science of Joint Campaign Teaching Materials (Beijing, PRC: Military Science Publishing House, 2012), pp. 124-125.
2 This section is drawn from YUAN Wenxian, The Science of Military Information (Beijing, PRC: National Defense University Press, 2008), pp. 177-183.
3 Yuan, Science of Military Information, p. 178.
4 Li, Science of Joint Campaigns Teaching Materials, p. 124.
5 Drawn from YUAN Wenxian, Joint Campaign Information Operations Teaching Materials (Beijing, PRC: National Defense University Press, 2009), pp. 173-174.
6 "Advanced Persistent Threats: How They Work," Symantec, http://www.symantec.com/theme.jsp-themeid=apt-infographic-1.
7 U.S. Department of Justice, "US Charges Five Chinese Military Hackers for Cyber Espionage against US Corporations and Labor Organization for Commercial Advantage," Press Release (May 19, 2014), http://www.justice.gov/opa/pr/us-charges-five-chinese-military-hackers-cyber-espionage-against-us-corporations-and-labor.
8 Sophie Borland, "MI-5 Warns Firms over China Internet 'Spying," Daily Telegraph (April 12, 2008), http://www.telegraph.co.uk/news/worldnews/1571172/MI5-warns-firms-over-Chinas-internet-spying.html.
9 David Ljunggren and Alastair Sharp, "Hacking Attack in Canada Bears Signs of Chinese Army Unit: Expert," Reuters (August 1, 2014), http://www.reuters.com/article/us-china-canada-cybersecurity-idUSKBN0G13X220140801.
10 Information Warfare Monitor, Tracking GhostNet: Investigating a Cyber-Espionage Network (March 29, 2009), https://www.f-secure.com/weblog/archives/ghostnet.pdf.
11 Jeremy Wagstaff, "Hunt for Deep Panda Intensifies in Trenchs of US-China Cyberwar," Reuters (June 21, 2015), http://www.reuters.com/article/us-cybersecurity-usa-deep-panda-idUSKBN0P102320150621; and Dmitri Alperovich, Deep in Thought: Chinese Targeting of National Security Think-Tanks, Crowdstrike (July 7, 2014), http://www.crowdstrike.com/blog/deep-thought-chinese-targeting-national-security-think-tanks/.
12 RSA Research, Terracotta VPN, RSA (August 4, 2015), https://blogs.rsa.com/wp-content/uploads/2015/08/Terracotta-VPN-Report-Final-8-3.pdf.
13 Kaspersky Lab Global Research and Development Team, The Icefog APT, a Tale of Cloak and Three Daggers, Kaspersky Labs (January 20, 2014), http://kasperskycontenthub.com/wp-content/uploads/sites/43/vlpdfs/icefog.pdf.
14 Kaspersky Lab Global Research and Development Team, The NetTraveler (aka "Travnet"), Kaspersky Labs (June 4, 2013), https://cdn.securelist.com/files/2014/07/kaspersky-

158.
64 Wang, Foundational Knowledge, p. 180.
65 All Army Military Terminology Management Commission, Chinese People's Liberation Army Terminology, p.286; and Zheng, Science of Information Operations Teaching Materials, p. 24.
66 Ye, Science of Information Operations Teaching Materials, p. 28.
67 Ibid., pp. 24, 25.
68 YUAN Wenxian, Joint Campaign Information Operations Teaching Materials (Beijing, PRC: Military Science Publishing House, 2009), p. 14.
69 Yuan, Science of Military Information, p. 73.
70 Ye, Science of Information Operations Teaching Materials, p. 25.
71 Ibid., pp. 24-25.
72 Wu,Theory of Informationized Conflict , p. 168.
73 TAN Rukun, Operational Strength Construction Teaching Materials (Beijing, PRC: Military Science Publishing House, 2012), p. 231.
74 Ye, Science of Information Operations Teaching Materials, p. 25.
75 Academy of Military Science Operations Theory and Regulations Research Department and Informationized Operations Theory Research Office, Informationized Operations Theory Study Guide, p. 101.
76 All Army Military Terminology Management Commission, Chinese People's Liberation Army Terminology, pp. 262-263.
77 Chinese Military Encyclopedia 2nd Edition Editorial Committee, PLA Encyclopedia, p. 327.
78 Ye, Concepts of Informationized Operations, p. 157; and Ye, Science of Information Operations Teaching Materials, p. 27.
79 Ye, Science of Information Operations Teaching Materials, pp. 28-29.
80 Academy of Military Science Operations Theory and Regulations Research Department and Informationized Operations Theory Research Office, Informationized Operations Theory Study Guide, p. 101.
81 Ye, Science of Information Operations Teaching Materials, p. 28.
82 Ibid., pp. 25-26; and All Army Military Terminology Management Commission, Chinese People's Liberation Army Terminology , p. 456.
83 Wu, Theory of Informationized Conflict, p. 192.
84 Chinese Military Encyclopedia 2nd Edition Editorial Committee, PLA Encyclopedia, p. 67.
85 Ibid.
86 Yuan, Joint Campaign Information Operations Teaching Materials, p. 15.
87 Academy of Military Science Operations Theory and Regulations Research Department and Informationized Operations Theory Research Office, Informationized Operations Theory Study Guide, p. 88.
88 Yuan, Science of Military Information, pp. 75, 314.
89 Ibid., p. 309.
90 Wu, Theory of Informationized Conflict, p. 201.
91 FAN Gaoyue and FU Linguo, The First Conflict to Display Initial Informationization Conditions: The Iraq War (Beijing, PRC: Military Science Publishing House, 2008), p. 195.
92 Ye, Science of Information Operations Teaching Materials, p. 27.
93 Ibid.
94 Academy of Military Science Operations Theory and Regulations Research Department and Informationized Operations Theory Research Office, Informationized Operations Theory Study Guide, p. 91.
95 All Army Military Terminology Management Commission, Chinese People's Liberation Army Terminology, p. 288.
96 FENG Lixin, "An Examination of Several Issues Concerning Command Protection and Information Control," in Research on Military Command, ed. by Wei Konghu (Beijing, PRC: National Defense University Press, 2014), p. 222.
97 All Army Military Terminology Management Commission, Chinese People's Liberation Army Terminology, p. 175.
98 Ibid., p. 175.
99 QIN Jirong, Concepts of Command and Control (Beijing, PRC: National Defense Industry Press, 2012), pp. 4-5.
100 Director for Joint Force Development J-7, Department of Defense Dictionary of Military and Associated Terms, JP 1-02 (Washington, DC:Pentagon, 2015), p. 49.
101 Ibid., p. 41.
102 Ibid., p. 179.
103 Academy of Military Science Operations Theory and Regulations Research Department and Informationized Operations Theory Research Office, Informationized Operations Theory Study Guide, p. 97.
104 GONG Cunchen, "Characteristics, Principles, and Methods of Command Conflict in Landing Campaigns," in Research on Military Command, ed. by WEI Konghu (Beijing, PRC: National Defense University Press, 2014), p. 141.
105 LI Jingxu, "Initial Discussions of Joint Operations Command Structure Mechanisms Based on Information Systems," in Research on Military Command, ed. by WEI Konghu (Beijing, PRC: National Defense University Press, 2014), p. 38.
106 SONG Yuejin, Chief Editor, Command and Control Warfare (Beijing, PRC: National Defense University Press, 2012), p. 201.
107 XU Guoqiang, "A Simple Discussion of Shared Operational Awareness," in Research on Military Command , ed. by WEI Konghu (Beijing, PRC: National

16 Chinese Military Encyclopedia 2nd Edition Editorial Committee, PLA Encyclopedia, p. 127.

17 HE Zhu, Experts Assess the Iraq War (Beijing, PRC: Military Science Publishing House, 2004), p. 146.

18 Zhang, Science of Campaigns, p. 155.

19 BAI Bangxi and JIANG Lijun, "Systems of Systems Conflict Is Not the Same as Systems Conflict," National Defense Newspaper (January 10, 2008),
http://www.chinamil.com.cn/site1/xwpdxw/2008-01/10/content_1084469.htm.

20 Academy of Military Science Operations Theory and Regulations Research Department and Informationized Operations Theory Research Office, Informationized Operations Theory Study Guide (Beijing, PRC: Military Science Publishing House, 2005), p. 114.

21 KOU Shiqiang, "A Clarification of Unified Joint Operations," People's Liberation Army Daily (August 11, 2004), http://www.china.com.cn/military/zhuanti/sjxjsbg/txt/2004-08/11/content_5632264.htm.

22 Bai and Jiang, "Systems of Systems Conflict Is Not the Same as Systems Conflict."

23 Ibid.

24 Li Yingming, Liu Xiaoli, et al., "An Analysis of Integrated Joint Operations," PLA Daily (April 12, 2005).

25 Wang, Foundational Knowledge, pp. 108-109.

26 LI Yousheng, Science of Joint Campaign Teaching Materials (Beijing, PRC: Military Science Publishing House, 2012), p. 72.

27 WU Renhe, Theory of Informationized Conflict (Beijing, PRC: Military Science Publishing House, 2004), p. 21.

28 Zhang, Science of Campaigns, p. 155.

29 Wang, Foundational Knowledge, Considerations, and Explanations of Informationized Warfare, p. 4.

30 MAO Zedong, Six Essays on Military Affairs (Beijing, PRC: Foreign Languages Press, 1972), p. 50.

31 State Council Information Office, China's Active Defense (Beijing, PRC: State Council Information Office, 2015).

32 All Army Military Terminology Management Commission, Chinese People's Liberation Army Terminology (Unabridged Volume) (Beijing, PRC: Military Science Publishing House, 2011), pp. 55, 79, 119.

33 Academy of Military Science Operations Theory and Regulations Research Department and Informationized Operations Theory Research Office, Informationized Operations Theory Study Guide , p. 13.

34 Wang, Foundational Knowledge, p. 113.

35 The following section is drawn mainly from Zhang, Science of Campaigns, pp. 86-90.

36 Ibid., p. 87.

37 All Army Military Terminology Management Commission, Chinese People's Liberation Army Terminology, p. 67.

38 Zhang, Science of Campaigns, p. 89.

39 The following section is drawn mainly from Zhang, Science of Campaigns, pp. 90-93.

40 Academy of Military Science Operations Theory and Regulations Research Department and Informationized Operations Theory Research Office, Informationized Operations Theory Study Guide , p. 92.

41 Wu, Theory of Informationized Conflict, p. 173.

42 Zhang, Science of Campaigns, pp. 89-90.

43 Ibid., p. 164.

44 Academy of Military Science Operations Theory and Regulations Research Department and Informationized Operations Theory Research Office, Informationized Operations Theory Study Guide, p. 88.

45 Zhang, Science of Campaigns, p. 91.

46 Li, Science of Joint Campaign Teaching Materials, p. 69. See also pp. 69-72 for a fuller discussion of the interplay between information dominance and these other physical domains.

47 Academy of Military Science Operations Theory and Regulations Research Department and Informationized Operations Theory Research Office, Informationized Operations Theory Study Guide , p. 87.

48 Wu, Theory of Informationized Conflict, p. 168.

49 Wang, Foundational Knowledge, p. 111.

50 Academy of Military Science Operations Theory and Regulations Research Department and Informationized Operations Theory Research Office, Informationized Operations Theory Study Guide, p. 87.

51 Zhang, Science of Campaigns, p. 90.

52 Wang, Foundational Knowledge, p. 180.

53 All Army Military Terminology Management Commission, Chinese People's Liberation Army Terminology, p. 255.

54 YUAN Wenxian, The Science of Military Information (Beijing, PRC: National
Defense University Press, 2007), pp. 84-85.

55 Wang, Foundational Knowledge, p. 179.

56 Yuan, Science of Military Information.

57 Academy of Military Science Operations Theory and Regulations Research Department and Informationized Operations Theory Research Office, Informationized Operations Theory Study Guide, pp. 93-94.

58 YE Zheng, Science of Information Operations Teaching Materials (Beijing, PRC: Military Science Publishing House, 2013), pp. 21-22.

59 Academy of Military Science Operations Theory and Regulations Research Department and Informationized Operations Theory Research Office, Informationized Operations Theory Study Guide, pp. 93-94.

60 Yuan, Science of Military Information, p. 71.

61 Ibid., p. 314.

62 This section draws from Ye, Science of Information Operations Teaching Materials, pp. 22-23.

63 YE Zheng, Concepts of Informationized Operations (Beijing, PRC: Military Science Publishing House, 2007), p.

www.wsj.com/articles/SB112372600885810565.
117 Yanzhong HUANG, "The SARS Epidemic and Its Aftermath in China: A Political Perspective" in Learning from SARS: Preparing for the Next Disease Outbreak, a Workshop Summary, ed. by Stacey Knobler and Adel Mahmoud (Washington, DC: National Academies Press, 2004), http://www.ncbi.nlm.nih.gov/books/NBK92479/.
118 Joseph Kahn, "China Is Filtering Phone Text Messages to Regulate Criticism," New York Times (July 3, 2004), http://www.nytimes.com/2004/07/03/international/asia/03chin.html.
119 Miguel Helft, "YouTube Blocked in China, Google Says," New York Times (March 25, 2009), https://www.nytimes.com/2009/03/25/technology/internet/25youtube.html.
120 Weibo Corporation, Form F-1 Registration Statement with US Securities and Exchange Commission (March 14, 2014), p. 36, http://www.sec.gov/Archives/edgar/data/1595761/000119312514100237/d652805df1.htm.
121 Edward Wong, "After Long Ban, Western China Is Back Online," New York Times (May 14, 2010), http://www.nytimes.com/2010/05/15/world/asia/15china.html.
122 Reporters without Borders, "Survey of Blocked Uyghur Websites Shows Xinjiang Still Cut off from the World" (October 29, 2009), https://www.rsf.org/china- survey-of-blocked-uyghur-websites-29-10-2009,34859.html.
123 Xu, "Media Censorship in China."
124 Simon Denyer and XU Yangjingjing, "Unable to Clean Air Completely for APEC, China Resorts to Blocking Data," Washington Post (November 10, 2014), https:// www.washingtonpost.com/news/worldviews/wp/2014/11/10/unable-to-clean-air-completely-for-apec-china-resorts-to-blocking-data/.
125 Paul Carsten, "China Scrambles to Censor Social Media," Reuters (September 29, 2014), http://www.huffingtonpost.com/2014/09/29/china-social-media_n_5901362.html.
126 This section is drawn from Tao ZHU, David Phipps, Adam Pridgen, Jedidiah R. Crandall, Dan S. Wallach, "Tracking and Quantifying Censorship on a Chinese Microblogging Site" (November 26, 2012), arXiv:1211.6166[cs.IR]; and Tao ZHU, David Phipps, Adam Pridgen, "The Velocity of Censorship: High Fidelity Detection of microblog Post Deletions," Paper presented at the 22nd USENIX Security Symposium (August 2013).
127 Jed Crandalland Dan Wallach, "The Astonishing Speed of Chinese Censorship,"BBC News (March 27, 2013), http://www.bbc.com/news/world-asia-china-21743499.
128 David Bamman, Brendan O'Connor, and Noah Smith, "Censorship and Deletion Practices in Chinese Social Media," First Monday (XVII, #3, March 5, 2012), http://firstmonday.org/article/view/3943/3169; and Cheung and Yun, "An Overview of Internet Regulation in China."
129 Zhu et al., "The Velocity of Censorship."
130 Nicholas Kristof, "Privately, More and More Chinese Say It's Past Time for Deng to Go," New York Times (April 17, 1989), http://www.nytimes.com/1989/04/17/ world/privately-more-and-more-chinese-say-it-s-past-time-for-deng-to-go.html.
131 Zhu et al., "The Velocity of Censorship."
132 Zhu et al., "Tracking and Quantifying Censorship on a Chinese Microblogging Site."

第4章

1 WANG Hui, Foundational Knowledge, Considerations, and Explanations of Informationized Warfare (Beijing, PRC: Military Science Publishing House, 2009), p. 108.
2 ZHANG Yuliang, Chief Editor, The Science of Campaigns (Beijing, PRC: National Defense University Publishing House, 2006), p. 155.
3 CUI Shizeng and WANG Junyi,"Advancing Military Transformation with Chinese Characteristics, Strengthening 'Integrated-Style Joint Operations,' " People's Liberation Army Daily(July 7, 2004), http://news.xinhua.net.com/mil/2004-07/07/content_1578870.htm.
4 Emphasis added. Zhang, Science of Campaigns, p. 273.
5 Cui and Wang, "Advancing Military Transformation with Chinese Characteristics."
6 LI Daguang, "Reconsideration of the Mechanisms for Winning Informationized Warfare," China Military Science (#6, 2014), pp. 80-81.
7 ZOU Zhenning and CHA Rui, Command Information Capabilities Research, Based on Systems Combat between Information Systems (Beijing, PRC: Oceans Publishing House, 2011), p. 57.
8 Li, "Reconsideration of the Mechanisms for Winning Informationized Warfare."
9 Chinese Military Encyclopedia 2nd Edition Editorial Committee, PLA Encyclopedia, 2nd Edition, Campaigns (Beijing, PRC: China Encyclopedia Publishing House, 2007), p. 126.
10 Ibid. The obvious parallel is to the Observe/Orient/Decide/Act (or OODA) loop identified by USAF Colonel John Boyd.
11 ZHANG Peigao, Joint Campaign Command Teaching Materials (Beijing, PRC: Military Science Publishing House, 2012), p. 33.
12 XU Guoxing, Research on Our Military's Information Operations Strength Construction (Beijing, PRC: Military Science Publishing House, 2013), pp. 76-77.
13 Zou and Cha, Command Information Capabilities Research.
14 SUN Jinwei, Research on Laws Governing Campaign Dilemmas and Activities (Beijing, PRC: National Defense University Press, 2013), p. 74.
15 Zou and Cha, Command Information Capabilities Research, p. 61.

(November 30, 2014), http://politics.people.com.cn/n/2014/1130/c7073126120705.html.

93 The Chinese term is xinxi anquan dengji baohu guanli banfa (信息安全等級保護管理弁法). Nathaniel Ahrens of CSIS has translated this as "Regulations on the Classified Protection of Information Security." Nathaniel Ahrens, "National Security and China's Information Security Standards" (Washington, DC: Center for Strategic and International Studies, 2012).

94 Dieter Ernst and Sheri Martin, "The Common Criteria for Information Technology Security Evaluation-Implications for China's Policy on Information Security Standards," Report #108 (Honolulu, Hawaii; East-West Center, 2010).

95 Robert McMillan, "China Policy Could Force Foreign Security Firms Out," Network World (August 26, 2010), http://www.networkworld.com/article/2217282/ security/china-policy-could-force-foreign-security-firms-out.html; and United States Council for International Business, Statement on China's Compliance with Its World Trade Organization (WTO) Commitments, Statement Submitted to the U.S. Trade Representative (September 20, 2013), http://uscib.org/docs/USCIB_Submission_to_USTR_China_Compliance_with_WTO_Commitments.pdf.

96 Xiao, "Emphasize the Building of Network and Information Security Management Standards," and Hauke Johannes Gierow, "Cyber Security in China: New Political Leadership Focuses on Boosting National Security," Mercator Institute for China Studies (#20, December 9, 2014), p. 2.

97 Jim Finkle, "Beijing to Bar Kaspersky, Symantec Anti-Virus in Procurement: Report," Reuters (August 3, 2014), http://www.reuters.com/article/2014/08/03/ us-china-software-ban-idUSKBN0G30QH20140803.

98 Arsene, "The Impact of China on Global Internet Governance in an Era of Privatized Control."

99 "People's Republic of China National Security Law," China Daily (July 1, 2015), http://www.chinadaily.com.cn/hqcj/zgjj/2015-07-01/content_13912103.html.

100 Bruce Einhorn, "A Cybersecurity Law in China Squeezes Foreign Tech Companies," Bloomberg News (January 21, 2016), http://www.bloomberg.com/news/articles/2016-01-21/a-cybersecurity-law-in-china-squeezes-foreign-tech-companies.

101 The Central People's Government of the People's Republic of China, "Decision of the Standing Committee of the National People's Congress on Preserving Computer Network Security."

102 Thomas Lum, Patricia Moloney Figliola, and Matthew Weed, China, Internet Freedom, and US Policy, R42601 (Washington, DC: Congressional Research Service, 2012), p. 1, https://www.fas.org/sgp/crs/row/R42601.pdf.

103 Bill Marczak, Nicholas Weaver, Jakub Dalek, Roya Ensafi, David Fifield, Sarah McKune, Arn Rey, John Scott-Railton, Ronald Deibert, Vern Paxson, "China's Great Cannon," The Citizen Lab Research Brief (April 2015), p. 3.

104 "Great Firewall 'Upgrade' Troubles VPN Users in China," AFP (December 21, 2012), http://www.securityweek.com/great-firewall-upgrade-troubles-vpn-users-china.

105 Sophia YAN, "China Crackdown Makes It Harder to Get around Great Firewall," CNN (January 28, 2015), http://money.cnn.com/2015/01/28/technology/china-censorship-vpn-great-firewall/.

106 Robert Faris, Hal Roberts, and Stephanie Wang, China's Green Dam: The Implications of Government Control Encroaching on the Home PC, Open Net Initiative Bulletin (June 2009), p. 2, http://opennet.net/chinas-green-dam-the-implications- government-control-encroaching-home-pc.

107 Andrew Jacobs, "China Faces Criticism over New Software Censor," New York Times (June 11, 2009), ttp://www.nytimes.com/2009/06/11/world/asia/11censor.html.

108 "Cat and Mouse," Economist (April 6, 2013), http://www.economist.com/news/ special-report/21574629-how-china-makes-sure-its-internet-abides-rules-cat-and-mouse.

109 Arsene, "The Impact of China on Global Internet Governance in an Era of Privatized Control."

110 Open Net Initiative, "Internet Filtering in China in 2004-2005."

111 Anne S.Y. CHEUNG and ZHAO Yun, "An Overview of Internet Regulation in China," University of Hong Kong Faculty of Law Research Paper #2013/040 (November 21, 2013), p. 7, http://ssrn.com/abstract=2358247.

112 "Cat and Mouse," Economist; and "China Employs Two Million Microblog Monitors, State Media Say," BBC News (October 4, 2013), http://www.bbc.com/news/ world-asia-china-24396957.

113 David Bamman, Bredan O'Connor, and Noah Smith, "Censorship and Deletion Practices in Chinese Social Media," First Monday (XVII, 3, March 5, 2012), http://firstmonday.org/article/view/3943/3169.

114 Beina XU, "Media Censorship in China," Council on Foreign Relations (September 25, 2014), http://www.cfr.org/china/media-censorship-china/p11515.

115 Jim Yardley, "A Hundred Million Cellphones Bloom, and Chinese Take to the Streets," New York Times (April 25, 2005), http://www.nytimes.com/2005/04/25/world/asia/a-hundred-cellphones-bloom-and-chinese-take-to-the-streets.html-r=0.

116 Graham Earnshaw, China Economic Review's China Business Guide 2005 (Shanghai, PRC: SinoMedia Holdings, 2005), p. 80, Joseph Kahn, "China Is Filtering Phone Text Messages to Regulate Criticism," New York Times (July 3, 2004), http:// www.nytimes.com/2004/07/03/international/asia/03chin.html; and Li YUAN, "Text Messages Sent by Cellphone Finally Catch on in US," Wall Street Journal (August 11, 2005), http://

when-network-was-cut-in-xinjiang.

64 PU Duanhua, "On Wartime Public Opinion Mobilization," Journal of the PLA Nanjing Institute of Politics (#2, 2006), p. 110.

65 State Council Information Office, China's Active Defense (Beijing, PRC: State Council Information Office, 2015).

66 Andrew Jacobs and Chris Buckley, "Tales of Army Discord Show Tiananmen Square in a New Light," New York Times (June 2, 2014).

67 WANG Yueting, "The Power of Psychological Warfare in Modern Warfare," Study Times (March 27, 2005, #113), http://www.china.com.cn/xxsb/txt/2005-10/11/content_5994663.htm.

68 SHENG Peiling, WANG Ling, and LIU Ya, 100 Examples of Public Opinion Warfare (Beijing, PRC: PLA Publishing House, 2005), pp. 162-180.

69 CHANG Long,"Tightly Grasping the Tends of the New Military Transformation- Reflections and Outlook from the Gulf War to the Iraq War," People's Liberation Army Daily (October 28, 2003), http://www.xslx.com/htm/gjzl/jsgc/2003-10-38-15176.htm.

70 "China's Cyber Security under Severe Threat: Report," Xinhua (March 19, 2013), http://news.xinhuanet.com/English/china/2013-03/19/c_132246098.htm.

71 Milton Mueller, "China and Global Internet Governance: A Tiger by the Tail," in Access Contested: Security, Identity, and Resistance in Asian Cyberspace, ed. by Ronald Deibert, John Palfrey, Rafal Rohozinski, and Jonathan Zittrain (Cambridge, MA: MIT Press, 2011), p. 190.

72 "Xi Jinping Leads Internet Security Group," Xinhua (February 27, 2014), http:// news.xinhuanet.com/english/china/2014-02/27/c_133148273.htm.

73 Ibid.

74 "Xi Jinping: Building Our Nation from a Big Internet State to a Major Internet Power," Xinhuanet (February 27, 2014), http://news.xinhuanet.com/politics/2014- 02/27/c_119538788.htm.

75 For more on Lu Wei, see Paul Mozur and Jane Perlez, "Gregarious and Direct: China's Web Doorkeeper," New York Times (December 1, 2014), http://nyti.ms/ 1tuxRxl.

76 "China Sets Up Office for Internet Information Management," Xinhuanet (May 4, 2011), http://news.xinhuanet.com/english/2010/china/2011-05/04/c_138579.htm.

77 State Council, "Notification of the State Council on Authorizing the State Internet Information Office for Responsibility Regarding Internet Information and Content Management," State Council Information Office (August 26, 2014), http:// politics.people.com.cn/n/2014/0828/c70731-25558093.html.

78 David Bandurski, "Lu Wei: The Internet Must Have Brakes," China Media Project (September 11, 2014), http;//cmp.hku.hk/2014/09/11/36011/.

79 ZHANG Weihua, "New Theories of Dominance: Issues Concerning Information Dominance," Journal of Information (#12, 2007), p. 59.

80 ICANN, Beginner's Guide to ICANN (Los Angeles: ICANN, 2013), pp. 1, 26, https://www.icann.org/en/system/files/files/participating-08nov13-en.pdf.

81 Severine Arsene, "The Impact of China on Global Internet Governance in an Era of Privatized Control," Paper presented at the 10th Annual Chinese Internet Research Conference (May 2012), https://hal.archives-ouvertes.fr/hal-00704196v2/ document.

82 "Letter Dated 12 September 2011 from the Permanent Representatives of China, the Russian Federation, Tajikistan, and Uzbekistan to the United Nations Addressed to the Secretary General" (September 14, 2011), https://ccdcoe.org/sites/ default/files/documents/UN-110912-CodeOfConduct_0.pdf.

83 Ibid.

84 Ibid.

85 "Letter Dated 9 January 2015 from the Permanent Representatives of China, Kazakhstan, Kyrgyzstan, the Russian Federation, Tajikistan, and Uzbekistan to the United Nations Addressed to the Secretary General," https://ccdcoe.org/sites/default/ files/documents/UN-150113-CodeOfConduct.pdf.

86 IPv6 addresses were developed to meet growing demand for Internet addresses, as the previous IPv4 pool was being exhausted. IPv6 addresses are also expected to be more secure. Penny Hermann-Seaton, "Security Features in IPv6," SANS Institute Reading Room (2002), https://www.sans.org/reading-room/whitepapers/protocols/ security-features-ipv6-380; and Milton Mueller, "China and Global Internet Governance: A Tiger by the Tail," in Access Contested: Security, Identity, and Resistance in Asian Cyberspace, ed. by Ronald Deibert, John Palfrey, Rafal Rohozinski, and Jonathan Zittrain (Cambridge, MA: MIT Press, 2011), p. 185.

87 Monika Ermert, "ITU Secretary General Visits Old Arch-Rival IETF," Intellectual Property Watch (July 21, 2015), http://www.ip-watch.org/2015/07/21/itusecretary-general-visits-old-arch-rival-ietf/.

88 Open Net Initiative, "Internet Filtering in China in 2004-2005: A Country Study," https://opennet.net/studies/china.

89 Ibid.

90 The Central People's Government of the People's Republic of China, "Decision of the Standing Committee of the National People's Congress on Preserving Computer Network Security" (December 28, 2000), http://english.gov.cn/laws/2005-09/22/ content_68771.htm.

91 Ibid.

92 XIAO Li, "Emphasize the Building of Network and Information Security Management Standards, Improve Our Nation's Network Security Management Level," Xinhuanet

36 WANG Mei, "Research on Several Issues of Legal Warfare," National Defense University Newspaper (#7, 2004), p. 66. Cited in Song Yunxia, Legal Warfare Under Informationized Conditions (Beijing, PRC: Military Science Publishing, 2007).

37 HAN Yanrong, "Legal Warfare: Military Legal Work's High Ground: An Interview with Chinese Politics and Law University Military Legal Research Center Special Researcher Xun Dandong," Legal Daily (PRC) (February 12, 2006).

38 Fan, "Public Opinion Warfare, Psychological Warfare, and Legal Warfare."

39 Major General LIU Jiaxin, "General's Views: Legal Warfare-Modern Warfare's Second Battlefield," Guangming Ribao (November 3, 2004).

40 Charles J. Dunlap Jr., "Law and Military Interventions: Preserving Humanitarian Values in 21st Century Conflicts," Working Paper, Carr Center for Human Rights, Harvard University Kennedy School of Government (Cambridge, MA; November 29, 2001), p. 8.

41 U.S. Department of Defense, The National Defense Strategy of the United States of America (Washington, DC: Office of the Secretary of Defense, June 2008), p. 20.

42 Major General Liu, "General's Views." At the time, Major General Liu was the commandant of the Xian Political Academy of the PLA General Political Department.

43 Zong, Legal Warfare, p. 185.

44 ZHOU Jian and ZHU Manqiang, Legal Warfare: An Overall Assessment of Wartime Military Affairs Law (Haichao Publishing, 2004), p. 3. Cited in Song, Legal Warfare under Informationized Conditions.

45 Song, Legal Warfare under Informationized Conditions, pp. 150-153; and Yang and Shen, Political Operations under Informationized Conditions, p. 125.

46 Thomas E. Ricks,"Target Approval Delays Irks Air Force Officers," Washington Post(November 18, 2001), http://www.washingtonpost.com/wp-srv/nation/Airwar18.html.

47 Seymour Hersh, "King's Ransom: How Vulnerable Are the Saudi Royals" New Yorker (September 22, 2001), p. 36. For an alternative view, Gary Solis argues that the failure was in the commanding officer and the rules of engagement (ROE), not the JAG per se. Gary Solis, The Law of Armed Conflict (New York: Cambridge University Press, 2010), p. 499. But failure to adhere to ROE may itself become the grounds for legal action and would therefore seem nonetheless vulnerable to lawfare.

48 William M. Arkin, "The Cyberbomb in Yugoslavia," Washington Post (October 25, 1999), http://www.washingtonpost.com/wp-srv/national/dotmil/arkin.htm; and Julian Borger, "Pentagon Kept the Lid on Cyberwar in Kosovo," The Guardian (UK) (November 8, 1999), http://www.guardian.co.uk/world/1999/nov/09/balkans.

49 LIU Gaoping, Study Volume on Public Opinion Warfare (Beijing, PRC: NDU Publishing House, 2005), p. 5.

50 Ibid., pp. 16-17; and Academy of Military Science Operations Theory and Regulations Research Department and Informationized Operations Theory Research Office, Informationized Operations Theory Study Guide, p. 405.

51 The People's Armed Police are part of the Chinese armed forces, along with the PLA, and the reserve forces.

52 YAO Fei, "Some Thoughts Regarding Our Military's Anti-Secessionist Public Opinion and Propaganda Policies," Military Correspondent (PRC) (#5, 2009), http:// www.chinamil.com.cn/site1/jsjz/node_22972.htm; and JI Chenjie and LIU Wei, "A Brief Discussion of Public Opinion Warfare on the Web," Military Correspondent (PRC) (#1, 2009), http://www.chinamil.com.cn/site1/jsjz/2009-01/14/content_1619064.htm.

53 Matthew Boswell, "Media Relations in China's Military: The Case of the Ministry of National Defense Information Office," Asia Policy (#8, July 2009), pp. 97-120; and Ben Blanchard, "China Takes Step at Openness, Allows Foreigners at Defense Briefing," Reuters (July 31, 2014), http://www.reuters.com/article/2014/07/31/us-china-defence-idUSKBN0G011K20140731.

54 WANG Zijun, CHEN Tao, and MO Jinshan, "Explaining People's Armed Police Public Opinion Warfare Thought," Hebei Legal Newspaper (April 6, 2010), http://jiuzhan.hbfzb.com/html/article/201004/201046104703823.html.

55 Yao, "Some Thoughts Regarding Our Military's Anti-Secessionist Public Opinion and Propaganda Policies," Military Correspondent (PRC) (#5, 2009), http://www.chinamil.com.cn/site1/jsjz/node_22972.htm.

56 JI Peilin and JI Kaiyun,"The Iran-Iraq War and Psychological Warfare," Journal of Shangluo University (XXVIII, #3, June 2014), p. 31.

57 Nanjing Political Academy Military News Department Study Group, "Study of the Journalistic Media Warfare in the Iraq War," China Military Science (#4, 2003), p. 28.

58 SHENG Peilin, WANG Lin, and LIU Ya, editors, 100 Examples of Public Opinion Warfare (Beijing, PRC: PLA Publishing House, 2006), pp. 162-163, 208-209.

59 Rebecca MacKinnon, "China's Censorship 2.0: How companies Censor Bloggers," First Monday (XIV, #2, February 2, 2009), http://firstmonday.org/article/view/2378/2089.

60 Gary King, Jennifer Pan, and Margaret E. Roberts, "How Censorship in China Allows Government Criticism but Silences Collective Expression," American Political Science Review (May 2013), p. 1.

61 Ibid., p. 13.

62 "Is China Fraying-" Economist (July 9, 2009), http://www.ecnomist.com/ node/13988479.

63 Oiwan Lam, "China: When the Network Was Cut in Xinjiang," Global Voices Advocacy (October 13, 2010), https://advocacy.globalvoicesonline.org/2010/13/13/china-

htm.

2 China Military Encyclopedia Editorial Committee, China Military Encyclopedia, Military Art Volume II (Beijing, PRC: Military Science Publishing House, 1997), pp. 764-766.

3 Chinese People's Liberation Army Academy of Military Science, Chinese People's Liberation Army Military Terminology (Entire Volume) (Beijing, PRC: AMS Publishing House, 1997), p. 17.

4 XU Xinzhao, "Examining How Information Has Become a Key Factor in Combat Power," Jianghui Forum (#2, 2001), pp. 65, 71.

5 Large Phrase Dictionary Editorial Committee, Large Phrase Dictionary, Military Volume (Shanghai, PRC: Shanghai Phrasebook Publishing Committee, 2003), p. 13.

6 State Council Information Office, White Paper on China's National Defense in 2002 (Beijing, PRC: State Council Information Office, 2002), http://www.mod.gov.cn/affair/2011-01/06/content_4249946_2.htm.

7 Emphasis added. State Council Information Office, China's National Defense in 2004 (Beijing, PRC: State Council Information Office, 2004), http://news.xinhuanet.com/mil/2004-12/27/content_2384964.htm.

8 Ibid.

9 All Army Military Terminology Management Commission, Chinese People's Liberation Army Terminology (Unabridged Volume) (Beijing, PRC: Military Science Publishing House, 2011), p. 48.

10 Ibid., p. 79.

11 Chinese Military Encyclopedia 2nd Edition Editorial Committee, PLA Encyclopedia, 2nd Edition, Military Strategy (Beijing, PRC: China Encyclopedia Publishing House, 2007), p. 68.

12 FAN Gaoming, "Public Opinion Warfare, Psychological Warfare, and Legal Warfare, the Three Major Combat Methods to Rapidly Achieving Victory in War," Global Times (March 8, 2005), http://big5.xinhuanet.com/gate/big5/news.xinhuanet.com/mil/2005-03/08/content_2666475.htm.

13 CHANG Long, "Tightly Grasping the Trends of the New Military Transformation-Reflections and Outlook from the Gulf War to the Iraq War," PLA Daily (October 28, 2003), http://www.xslx.com/htm/gjzl/jsgc/2003-10-38-15176.htm.

14 YANG Chunchang and SHEN Hetai, Chief Editors, Political Warfare/Operations under Informationized Conditions (Beijing, PRC: Long March Press, 2005), p. 15.

15 "Public Opinion Warfare, Psychological Warfare, and Legal Warfare in Modern Conflict Are All Becoming More intense," People's Liberation Army Daily (April 1, 2004), http://mil.anhuinews.com/system/2004/04/01/000608647.shtml.

16 YUAN Wenxian, The Science of Military Information (Beijing, PRC: National Defense University Publishing House, 2008), pp. 77-79.

17 How the organizational reforms of 2015-2016 will affect the implementation of these regulations is unclear. However, there is a "Political Work Department" (zhengzhi gongzuo bu; 政治工作部) in the new structure, which will likely exercise comparable responsibilities.

18 WU Zhizhong, Wartime Political Work Teaching Materials (Beijing, PRC: Military Science Publishing House, 2013), p. 153.

19 Ibid., p. 147.

20 Academy of Military Science Operations Theory and Regulations Research Department and Informationized Operations Theory Research Office, Informationized Operations Theory Study Guide, p. 403.

21 TAN Wenfang, "The Impact of Information Technology on Modern Psychological Warfare," National Defense Science and Technology (#5, 2009), p. 73.

22 Chinese Military Encyclopedia 2nd Edition Editorial Committee, PLA Encyclopedia, p. 143.

23 Tan, "The Impact of Information Technology on Modern Psychological Warfare," p. 76.

24 GUO Yanhua, Psychological Warfare Knowledge (Beijing, PRC: NDU Publishing House, 2005), p. 10.

25 Tan, "The Impact of Information Technology on Modern Psychological Warfare," p. 73.

26 Ibid., p. 74; and Chinese Military Encyclopedia 2nd Edition Editorial Committee, PLA Encyclopedia, pp. 76-77.

27 SUN Lihua, "Battlefield Deceit for Attacking and Disrupting Psychological Defenses-American Military Psychological Warfare Methods," People's Net (January 11, 2002), http://www.people.com.cn/GB/junshi/62/20020111/646108.html.

28 Ibid.

29 JI Zhenjie and LIU Wei, "A Brief Discussion of Network Opinion Warfare," Military Correspondent (#1, 2009), http://www.chinamil.com.cn/site1/jsjz/2009-01/14/content_1619064.htm.

30 WANG Yuping, "Strengthen Research into Psychological Warfare under Informationized Conditions," PLA Daily (May 18, 2004), http://news.xinhuanet.com/ mil/2004-05/18/content_1475394.htm.

31 Ibid.

32 GUO Yanhua, Psychological Warfare Knowledge (Beijing, PRC: NDU Publishing House, 2005), p. 14.

33 Wang, "Strengthen Research into Psychological Warfare Under Informationized Conditions."

34 ZONG Wenshen, Legal Warfare: Discussion of 100 Examples and Solutions (Beijing, PRC: PLA Publishing House, 2004), p. 5.

35 Chinese Military Encyclopedia 2nd Edition Editorial Committee, PLA Encyclopedia, p. 143.

Science Publishing House, November 2005), p. 399.
15 Ibid., p. 400; and DONG Chongmin, Research on Non-Linear Operations(Beijing, PRC: Liberation Army Publishing House, 2005), pp. 50-57.
16 Academy of Military Science Operations Theory and Regulations Research Department and Informationized Operations Theory Research Office, Informationized Operations Theory Study Guide, pp. 400-401.
17 David Finkelstein, "China's National Military Strategy," in The People's Liberation Army in the Information Age, ed. by James Mulvenon and Andrew Yang (Santa Monica, CA: RAND Corporation, 1999), p. 136.
18 Chinese Military Encyclopedia Committee, Chinese Military Encyclopedia, Vol. II (Beijing, PRC: Military Science Publishing House, July 1997), pp. 126-127.
19 Chinese writings invoke the Yijiangshan campaign of 1955, which involved the seizure of some islands from nationalist forces, as China's experience with joint operations. For a brief history of the campaign, see Xiaobing LI, "PLA Attacks and Amphibious Operations during the Taiwan Strait Crises of 1954-55 and 1958," in Chinese Warfighting: The PLA Experience Since 1949, ed. by Mark A. Ryan, David M. Finkelstein and Michael A. McDevitt (Armonk, NY: M.E. Sharpe, 2003), pp. 154-156; and Chinese Military Encyclopedia Committee, Chinese Military Encyclopedia, Military History Vol. IX (Beijing, PRC: Military Science Publishing House, July 1997), pp. 1370-1371.
20 GAO Yubiao, Chief Editor, Joint Campaign Course Materials (Beijing, PRC: Military Science Publishing House, August 2001), p. 8.
21 LI Yinnian, DONG Aiguo, and HU Haijun, "The Status and Future of Joint Tactics," China Military Science (#3, 2001), p. 98; and ZHOU Xiaoyu, PENG Xiwen,and AN Weiping, New Discussions on Joint Campaigns (Beijing: National Defense University Publishing House, January 2000), pp. 21-22.
22 Lieutenant Colonel WU Jianchu, "Joint Operations-The Basic Form of Combat on High-Tech Terms," China Military Science (#4, 1995), in FBIS-CHI (April 1996).
23 Zhou et al., New Discussions on Joint Campaigns, p. 222.
24 Gao, Joint Campaign Course Materials, p. 49.
25 KE Jinjun and CHEN Bojiang, Air-Land Coordinated Combat Concepts (Beijing: People's Liberation Army Publishing House, 1996), p. 1.
26 Gao, Joint Campaign Course Materials, p. 51.
27 Ibid., p. 44.
28 James Mulvenon, Soldiers of Fortune (Armonk, NY: M.E. Sharpe Publishers, 2001), pp. 176-179.
29 Ibid., p. 186.
30 AMS Strategies and Campaigns Department, "New Developments in Campaign Theory," Military Art (#4, 1999), p. 17.
31 Kenneth Allen and Maryanne Kivlehan-Wise, "Implementing the Second Artillery's Doctrinal Reforms," in China's Revolution in Doctrinal Affairs, ed. by James Mulvenon and David Finkelstein (Alexandria, VA: Center for Naval Analysis, 2005), pp. 171, 175.
32 WANG Houqing and ZHANG Xingye, Chief Editors, The Science of Campaigns(Beijing: National Defense University Publishing House, May 2000), p. 124.
33 It should be noted that, in some cases, an exception is made for special cases where the participating forces are less than juntuan level. However, the overall strength must still total a juntuan-level force. Chinese People's Liberation Army Academy of Military Science, Military Terminology (Beijing, PRC: Military Science Publishing House, 1997), pp. 75-76; Wang and Zhang, Science of Campaigns, p. 385; and Gao, Joint Campaign Course Materials, p. 27.
34 ZHANG Xingye, "The Important Aspects of the Conduct of Joint Campaigns,"China Military Science (#2, 2001), p. 92.
35 Major General DAI Qingmin, "Innovating and Developing Views on Information Operations," China Military Science (#8, 2000), pp. 72-77, in FBIS-CHI.
36 YING Desong, "Information Warfare: A Main Pillar of Joint Combat," People's Liberation Army Daily (September 11, 2001).
37 ZHANG Ming, "Discussing 'Air Dominance' and 'Network and Electromagnetic Spectrum' Dominance," People's Liberation Army Daily (October 29, 2002).
38 Major General DAI Qingmin,"On Integrating Network Warfare and Electronic Warfare," China Military Science (#2, 2002), pp. 112-117, in FBIS-CHI.
39 Zhang, "The Important Aspects of the Conduct of Joint Campaigns," p. 89.
40 Finkelstein, "China's National Military Strategy," p. 96.
41 HU Jintao, "See Clearly Our Military's Historic Missions in the New Period of the New Century" (December 24, 2004), http://gfjy.jxnews.com.cn/system/2010/04/16/011353408.shtml. For further discussion of the "new historic missions," see Daniel Hartnett, Towards a Globally Focused Chinese Military: The Historic Missions of the Chinese Armed Forces (Alexandria, VA: CNA Corporation, 2008).
42 HU Jintao, "Understanding Our Military's New Historic Missions in the New Phase of the New Century" (December 24, 2004), http//gfjy.jxnews.com.cn/system/2010/04/16/011353408.shtml.

第3章

1 CHANG Long,"Tightly Grasping the Tends of the New Military Transformation- Reflections and Outlook from the Gulf War to the Iraq War," PLA Daily (October 28, 2003), http://www.xslx.com/htm/gjzl/jsgc/2003-10-38-15176.

28 Zoe Murphy, "China Struggles to Censor Train Crash Coverage," BBC News (July 28, 2011), http://www.bbc.com/news/world-asia-pacific-14321787.
29 For a fuller discussion and examples of the level of censorship in the Wenzhou case, see David Bandurski, "Chinese Media Muzzled after Day of Glory," China Media Project (July 31, 2011), http://cmp.hku.hk/2011/07/31/14332/.
30 http://chinadigitaltimes.net/2013/01/ministry-of-truth-southern-weekend- new-year-piece/.
31 http://chinadigitaltimes.net/2013/01/ministry-of-truth-southern-weekly- tempest/.
32 http://chinadigitaltimes.net/2013/01/ministry-of-truth-urgent-notice-on- southern-weekly/.
33 Joseph Kahn, "China Shuts down Influential Weekly Newspaper in Crackdown on Media," New York Times (January 25, 2006), http://www.nytimes.com/2006/01/25/international/asia/25china.html.
34 Beina XU, "Media Censorship in China," Council on Foreign Relations (September 25, 2014), http://www.cfr.org/china/media-censorship-china/p11515.
35 Foreign Correspondents Club of China, Position Paper on Working Conditions for Foreign Correspondents in China, September 12, 2014, http://www.fccchina.org/2014/09/12/fccc-position-paper-2014/.
36 Angela Kockritz, "They Have Miao," Die Zeit (January 14, 2015), http://www.zeit.de/feature/freedom-of-press-china-zhang-miao-imprisonment.
37 Foreign Correspondents Club of China, Position Paper on Working Conditions.
38 Erik Wemple, "Chinese Leader Xi Jinping Blames Western News Outlets for Visa Problems in China," Washington Post (November 12, 2014), https://www.washington post.com/blogs/erik-wemple/wp/2014/11/12/chinese-president-xi-jinping-blames- news-outlets-for-visa-problems-in-china/.
39 Andrew Jacobs, "For Foreign Journalists in Beijing, It's All about Asking the Right Question," New York Times (March 13, 2014), http://sinosphere.blogs.nytimes.com/2014/03/13/for-foreign-journalists-in-beijing-its-all-about-asking-the-right- question/.
40 Nicole Perlroth, "Hackers in China Attacked the Times for Last Four Months," New York Times (January 30, 2013), http://www.nytimes.com/2013/01/31/technol ogy/chinese-hackers-infiltrate-new-york-times-computers.html; and Nicole Perlroth, "Wall Street Journal Announces That It, Too, Was Hacked by the Chinese," New York Times (January 31, 2013), http://www.nytimes.com/2013/02/01/technology/wall-street- journal-reports-attack-by-china-hackers.html.

第2章

1 International Institute for Strategic Studies, The Military Balance 2016 (London, UK: Routledge, 2016), pp. 240-249.
2 Edward O'Dowd, Chinese Military Strategy in the Third Indochina War: The Last Maoist War (New York: Routledge, 2007), pp. 153-154.
3 DENG Xiaoping, "Peace and Development Are the Two Outstanding Issues in the World Today," Remarks to a visiting delegation of the Japanese Chamber of Commerce and Industry (March 4, 1985), http://en.people.cn/dengxp/vol3/text/c1330.html.
4 State Council Information Office, China's National Defense in 2006 (Beijing, PRC: State Council Information Office, 2006), http://fas.org/nuke/guide/china/doc trine/wp2006.html; and John F. Burns,"China Plans More Manpower Cuts in the Military," New York Times (January 4, 1985), http://www.nytimes.com/1985/01/04/world/ china-plans-more-manpower-cuts-in-the-military.html.
5 James C. Mulvenon, Soldiers of Fortune (Armonk, NY: M.E. Sharpe Publishers, 2001), p. 53.
6 Testimony of Andrew D. Marble to the U.S. China Economic and Security Review Commission, Washington, DC, December 7, 2001.
7 Taylor Frayvel, Strong Borders, Secure Nation (Princeton: Princeton University Press, 2008).
8 Major General WANG Baocun, "China and the Revolution in Military Affairs, Part 1" China Military Science (#4, 2001), p. 151.
9 Ibid.
10 Colonel ZHOU Xiaopeng, "On the Development of Joint Operations Theory,"China Military Science (May 1996), in FBIS-CHI (May 1996).
11 Lieutenant Colonel WU Jianchu, "Joint Operations-the Basic Form of Combat on High-Tech Terms," China Military Science (#4, 1995), in FBIS-CHI (April 1996).
12 SHI Yukun, "Lt. Gen. Li Jijun Answers Questions on Nuclear Deterrence, Nation-State; and Information Age," China Military Science (#3, 1995), in FBIS-CHI (August 1995).
13 Patrick J. Garrity, Why the Gulf War Still Matters, Report #16 (Los Alamos, NM: Center for National Security Studies, Los Alamos National Laboratory, 1993), p. 77, http://www.osti.gov/scitech/servlets/purl/10178236; and Defense Intelligence Agency, Intelligence Information Report, PLA Modernizes Its Military Training Program (June 23, 1995), http://nsarchive.gwu.edu/NSAEBB/NSAEBB39/document13.pdf.
14 Academy of Military Science Operations Theory and Regulations Research Department and Informationized Operations Theory Research Office, Informationized Operations Theory Study Guide (Beijing, PRC: Military

原注

第 1 章

1 TAN Wenfang, "The Impact of Information Technology on Modern Psychological Warfare," *National Defense Science and Technology* (#5, 2009), p. 72.

2 State Council Information Office, Tenth Five Year Plan for National Economic and Social Development, Informationization Key Point Special Plans (October 18, 2002), http://www.cia.org.cn/information/information_01_xxhgh_3.htm.

3 ZHENG Weiping and LIU Minfu, *Discussions on the Military's New Historic Missions* (Beijing, PRC: People's Armed Police Publishing House, 2005), p. 138.

4 For further discussion of the creation of Plan 863, see Evan Feigenbaum, China's Techno-Warriors (Stanford: Stanford University Press, 2003), pp. 141-143.

5 Ibid., pp. 175, 181.

6 Greg Austin, Cyber Policy in China (Malden, MA: Polity, 2014), p. 33.

7 Alice Miller,"More Already on the Central Committee's Leading Small Groups," China Leadership Monitor (#44, Summer 2014), http://www.hoover.org/sites/default/ files/research/docs/clm44am.pdf.

8 ZHOU Wang, Research on China's "Leading Small Groups" (Tianjin, PRC: Tianjin People's Publishing House, 2010), pp. 44-51.

9 Christine Zhen-wei QIANG, China's Information Revolution (Washington, DC: World Bank, 2007), p. 93; and GUO Liang, Under the Golden "Shine": China's Effort to Bridge Government and Citizens (Beijing, PRC: Chinese Academy of Social Sciences, January 2006), pp. 4-6, http://unpan1.un.org/intradoc/groups/public/documents/undpadm/unpan042815.pdf.

10 WANG Yukai, "Wang Yukai: Central Network Security and Informationization Leading Small Group's Origins and Impact," Renminwang (March 3, 2014), http://the ory.people.com.cn/n/2014/0303/c40531-24510897.html.

11 Ibid.

12 Ibid.

13 JIANG Zemin, Work Report to the 16th Party Congress, Xinhua (November 17, 2002), http://www.china.org.cn/english/features/49007.htm.

14 Austin, Cyber Policy in China, p. 91.

15 Ibid., p. 68.

16 Internet World Stats, "China: Internet Usage Stats and Population Report," 2010 www.internetworldstats.com/asia/cn.htm.

17 China Internet Network Information Center, Statistical Report on Internet Development in China (January 2014).

18 Ibid.

19 Reporters without Borders, 2015 World Press Freedom Index, http://index.rsf.org/#!/.

20 Qiang GANG and David Bandurski, "China's Emerging Public Sphere: The Impact of Media Commercialization, Professionalism, and the Internet in an Era of Transition," in Changing Media, Changing China, ed. by Susan L. Shirk (New York: Oxford University Press, 2011), p. 41.

21 Susan Shirk, "Changing Media, Changing China," in Changing Media, Changing China, ed. by Susan L. Shirk (New York: Oxford University Press, 2011), p. 9.

22 Daniela Stockmann, "What Kind of Information Does the Public Demand- Getting the News During the 2005 Anti-Japanese Protests," in Changing Media, Changing China, ed. by Susan L. Shirk (New York: Oxford University Press, 2011), p. 180.

23 Ibid.

24 Miao DI, "Between Propaganda and Commercials: Chinese Television Today," in Changing Media, Changing China, ed. by Susan L. Shirk (New York: Oxford University Press, 2011), p. 98. For further discussion of the key organs for Chinese censorship, see "Agencies Responsible for Censorship in China," Congressional-Executive Commission on China, http://www.cecc.gov/agencies-responsible-for-censorship-in-china.

25 Richard McGregor, The Party: The Secret World of China's Communist Rulers (New York: Harper Collins Publishing, 2010), pp. 248-249. Examples of some of these directives may be found at China Digital Times, http://chinadigitaltimes.net/china/ directives-from-the-ministry-of-truth/.

26 Chris Buckley, "China Train Crash Censorship Scorned on Internet," Reuters (August 1, 2011), http://www.reuters.com/article/2011/08/01/us-china-train-censor ship-idUSTRE7700ET20110801; and "A Letter to Yiyi: Chinese Newspaper's Defiant Commentary on Train Collision," Wall Street Journal (July 31, 2011), http://blogs.wsj.com/chinarealtime/2011/07/31/a-letter-to-yiyi-chinese-newspapers-defiantcommentary-on-train-collision/.

27 Ben Blanchard, "China's Effort to Muzzle News of Train Crash Sparks Outcry," Reuters (July 25, 2011), http://www.reuters.com/article/2011/07/25/us-china-train- censorship-idUSTRE76O1IG20110725.

CYBER DRAGON
Inside China's Information Warfare and Cyber Operations
by Dean Cheng

中国《ちゅうごく》の情報《じょうほう》化《か》戦争《せんそう》
情報戦《じょうほうせん》、政治戦《せいじせん》から宇宙戦《うちゅうせん》まで

●

2018年6月26日　第1刷

著者…………ディーン・チェン
監訳者…………五味睦佳《ごみむつよし》
訳者…………鬼塚隆志《おにづかたかし》、木村初夫《きむらはつお》

装幀…………コバヤシタケシ

発行者…………成瀬雅人
発行所…………株式会社原書房

〒160-0022 東京都新宿区新宿 1-25-13
電話・代表 03（3354）0685
http://www.harashobo.co.jp
振替・00150-6-151594

印刷…………シナノ印刷株式会社
製本…………東京美術紙工協業組合

ISBN978-4-562-05579-1, Printed in Japan